O Leitor Apaixonado

Organização

Heloisa Seixas

Ruy Castro

O Leitor Apaixonado

Prazeres à luz do abajur

COMPANHIA DAS LETRAS

Grafia atualizada segundo o Acordo Ortográfico da Língua Portuguesa de 1990, que entrou em vigor no Brasil em 2009.

Projeto gráfico
Hélio de Almeida

Capa
Hélio de Almeida e Heloisa Seixas

Foto de capa, pp. 2-3 e 6 e reproduções
Leandro Pagliaro

Fotos
Acervo Ruy Castro, com exceção das seguintes imagens do caderno de fotos:
4 – Acervo Benedito Nunes; 5 – B. J. Duarte/ Museu
da Cidade de São Paulo; 6, 8 e 9 – Acervo UH/ Folha Imagem

Preparação
Isabel Jorge Cury

Índice remissivo
Luciano Marchiori

Revisão
Ana Maria Barbosa
Marise Leal

Agradecimentos
Eduardo Augusto de Brito e Cunha, Hans Henningsen, Maria Amelia Mello,
Sueli de Queiroz, Tuca Magalhães e os falecidos e inesquecíveis
Alain de Lyrot, José Onofre e Justino Martins

Dados Internacionais de Catalogação na Publicação (CIP)
(Câmara Brasileira do Livro, SP, Brasil)

Castro, Ruy
O leitor apaixonado : prazeres à luz do abajur / Ruy Castro ; organização Heloisa Seixas. — São Paulo : Companhia das Letras, 2009.

ISBN 978-85-359-1483-2

1. Literatura brasileira I. Seixas, Heloisa. II. Título.

09-04796 CDD-869.9

Índice para catálogo sistemático:
1. Literatura brasileira 869.9

2ª reimpressão

[2020]

EDITORA SCHWARCZ S.A.
Rua Bandeira Paulista, 702, cj. 32
04532-002 — São Paulo — SP
Telefone: (11) 3707-3500
www.companhiadasletras.com.br
www.blogdacompanhia.com.br
facebook.com/companhiadasletras
instagram.com/companhiadasletras
twitter.com/cialetras

Para
Ezequiel de Souza Escobar
L. Horace Holly
André-Louis Moreau
Lawrence Talbot
Dr. Odorico Quintella
e
Sheldon Scott,
com admiração
[vide pág. 331]

Sumário

De bloco e caneta, na fatídica posse de Guimarães Rosa na Academia [*Manchete*, 2/12/1967]

Apresentação

O mais longo caso de amor — com a palavra

A fotografia ao lado mostra o jovem repórter Ruy Castro, dezenove anos, de bic e bloco na mão, durante um momento marcante da história da literatura no Brasil: a posse de Guimarães Rosa na Academia Brasileira de Letras, em novembro de 1967. Mais do que marcar a entrada de um grande escritor na casa dos imortais, esse momento foi dramático porque Rosa — que retardou o quanto pôde a posse na Academia, por medo de não resistir à emoção e morrer — de fato morreu três dias depois. E a presença de Ruy nesse cenário é representativa, porque reflete o estreito laço que sempre o ligou à literatura.

Embora mais conhecido como estudioso do cinema, da música popular, do futebol e de outras disciplinas populares, Ruy sempre foi um homem dos livros. Um leitor apaixonado. Seus pais não tinham livros em casa — liam apenas revistas e jornais —, mas Ruy, ainda criança, já tinha paixão pela leitura. Com o dinheiro que pedia ao pai, comprava tantos livros que, aos dez anos, se viu obrigado a ter uma estante só para ele, que seu pai mandou fazer. Era o início de um turbilhão que tomaria conta de sua vida e que se traduz hoje nos quase 20 mil livros que ocupam oito estantes, muitas delas transbordando, em seu apartamento no Leblon. O cálculo não é de Ruy, que não se daria ao respeito de tal coisa, mas de seus amigos Manuel e Gomes, do sebo carioca Elizart, quando eles foram visitá-lo há pouco.

É essa mesma obsessão que faz com que Ruy não passe uma semana sem ir a livrarias ou sebos (esteja em que parte do mundo estiver), empilhe livros em sua mesa de cabeceira, no banheiro, na mesa de jantar e em todos os cantos da casa (lê vários ao mesmo tempo) e dedique suas raras horas vagas a restaurar capas e sobrecapas, munido de cola, pincel e paciência. A literatura e a convivência de Ruy com os livros sempre foram na verdade um lastro, formando a base do trabalho de jornalista e pesquisador que ele tem desenvolvido por mais de quatro décadas. Nada mais natural, portanto, que, durante esse tempo, ele escrevesse tantos artigos sobre o assunto.

A ideia de fazer um livro de textos de Ruy sobre literatura surgiu há muito tempo, junto com o projeto que já resultou em dois outros livros, um sobre cinema (*Um filme é para sempre — 60 artigos sobre cinema*, de 2006) e outro sobre música (*Tempestade de ritmos — Jazz e música popular no século XX*, de 2007), ambos pela Companhia das Letras. Quando mergulhei nas pastas de recortes de Ruy, já separei matérias sobre os três assuntos, que foram sendo aos poucos digitadas por mim (nos arquivos do meu computador, as três pastas virtuais receberam, de brincadeira, o nome de Pipoca, Vitrola e Orelha, esta última se referindo, claro, às "orelhas" dos livros).

O critério de seleção, nos três casos, foi simples: matérias que me deram prazer de ler. Sem nenhum mérito meu, o conteúdo dos livros resultou delicioso, porque, como seus leitores sabem, as matérias de Ruy para jornais e revistas são como suas biografias — uma enorme quantidade de informações, envolvida por um estilo saboroso e absolutamente próprio. Ruy escreve com tal leveza e humor que seus leitores absorvem tudo sem perceber. É gostoso ler Ruy Castro.

Dos 43 textos aqui incluídos, dois — "Ipanema anos 1920" e "Noites da Lapa" — foram prefácios de reedições de romances clássicos: respectivamente, *Praia de Ipanema*, de Théo-Filho (editora Dantes, 2000), e *Lapa*, de Luís Martins (José Olympio, 2004). Os demais saíram em diferentes jornais e revistas, sendo o mais antigo o artigo sobre Nathanael West, publicado na revista *Manchete* em 1974. O mais recente é aquele sobre Nelson Rodrigues, que saiu na *Revista do Fantástico* em novembro de 2007.

Ruy releu todos os artigos, reescrevendo trechos, atualizando dados e, nos casos em que havia mais de um texto sobre o mesmo assunto, fundindo-os ou colocando-os lado a lado. O artigo sobre Nelson Rodrigues, por exemplo, saiu na revista *Alphaville*, em junho de 2001, e foi depois ampliado para a *Revista do Fantástico*. O texto sobre Carlos Heitor Cony, que saiu na revista *Manchete* (em 1996), faz agora par com o que ele escreveu para o volume 12 dos *Cadernos de Literatura Brasileira*, publicado pelo Instituto Moreira Salles, dedicado a Cony. O artigo sobre Paulo Francis também se divide em duas partes: uma saiu na revista *Cult*, de janeiro de 2007, e a outra, naquele mesmo mês e ano, no jornal *O Estado de S. Paulo*. A matéria sobre Gertrude Stein, "O búfalo da Rive Gauche", nasceu na revista *Ele/Ela* em novembro de 1975 e reencarnou ampliada no *Estado* em julho de 1989. Já o artigo "Viagem ao cérebro das louras com Anita Loos" é uma fusão de dois artigos no *Estado*, em 1989 e 2000.

"Oswald — O canibal desaforado", "Luiz Aranha sai do passado", os artigos sobre Mario de Andrade e Mario Faustino, o que fala do "póstudo" e "Ao redor da mesa", sobre a turma do hotel Algonquin, foram publicados na *Folha de S.Paulo*, em diversas épocas. "Best-sellers — Qual você está lendo?", na *Tribuna da Imprensa*, em 1988. "Trompas de Falópio, *out*; tubas uterinas, *in*", na revista *Ser Médico* de abril de 2007, "Paulo Coelho — O mago dos milhões", na *Elle* de agosto de 1996, e "O biógrafo vê estrelas", na *República* de fevereiro de 1997. Duas matérias foram publicadas pela revista gaúcha *Florense*, "O que é, o que é?", sobre as capas da Penguin, e "Duelo de titãs", sobre o embate entre livros e internet. Os demais artigos saíram no *Estado*, também em diversas épocas.

Classifiquei os textos deste livro de "artigos sobre literatura", mas eles versam também sobre escritores, livros, artes gráficas e, no caso de um dos capítulos, sobre a língua portuguesa. Ruy é de opinião que a língua — tão combalida e desgastada por gerundismos, advérbios inúteis e clichês — precisa ser defendida na prática. Quanto *melhor* e com mais clareza se escrever, mais a língua continuará eficiente. Segundo Ruy, há palavras que, se não forem escritas de tempos em tempos, acabarão morrendo. Um capítulo saboroso é o que trata das diferenças entre o português do Brasil e o de Portugal. O fato de, recentemente, ter entrado em vigor um acordo para uniformizar a ortografia dos dois países não altera as profundas diferenças de espírito que — felizmente — caracterizam suas maneiras de falar e escrever.

O cuidado com o uso da língua é compreensível: Ruy sempre defendeu e difundiu os objetos de sua paixão, procurando dividir com o maior número de pessoas seu conhecimento sobre esses assuntos. E isso inclui o mais longo caso de amor que ele já manteve na vida — com a palavra.

Heloisa Seixas

O Leitor Apaixonado

Prólogo

Começou com *Alice*

A sensação de ter assistido ao próprio parto

O objeto veio embrulhado num papel verde estampado com motivos infantis, creio que de um ursinho tocando tambor. Muito justo. Era um presente de aniversário para uma criança que fazia cinco anos.

O objeto era um livro. O garoto o desembrulhou, contemplou aquele volume vermelho, de capa dura, cheio de páginas impressas com texto e outras ilustradas com desenhos em cores e preto e branco. Por coincidência, o menino tinha à mão ou no bolso um lápis de cor, também vermelho. Abriu o livro e escreveu logo na primeira página: "Ruy — 5".

A pessoa que lhe dera o presente, uma mulher, amiga de sua mãe, comentou:

"Ih, já começou a rabiscar o livro!"

Mas ele não queria rabiscá-lo, apenas marcá-lo como seu, firmar aquela data. Depositou o livro na cama junto com os outros presentes e só o retomou depois que a festa de aniversário acabou. O título na capa, ele o leu com facilidade: *Alice no país das maravilhas*. Para as outras informações, que constavam do frontispício, não deu muita importância na hora: "Lewis Carroll. Tradução e adaptação de Monteiro Lobato. Companhia Editora Nacional". Sentou-se, cruzou as pernas e abriu o livro na página 11, onde começava a história — e nunca mais foi o mesmo menino.

Já se passaram mais de cinquenta anos, mas posso manusear, folhear e até reler esse livro. Para dizer a verdade, ele está à minha frente neste momento. Naturalmente, não é o exemplar que ganhei naquele remoto dia de fevereiro de 1953 — o tal exemplar se perdeu na adolescência, juntamente com exemplares de *Mindinho* ou *Terror Negro*, ou ficou para trás em alguma mudança. Mas, há tempos, achei outro, da mesma fornada, com a capa e suas 124 páginas em perfeito estado, num sebo da rua Sete de Setembro, aqui no Rio. E não o achei por acaso. Eu estava à procura dele esse tempo todo.

Sim, antes dos cinco anos, eu já conseguia ler. Aprendera meio sozinho, sentado diariamente no colo de minha mãe enquanto, rindo muito, ela lia para si mesma — mas em voz alta, a meu pedido —, a coluna de Nelson Rodrigues na *Última Hora*, "A vida como ela é...". De tanto ouvir o som e o significado daqueles símbolos impressos no jornal enquanto olhava para eles, descobri com naturalidade como funcionavam — as letras formavam sílabas, as sílabas formavam palavras, as palavras formavam ideias. A partir dali, passei a aplicar o processo às outras letras impressas que via pela frente — em cartazes de cinema, anúncios no bonde, tampa de lata de marmelada —, e saí lendo tudo que podia. E escrevendo, também, porque era fácil copiar os símbolos, criando minhas próprias palavras. Dias depois, descobri a máquina de escrever de meu pai — os símbolos impressos nas teclas eram os mesmos que eu já produzia com lápis no papel ou nas paredes. E, com isso, aprendi a ler, a escrever e a escrever à máquina quase ao mesmo tempo, antes dos cinco anos.

A vida não é mais a mesma depois que se penetra no reino das palavras. Na verdade, não me recordo de nenhum dia em que não estivesse cercado por elas. Meus pais não liam livros, mas eram grandes consumidores de jornais. O *Correio da Manhã*, de Paulo Bittencourt, e *O Jornal*, do Chateaubriand, chegavam diariamente, por assinatura. À tarde, meu pai comprava nas bancas a *Última Hora*, de Samuel Wainer, de cuja linha política discordava, mas para fazer a vontade de minha mãe, que gostava de Nelson Rodrigues. Para purgar o getulismo da *Última Hora*, comprava o seu oposto, que era a *Tribuna da Imprensa*, de Carlos Lacerda. Só aí já eram quatro jornais por dia. Aos domingos, às vezes surgia em casa o *Diário de Notícias*. Todos esses eram poderosos jornais cariocas. Revistas, várias — *O Cruzeiro*, *Fon-Fon*, *Vida Doméstica*. Detalhe: depois de lidos, jornais e revistas raramente iam para o lixo. As pilhas se acumulavam e atravessavam os anos. Os exemplares com as catástrofes históricas — acidente que matou Francisco Alves em 1952, suicídio de Getulio em 1954, morte de Carmen Miranda e incêndio da boate Vogue em 1955 — eram guardados para sempre. Não se jogavam fora as palavras.

Em pouco tempo, decidi que, no futuro, seria jornalista — que viveria das e entre as palavras. Ao contrário de outros garotos da minha geração, nunca pensei em ser médico, engenheiro ou advogado, nem mesmo astronauta, guia de safári ou comandante de submarino. O importante eram as palavras.

Bem, aconteceu que, em tempo hábil, me tornei jornalista, e as palavras têm me sustentado até hoje. Em praticamente todos os veículos em que trabalhei, escrevi sobre livros, conheci escritores que admirava — Jorge Luis Borges, Gore Vidal, Eric Bentley, Nelson Rodrigues, Guimarães Rosa —, cobri bienais, feiras e lançamentos, e participei, como penetra, da "vida literária" de modo geral. Mas, como já tinha feito com o cinema e com a música popular, sempre declinei dos convites a me tornar um resenhista ou "crítico" fixo de literatura. Nunca permiti que ler por obrigação, a valer três pontos, interferisse no prazer de ler por amor. Donde, de 1967 até hoje, nas quinze ou dezesseis redações por que passei, no Rio, em São Paulo e em Lisboa, consegui manter-me a uma distância segura dessa especialidade — escrevendo apenas sobre o que tinha vontade de escrever e ao meu jeito.

Tal critério — ou descritério — se reflete na seleção desses textos feita por Heloisa Seixas. Aqui não estão artigos, publicados originalmente em jornais e revistas, sobre os livros e autores mais importantes da literatura. Apenas os que a organizadora leu e achou que, pelo ostensivo prazer com que também foram escritos, um dia poderiam ser lidos de novo.

Filhos e netos de 1922

Faltou Carnaval no Modernismo

Vinte anos antes de 1922, os simbolistas já tinham ensinado a fazer a festa

[17/1/2004]

Em alguns de seus melhores momentos, a literatura deveria ter um pezinho no Carnaval — para contrabalançar a tendência dos escritores a se levarem excessivamente a sério. Foi quase assim em 1922, quando os jovens Mario e Oswald de Andrade, Luiz Aranha, Menotti del Picchia, Guilherme de Almeida, Sergio Milliet, Plínio Salgado, Ronald de Carvalho, os não tão jovens Graça Aranha e Manuel Bandeira e seus colegas de outras artes, como Victor Brecheret, Di Cavalcanti, Guiomar Novaes, Heitor Villa-Lobos e outros resolveram promover em São Paulo uma Semana de Arte Moderna — um fuzuê que sacudisse o arraial e chamasse a atenção para os futurismos que eles vinham tentando produzir. Por mais cultos e empertigados que fossem alguns dos modernistas, havia um clima de alegre agressividade em suas intenções, não muito diferente do Carnaval.

O próprio Di Cavalcanti, ao recordar as origens do festival, escreveu: "Sugeri a Paulo Prado a nossa Semana, que seria uma semana de escândalos literários e artísticos, de meter os estribos na barriga da burguesiazinha paulistana. Nada mais a gosto de Paulo Prado, que não suportava a caipirice que o cercava". Paulo Prado era um barão do café, mas também um intelectual, amigo do historiador Capistrano de Abreu e, no passado, frequentador de Eça de Queiroz em Paris. Segundo Di Cavalcanti, Paulo Prado não apenas concordou com entusiasmo, como acrescentou: "É preciso que seja uma coisa escandalosa. Nada de festinha no gênero ginasial, tão ao nosso gosto".

Diante desse cheque em branco, era de se imaginar uma Semana que fosse uma saraivada de guerrilhas poéticas, pictóricas e musicais, com *happenings*, performances e outros eventos pipocando de surpresa nos redutos dos conservadores. Por exemplo: Oswald de Andrade poderia surgir, de repente, no meio de um chá literário na Villa Kyrial, em que senhoras recitassem Gonçalves Dias. Vestido com uma tanga de penas, como um índio, e sacudindo a papada, pôr-se-ia a declamar seu *Pau Brasil*, quem sabe com o próprio de fora. Villa-Lobos, por sua vez, infiltrar-se-ia entre os músicos de uma sinfônica que estivesse executando Carlos Gomes e, depois de passar uma rasteira no maestro, faria a orquestra atravessar, enquanto um flautista tocaria a sua "Sonata segunda". E a suave pintora Anita Malfatti, invadindo uma exposição de Pedro Américo, sairia rabiscando caricaturas de Monteiro Lobato pelas paredes, para se vingar de um cruel artigo de Lobato, anos antes, contra ela. A Semana seria o aquecimento perfeito para o Carnaval, o qual se daria dali a duas semanas, e justificaria o lindo quadriculado à arlequim da capa do livro *Pauliceia desvairada*, de Mario de Andrade. Aí, sim, teríamos um verdadeiro desvario modernista. Mas, como se diria no futuro, os modernistas não souberam fazer a festa.

O fato de a Semana de Arte Moderna ter sido patrocinada por Paulo Prado, direto do trono em seu *salon* na avenida Higienópolis, não precisava ter diminuído as intenções fuzarqueiras dos modernistas. Afinal, alguém tem de pagar a conta. Mas os aristocratas logo se apossaram da brincadeira e a encaretaram. Por sugestão de Paulo Prado, criou-se uma comissão de ilustres (Penteados, Macedos Soares, Rodrigues Alves e demais Prados), para "emprestar prestígio ao empreendimento" — e, de quebra, também assinar o livro de ouro. Um amigo de Paulo Prado, o colunista social René Thiollier, famoso pela casaca e pelo monóculo, encarregou-se de contratar o cenário onde se daria a revolucionária Semana: o oficialíssimo Teatro Municipal. Outro medalhão confiável, o romancista e acadêmico Graça Aranha, foi escalado por Paulo Prado para chefiar a suposta insurreição. Washington Luiz, governador do Estado — presidente, como se dizia —, pagou as passagens dos artistas que iriam do Rio, como Villa-Lobos, Ronald de Carvalho, Ribeiro Couto, Manuel Bandeira. E o movimento nos cabeleireiros e modistas de São Paulo triplicou por aqueles dias — ninguém que contasse podia deixar de ir ao Municipal nas três noites da Semana.

Aos olhos de hoje, tanto apoio oficial para uma revolução cultural parece uma contradição em termos, não? Mas os modernistas não seriam soberbos de recusar esse apoio, sabendo que a viajada aristocracia paulistana, já exposta às vanguardas europeias, não tinha por que se chocar com poemas de versos livres ou quadros semiabstratos. Aliás, era exatamente disso que ela, a aristocracia, estava precisando: uma produção cultural mais atualizada com a dos grandes centros, para fazer jus à pujança financeira da cidade — vide o magnífico *Tietê, Tejo, Sena — A obra de Paulo Prado*, por Carlos Eduardo Ornelas Berriel, lançado em 2000 pela editora Papirus, de Campinas. A aristocracia sabia também que não tinha muito a temer de um agitador cultural saído de seus quadros (Oswald) e de outro (Mario) que, menos de dois anos antes, em outubro de 1920, ainda era congregado mariano, seguia procissões pela cidade e pedia permissão à Cúria Metropolitana para ler os romances proibidos de D'Annunzio. Quanto aos tremendos ataques dos rapazes a Olavo Bilac, Coelho Neto, Carlos Gomes e Pedro Américo, tudo bem — os aristocratas também não gostavam deles. Quem se chocaria com isso seriam as pessoas mais simples, para quem a poesia devia ser rimada e metrificada e conter versos perfeitos; a literatura, usar brincos; a música, ser heroica; e a pintura, limitada aos crepúsculos e alvoradas.

O único vestígio carnavalesco na Semana aconteceu na noite de estreia do certame, 15 de fevereiro, quando quatro desconhecidos puseram-se a cacarejar e a latir das galerias do Municipal, em "protesto contra os futuristas". Fora isso, foram aplausos e bravos!, dos camarotes e frisas à plateia e aos lugares em pé — quase uma unanimidade. Quanto aos agitadores, como não lhes aconteceu nada e eles nem sequer foram identificados, suspeitou-se que tinham sido contratados para dar uma sacudida no evento — a exemplo, aliás, do que fazia o papa do futurismo internacional, o italiano Marinetti, que pagava a grupos enormes para atirar-lhe ovos e "impedir" suas performances pela Europa.

Duas semanas depois, veio o Carnaval propriamente dito, mas a Semana não se misturou com ele. No caso, até com razão, porque, sob a censura do governo Epitácio Pessoa, não foi um grande Carnaval. O maior sucesso foi uma marchinha do ano anterior, "Ai, seu Mé", que era um achincalhe contra Arthur Bernardes, o candidato oficial à Presidência ("Ai, seu Mé/ Ai, seu Mé/ Lá no palácio das águias, olé/ Não hás de pôr o pé"). Presos seus autores, Careca e Freire Júnior, e proibida pela polícia, a marchinha foi cantada pelo povo nas ruas do Rio, mas em vão, porque seu Mé, eleito, tomou posse do mesmo jeito.

Já que desprezaram o Carnaval como mote contestador para sua Semana, os homens de 1922 poderiam ter se inspirado nos poetas simbolistas que, vinte anos antes, no Rio, já tinham promovido uma ácida campanha contra seus inimigos e, por acaso, também futuras *bêtes noires* dos modernistas: os parnasianos e os naturalistas — se pudessem, os simbolistas já teriam enforcado, respectivamente, o querido Olavo Bilac nas tripas de Coelho Neto. E não se limitariam a estes. Antecipando em uma década os futuristas de Marinetti, para quem toda arte passada era defunta, eles não poupavam ninguém. De Machado de Assis para trás, incluindo Machado, ninguém valia. Só que os simbolistas o fizeram de maneira bem carioca: à bangu, espontaneamente, sem nenhum programa e sem apoio oficial. Talvez por isso não tenham conseguido nada.

O poeta Gustavo Santiago, por exemplo (autor de um poema que falava em "oceano de erisipelas"), dizia a todo mundo na rua do Ouvidor que, ao passar por Machado, não lhe tirava o chapéu por ele ser o autor de *Memórias póstumas de Brás Cubas*, mas por ser "funcionário exemplar da Secretaria de Viação". Outro poeta, Orlando Teixeira, benzia-se ostensivamente quando cruzava com o crítico José Veríssimo às sextas-feiras. Félix Pacheco (que depois deu seu nome ao gabinete de identificação de pessoas físicas do Rio) só se referia àquele "mulato pretensioso e besta que se chamou Gonçalves Dias". Para eles, Castro Alves era um "jumento"; José de Alencar, uma "mula"; Álvares de Azevedo, uma "zebra". Luiz Edmundo, de cujo *O Rio de Janeiro do meu tempo* tirei essas informações, escreve que, a levar a sério os simbolistas, todos aqueles antigos mestres deviam viver em estrebarias, relinchando e sacudindo as crinas. Note-se que a atribuição desses epítetos equinos aos vates do passado era feita em jornais de grande circulação no Rio, não em pasquins literários que só os próprios agressores lessem.

A guerra de guerrilha dos poetas simbolistas não se limitava aos insultos. Para eles — aí, sim —, era como se a literatura fosse uma extensão do Carnaval. Um dos mais vistosos daquela turma, o depois jornalista Figueiredo Pimentel, simulou o próprio suicídio, jogando-se da barca da Cantareira na baía de Guanabara, mas deixando para trás a capa, o chapéu e uma carta para o chefe da Polícia. O poeta Alberto de Oliveira foi dar os pêsames à viúva e encontrou o morto mais saudável do que nunca, na cozinha, comendo pastéis e doce de jaca. Pimentel, na verdade, só fizera aquilo para promover seu novo romance, *O suicida*. É ou não Carnaval?

Outros simbolistas protestavam contra a caretice do formato dos livros vigentes, inventando as novidades mais estrambóticas. Afrânio Peixoto cometeu a extravagância de imprimir seu livro de estreia, *Rosa mística*, em sete cores. Já o poeta Carvalho Aranha, para fazer jus ao nome, ilustrou a capa de seu livro *Eu* com um enorme carvalho perto de uma aranha-caranguejeira — ninguém deixou de perceber a grossura. E o livro *Manchas*, de Antonio Austregésilo, tinha a capa branca manchada pelos dedos dos tipógrafos lambuzados com a tinta de impressão. Mas nem sempre as inovações sonhadas por eles eram factíveis. O pobre Cardoso Júnior não conseguiu que seu *Primeiro soneto* saísse revolucionário como ele queria: o livro constaria de um único poema, com quatorze versos, sendo cada verso em caracteres gigantes numa página enorme, impressa em papelão grosso e, depois, tudo aquilo sendo encadernado entre capas de folha de flandres. E Estácio Florim nunca achou quem publicasse seu livro *Lua cheia*, que seria redondo como a lua: não só teria uma forma circular, como a impressão também seria em círculo.

Tudo bem, esses nomes, famosos em 1900, já não nos dizem nada. Talvez eles não fossem realmente muito bons.

Mas isso é normal nos movimentos literários: arrolam dezenas de figurantes para fazer espuma e só os melhores sobrevivem. O Modernismo também foi assim — quem ainda lê Guilherme de Almeida, Menotti Del Picchia, Ronald de Carvalho, Sergio Milliet, Plínio Salgado, Agenor Barbosa, Armando Pamplona e o próprio Graça Aranha? E, no entanto, sem eles não teria havido 22. Há outra coisa em comum entre os modernistas e os simbolistas: estes também tinham, como seus poetas favoritos na França, Baudelaire, Verlaine e Mallarmé. Aliás, foram os simbolistas que os descobriram para os modernistas, vinte anos antes.

O problema é que, talvez por serem, em sua maioria, socialistas e anarquistas, nossos carnavalescos simbolistas concentravam muito de sua criatividade em ataques pessoais. O poeta Fagundes dos Santos entrava todos os dias na Livraria Garnier e perguntava ao vento se "um sujeito vesgo e tolo que atende pelo nome de Olavo Bilac" ainda publicava poemas nos jornais. Bilac, pelo visto, nunca o ouviu fazer isso e, se ouviu, não lhe deu confiança. Já os presentes à livraria deviam se sentir ofendidos, porque, para eles, Bilac era quase um caso de amor. O próprio Oswald de Andrade sentir-se-ia ofendido. Sim, porque, pouco antes de se tornar modernista, Oswald era grande fã do poeta de "Ora, direis, ouvir estrelas...". Sempre que podia, vinha ao Rio para beijar-lhe as mãos em sua casa na rua 2 de Dezembro, no Flamengo, ou em sua mesa na Colombo. E, em 1915, em São Paulo, ajudou a organizar um banquete em homenagem a Bilac, promovido pela Faculdade de Direito. Do qual foi o orador da sobremesa.

Oswald — O canibal desaforado

Briga na roda-gigante por um saco de pipocas

[20/10/1984]

Quando Oswald de Andrade foi enterrado, em 1954, não apenas seus amigos — que o chamavam de Óswáld ou Oswaldo, nunca de Ôswald — o acompanharam ao Cemitério da Consolação. Os inimigos também, talvez para se certificarem de que ele morrera mesmo. Com o túmulo ainda aberto, Oswald foi classificado por Menotti del Picchia como "a figura mais representativa da sua geração". O mesmo Menotti com quem Oswald trocara de mal logo depois de 1922, passando a chamá-lo de "Menotti del Piccolo" e "a Tosca do nosso analfabetismo literário" e dizendo que, assim como havia um juiz de menores, deveria haver também "um juiz de Menottis". Mas, para que não se pense que tais "reconciliações" foram mais um gesto de grandeza de seus desafetos, é bom saber que, em seus últimos anos de vida, Oswald já perdera o gume que o transformara no canibal mais radical do modernismo paulistano e dedicava-se a engolir sapos como se fossem príncipes.

Em 1954, Oswald podia considerar-se desaforado — ou seja, privado — de todos os seus privilégios e foros na literatura e na vida. Seus romances estavam esgotados havia décadas; as peças, nunca montadas; os poemas, esquecidos. O último livro que publicara — *Um homem sem profissão*, memórias, em 1954 — fora lançado com má vontade pelo editor José Olympio e, mesmo assim, com uma nota deste dizendo que não se responsabilizava por seu conteúdo. Aos 64 anos, casado com Maria Antonieta d'Alkmin e vivendo no bairro do Bexiga, Oswald sofria de diabetes aguda, tinha o corpo coberto de bulbos e erupções e fora praticamente escalpelado: sofrera uma raspagem subcutânea do couro cabeludo, que ele disfarçava com uma boina.

Diabético, porém glutão. Roubava doces da filha de quatro anos, Antonieta Marília, e certo dia brigou com ela na roda-gigante por um saco de pipocas. Não era o fim que se esperava de um antropófago. Já não dormia à noite. Vivia da renda dos poucos terrenos que restavam, mas, no fim, sobrou-lhe apenas um apartamento na esquina da avenida Paulista com a rua Brigadeiro Luís Antônio. Sua última tentativa de equilibrar as finanças — a construção de um edifício na rua Aurora — acabou se tornando o que ele definiu como a sua "cruz de sete andares". Com o edifício quase pronto, Oswald não pôde saldar os empréstimos e perdeu-o para os bancos.

Naqueles últimos anos, Oswald tinha mais títulos no protesto do que nas livrarias. Passara a empinar papagaios exatamente como as vítimas de sua peça *O rei da vela*, enjauladas e tratadas a chicote pelo implacável agiota. Os quadros comprados nas viagens à Europa, nos anos 1910 e 1920, havia muito tinham ido parar em outras paredes — Ciccilo Matarazzo, por exemplo, comprara-lhe os De Chirico, Picasso, Picabia. Mas nada deve ter sido mais humilhante para Oswald do que curvar a espinha para seu arqui-inimigo, o poeta Cassiano Ricardo — a quem ele um dia chamara de "Ratazana ao molho pardo" —, e pedir-lhe um emprego para seu filho Nonê. Em troca, distribuiu elogios à poesia de Cassiano em rodapés literários e nas quartas capas dos livros deste.

Os inimigos de Oswald acompanharam com secreta alegria sua longa descida aos infernos. Eles poderiam ter lhe perdoado o fato de ter nascido rico, de uma família de aristocratas mineiros e pernambucanos, proprietários de grande parte do atual bairro de Cerqueira César, em São Paulo, e de ter vivido à tripa forra torrando esse patrimônio. Esses inimigos também não se incomodavam com suas viagens a Paris, de onde ele trazia os *derniers cris* da literatura, da música e das artes plásticas, e, de passagem, achavam natural serem inseminados pela vitalidade de sua prosa e poesia, embora não soubessem direito onde estas terminavam e onde começava a blague, a piada. Além disso, adoravam saber que, nas águas de Oswald, podiam frequentar os grandes mecenatos de São Paulo, como a mansão de Freitas Valle, na rua Domingos de Moraes, a de dona Olívia Guedes Penteado, na esquina de Conselheiro Nébias com avenida Duque de Caxias, e a de Paulo Prado, na avenida Higienópolis. Ou se beneficiarem da intimidade de Oswald com o primeiro escalão do poder: o presidente da República, Washington Luiz, e o candidato deste à sucessão presidencial, Julio Prestes. Os dois, representantes da aristocracia mais conservadora do país, eram seus velhos amigos — Oswald os seguia pelo Brasil e pela Europa, nos salões oficiais e mundanos, e "seu Julinho" fora padrinho de seu casamento com Tarsila do Amaral.

O que eles nunca perdoaram em Oswald foi, justamente, ter sido "o primeiro aristocrata a se tornar comunista" e por ele ter abjurado seus mentores Washington Luiz e Julio Prestes assim que a Revolução de 30 os alijou do poder. Outros a quem se acusou Oswald de dar as costas foram Freitas Valle, dona Olivia e Paulo Prado — o que levou Mario de Andrade a dizer que ele passara a "cuspir em quem antes lambia". O curioso é que, naquele processo de politização a jato da vida brasileira, Plínio Salgado, Menotti Del Picchia e Cassiano Ricardo preferiram converter-se ao fascismo, e isso não arranhou a reputação literária deles. Já a militância, mesmo folclórica, de Oswald no Partido Comunista valeu-lhe xadrez e chacotas.

Saborear o espetáculo de *desaforamento* do outrora poderoso Oswald foi, provavelmente, a melhor vingança que seus inimigos poderiam ter contra a saraivada de desaforos que ele passara a vida lhes pespegando, verbalmente ou por escrito. Os apelidos que criava eram hilários. Coelho Neto era "Coelho Avô". Múcio Leão, presidente da Academia Brasileira de Letras, era "o rei dos animais de farda". Plínio Salgado, "o Hitler de Sapucaí". Tristão de Athayde era, alternadamente, "Tristinho de Ataúde" ou "o Conselheiro Acácio do modernismo".

Para Oswald, Nelson Rodrigues usava "ferraduras mentais" — mas Nelson não deixou de graça: disse que ia a São Paulo "dar-lhe uns tapas nas ancas" (Oswald era cadeirudo, tinha quadris quase femininos). Otto Maria Carpeaux era "Otto Rino Laringo Maria Carpeaux". Adonias Filho, "o sabido gagá da crítica heb-dromedária". *Barro blanco*, o livro de estreia de José Mauro de Vasconcelos, era *Burro blanco*. E Mario de Andrade, cuja sexualidade ele não perdia a oportunidade de esculachar, era "Miss São Paulo". Rompido com o Partido Comunista desde 1945, Oswald passou a dizer em 1950 que Luiz Carlos Prestes, secretário-geral do partido, "estava reduzido a uma Quarta-feira de Cinzas" e não servia "nem de pretexto para uma surra". E, ao ter sua pronúncia de francês criticada pelo então integralista Roland Corbisier, deu-lhe uma resposta na lata: "Não sou filho de mãe francesa" — nem Carlos Lacerda teria sido tão rápido.

O antropófago Oswald tinha a língua afiada, mas, enquanto pôde, não descuidou de outros itens do cardápio. As mulheres que passaram por sua vida — e com quem ele teve casos abertos à visitação pública — também devem ter sido motivo de inveja: a bailarina Landa, a bela Kamiá, Daisy (a "Miss Cíclone" da *garçonnière* da rua Líbero Badaró), Tarsila do Amaral, Patricia "Pagu" Galvão ("Se o lar de

Tarsila/ vacila/ é pelo angu/ da Pagu"), Julieta Bárbara e Maria Antonieta d'Alkmin — incluindo um possível aquecimento, em 1917, na companhia da dançarina americana Isadora Duncan, com quem, dizem, Oswald teria passado uma noite no Hotel Esplanada, em Osasco.

Ao fim e ao cabo, os inimigos talvez pudessem reduzir a obra de Oswald a duas ou três boas ideias (o pau-brasil, a antropofagia), vários romances mal realizados, alguns poemas-piadas e uma série de trocadilhos. Mas tinham de reconhecer que a vida que ele levara fora muito melhor — melhor, inclusive, que a vida deles.

Luiz Aranha sai do passado

Uma carreira que acabou dois minutos antes de começar

[24/11/1984]

Era só o que faltava para que 1922 caísse definitivamente em 1984. Desde hoje, está em todas as livrarias, *Cocktails* (Brasiliense), a primeira coletânea abrangente dos poemas de Luiz Aranha, o famoso foragido da Semana de Arte Moderna. Os poemas (26 ao todo, alguns longos) foram recolhidos por Nelson Ascher e Rui Moreira Leite no Arquivo Mário de Andrade, do Instituto de Estudos Brasileiros da USP, e repõem em circulação um importante escritor brasileiro perdido há décadas.

Nesse período, Luiz Aranha foi mais comentado do que lido. Sabia-se que era o autor de uns poemas estranhos, escritos pouco antes da Semana, e que, no próprio ano de 1922, trocara a poesia pela advocacia e, mais tarde, pela diplomacia. Nunca mais escreveu nada, nem deu entrevistas, nem ficou se dizendo esquecido. Seu nome continuou em circulação apenas por ser às vezes lembrado por alguns colegas, que incluíam trechos de seus poemas em antologias ou se referiam a ele em ensaios nem sempre muito acurados. Só não se tornou uma lenda viva da poesia brasileira porque, para muitos, já tinha morrido havia séculos.

Mas Luiz Aranha está vivo. Tem 83 anos, mora no Rio e sofreu há pouco um derrame [*morreu em 1987*]. Continua avesso a entrevistas e só a custo permitiu que seus poemas fossem reunidos. *Cocktails* não terá noites de autógrafos, mas seu autor não poderá impedir o livro de seguir viagem e ocupar o seu devido lugar na poesia brasileira. E, com isso, o "mistério Luiz Aranha" será cedo ou tarde desvendado.

Uma pergunta ainda sem resposta é: por que, depois de ter sido reconhecido por alguns como uma brilhante revelação do Modernismo, ele parou de escrever? A culpa pode ter sido de Mario de Andrade, que classificou sua poesia de "preparatoriana" (ginasiana) e de ser "um popurri [*sic*] de noções livrescas", típicas do "estado pernóstico do rapaz que aprende e gosta logo de praticar o que aprendeu". Sabendo-se que Aranha tinha apenas 21 aninhos em 1922 e que Mario, dez anos mais velho, já detinha na época o monopólio das verdades absolutas, não admira que o jovem poeta se assustasse e recolhesse a pena — para sempre. Pena também que o infalível Mario não tivesse sido tão rigoroso com a legião de mediocridades que, nos anos seguintes, promoveu e apascentou, em cartas que os ditos medíocres brandiam como se fossem as santas indulgências.

Mas, ao mesmo tempo, se não fosse por Mario de Andrade não teríamos hoje o pouco que restou da já pequena produção de Luiz Aranha. Mario, que não jogava nada fora, conservou os originais dos poemas que recebia de

Aranha e até contribuiu em alguns (nada relevante) com soluções nem sempre aceitas pelo poeta. A depender de Aranha, todos os poemas, exceto quatro publicados na revista *Klaxon*, teriam se perdido. Anos depois, Mario republicou alguns deles em *Aspectos da literatura brasileira* e, com sua morte, em 1945, os restantes foram para o famoso arquivo e se salvaram.

Mas, se a Mario cabem palmas por ter sido o guardião do tesouro, sua incompreensão da poesia de Luiz Aranha deveria valer-lhe umas boas palmadas nos fundilhos daquele *robe de chambre*. Seu palpite de que Aranha seria um epígono brasileiro de Walt Whitman pôs duas gerações de críticos numa pista falsa, só corrigida em 1962 por José Lino Grünewald, que enxergou uma aproximação maior de Aranha com Pound e Maiakóvski. O que agora é fácil de conferir. A outra observação de Grünewald é a de que a poesia de Aranha é uma "épica da civilização industrial", marcada pelo cinema. É provável que alguns dos achados de Aranha tenham se tornado, depois, maneirismos de 1922. Não importa — quando Aranha os criou, eles eram novos.

Talvez seja injusto debitar apenas a Mario de Andrade o silêncio de Luiz Aranha depois da Semana. É possível que parte dele se deva à própria excentricidade de Aranha. Nascido em São Paulo, em 1901, de uma família de classe média alta, abandonou o colégio, por volta de 1919, para trabalhar como balconista numa drogaria. O que lhe rendeu depois seu maior poema, "Drogaria de éter e de sombra", cheio de referências a morfina, cocaína e heroína — não se sabe se o poeta era usuário. O que o perdia era seu orgulho. Um dia, ao receber uma cândida gorjeta de duas freguesas, indignou-se e pediu demissão da farmácia.

Na própria Semana, foi vaiado antes de ler seus poemas no Teatro Municipal — ficou uma fera e não leu nada —, mas não era isso que os modernistas queriam, criar escândalo? Voltou ao estudo de direito, entrou para o Itamaraty, no Rio, e, até se aposentar, serviu em Lisboa, Roma, Caracas, Valparaíso, Hamburgo e terminou como embaixador no Ceilão. Com um detalhe: em cada cidade onde servia montava uma vasta biblioteca particular, que sempre deixava para trás quando mudava de posto.

Como Mario Peixoto, o cineasta que rodou *Limite* em 1928 e sumiu, e Mario Reis, que ajudou a reinventar a música popular na mesma época e, em 1935, parou de cantar e não quis saber mais do assunto, Luiz Aranha foi um dos grandes artistas deste país que preferiram guardar sua genialidade exclusivamente para si. Talvez tivessem seus motivos, e foi pior para nós. No caso de Aranha, pode ter sido um equívoco que *Cocktails* começa a corrigir. É ler para crer.

Mario de Andrade — Muito melhor do que ele mesmo

E se o "herói sem nenhum caráter" tiver saído de Apollinaire?

[9/10/1983]

Dá até a impressão de que Mario de Andrade não morreu, e que os noventa anos que ele completaria hoje serão comemorados naquela casa da rua Lopes Chaves, em São Paulo, com brigadeiros, balões coloridos, línguas de sogra, e o próprio Mario, no indefectível *robe de chambre*, cercado dos escritores e artistas que ele influenciou, descobriu, protegeu e agasalhou. A ideia de que o chefe do Modernismo, morto em 1945, continua mais vivo do que muitos escritores atualmente em atividade é reforçada pela quantidade de livros de sua autoria que não param de sair. A maioria, contendo sua torrencial correspondência, ativa e passiva — que faz com que as pessoas se perguntem *quando* ele encontrava tempo para sua obra, tendo de interrompê-la de cinco em cinco minutos para atender o carteiro, ler e responder cartas, sobrescritar envelopes, aplicar o mata-borrão, lamber selos e entrar na fila do correio.

Mas, como sabemos, Mario não apenas teve tempo para escrever suas 3 mil ou 4 mil cartas e ler as montanhas de originais alheios, que lhe mandavam de toda parte do Brasil, como ainda produziu dez livros de poesia, dois romances, contos a granel, diversos ensaios sobre literatura, artes plásticas e música folclórica, incontáveis críticas e ainda conseguiu aturar as implicâncias de Oswald de Andrade. É uma grande obra, sem dúvida — quase trinta volumes, sem contar os das cartas. Mas, o que sobrou dela? Boa pergunta para se fazer no dia do aniversário do autor.

A comunidade acadêmica paulistana tem paixão por Mario de Andrade. Insinue que ele, hoje, é mais discutido do que lido, ou que seus contos, salvo um ou outro, não resistiram ao tempo, e você corre o risco de ser fuzilado ao amanhecer. Os primeiros que se atreveram a contestar a importância de Mario, nos anos 1950 — os concretistas, que preferiam seu desafeto Oswald — quase foram fazer companhia a Ezra Pound naquele manicômio em Washington. Bem, hoje, o alarido passou. O lugar de Oswald, com ou sem razão, já está assegurado na literatura brasileira, e a ciumeira pelas glórias de Mario, aplacada. O bom disso tudo é que nossos estudiosos podem se dedicar agora, sem paixão e com mais objetividade, ao que ela tem de realmente significativo.

Macunaíma, claro. Ninguém mais o acusa de ser um "romance falhado", como era frequente, nem se lembra das diatribes de José Lins do Rego contra seus diálogos, para ele totalmente artificiais. E quase ninguém sabe que um contemporâneo de Mario, o escritor Yan de Almeida Prado, também egresso de 22, o acusava de ter roubado o "herói sem nenhum caráter" de um personagem muito parecido de *L'Enchanteur pourrissant*, obscuro romance (de 1909) do francês Guillaume Apollinaire, mais famoso como poeta. (Segundo Yan, a existência de um segundo exemplar de *L'Enchanteur pourrissant* em São Paulo — o dele — era suficiente para Mario passar noites sem dormir.)

No futuro, o filme de Joaquim Pedro de Andrade, a peça de Antunes Filho e um enredo de escola de samba (da Portela, no Carnaval de 1975), baseados no romance, popularizariam o livro e fariam com que Macunaíma se tornasse uma espécie de símbolo do homem brasileiro. E, a partir daí, as interpretações aumentaram a importância do livro. "De repente descobrimos que o romance já continha todo um apelo à contracultura, às minorias, à ecologia e a outros temas que só foram discutidos nos anos 1970", escreveu José Miguel Wisnik, professor de literatura da USP. "Só que *Macunaíma* é de 1928."

"Na realidade, Mario de Andrade é muito melhor do que ele mesmo", diz Wisnik. "Sua obra, com todos os altos e baixos, é tão múltipla e variada que permanecerá mais do que o homem Mario, que decidiu ser o 'programador do nacionalismo brasileiro'. Esse nível do seu projeto envelheceu, porque Mario não foi capaz de pensar a industrialização. Mas até nisso ele continua interessante, com aquela sua ideia de que a entrada do Brasil no mundo moderno podia ser catastrófica. Ele ficava dividido entre uma civilização mágico-ecológica ou a entrada numa *trip* progressista — ou seja, entre a Amazônia e a Europa."

O poeta Decio Pignatari, que, nos arranca-rabos culturais dos anos 1960, classificou Mario de "palhaço, inculto e chutão", hoje o vê de maneira comparativamente tolerante. "É verdade que Mario, se contribuiu para estabelecer um bom padrão criativo no Brasil, também contribuiu para diluir esses mesmos padrões, juntamente com Portinari e Villa-Lobos", diz Pignatari. "Ao contrário de Oswald, ele tinha a maior dificuldade para estruturar uma obra — tanto que *Macunaíma*, sua melhor coisa, foi produzido em duas semanas, num jato intuitivo. Seus contos, por exemplo, não têm hoje o menor valor. Mas sobra muita coisa em poesia, como *Pauliceia desvairada*, *Clã do jabuti*, o *Remate de males*."

"Mario foi um apóstolo da brasilidade", continua Decio. "Queria saber tudo sobre o Brasil, desde uma comida até uma fala. Mas seu Brasil era o da estrutura agrária, e sua visão era psicologizante. Talvez por isso, essa preservação que se faz hoje da sua memória pareça um ectoplasma do oba-oba. É um culto, e Mario ainda é um tabu. E hoje muitos preferem esquecer que ele *entregou* 1922 num célebre discurso que fez no Itamaraty, no Rio, em 1942." (Pignatari refere-se ao tom de enterro, de elegia fúnebre, do pronunciamento de Mario na ocasião.)

O crítico de cinema Almeida Salles, que foi amigo de Mario, prefere ver na sua obra uma "lição de otimismo em relação ao Brasil" e, em *Macunaíma*, "a tradução do Brasil invertebrado, assumido nos seus defeitos e qualidades". Pelo visto, essa discussão ainda vai render resmas de papel — porque há pouco se descobriu que, numa carta a Manuel Bandeira, o próprio Mario declarou: "Não sou nacionalista". Mas, então, se Mario não era nacionalista, sua obra tem sido "lida" erradamente desde 1922.

João Luiz Lafetá, também professor de literatura da USP, aponta esse detalhe e lembra que, para Mario, "o Brasil devia procurar o lado do sol, dos incas, dos astecas, dos egípcios". Enfim, uma constante oposição ao mundo industrial e que pode ter provocado essa confusão com o nacionalismo — principalmente porque Mario nunca foi a Paris, no que vivia sendo interpelado por Graça Aranha: "Você precisa ir à Europa! Precisa sacudir a ganga caipira! Vive fazendo confusão de valores!". Não que Mario não quisesse ir. Apenas nunca lhe ofereceram um prêmio-viagem, uma bolsa ou uma simples ajuda de custo, de que ele se julgava merecedor.

"Mario deixou uma obra desajeitada, mas sugestiva", diz Lafetá. "O 'Carro da miséria' talvez seja o maior poema político da história. Mas, de modo geral, ele sacrificou a perfeição da obra pelo experimentalismo constante e pelo seu lado missionário, meio católico. Foi um artista do inacabado."

Católico? É verdade. Enquanto seus colegas europeus pintavam e bordavam no quesito iconoclastia, Mario, pouco antes de entronizar-se como chefe do nosso Modernismo, podia ser acusado de carolice aguda, assombrado por pecados e penitências. E não que ainda fosse um jovem trêmulo e imaturo — em 1920, por exemplo, já era um marmanjo de 27 anos.

Talvez nada disso estivesse sendo discutido hoje se, em 1967, a montagem de *O rei da vela* e a reedição dos livros de Oswald de Andrade não tivessem permitido descobrir que, entre os modernistas de 1922, fora Oswald, e não Mario, a falar de política × sexualidade, arte × indústria, antropofagia × colonialismo e outros temas que entraram subitamente em pauta. Diante disso, de fato, a preguiça de Macunaíma pareceu ter declinado de interesse entre os jovens. Mas por pouco tempo. A ideia de um "herói sem nenhum caráter" como símbolo da nossa identidade nacional — mesmo que tomada de empréstimo e nunca devolvida — é boa demais para ser posta de lado. Aliás, por isso mesmo.

O homem e sua hora — Mario Faustino

E cai da caravana um corpo alado

[19/7/1985]

Mario Faustino (1930-62) foi, provavelmente, o melhor poeta brasileiro revelado desde 1955. E foi, com certeza, o melhor crítico de poesia que este país já viu. Em vida, teve apenas um livro publicado: os poemas de *O homem e sua hora*, numa esgotadíssima edição da Civilização Brasileira. Agora, ressurge em dois livros importantes: *Os melhores poemas de Mario Faustino* e *Poesia completa/Poesia traduzida*, ambos organizados por Benedito Nunes, seu amigo e estudioso e principal responsável por sua "sobrevivência" nesses 23 anos depois de sua morte.

Como crítico e editor do influente "SDJB" (Suplemento Dominical do *Jornal do Brasil*), entre 1956 e 1958, Mario foi um espinho no dedo de todos os poetas brasileiros, inclusive os "oficiais". Era nada menos que implacável ao puxar-lhes as orelhas. De Drummond, reclamava mais "participação"; de Manuel Bandeira, mais ambição; de Cecilia Meirelles, mais força; de Murilo Mendes, mais coerência (Murilo Mendes queria ser "surrealista" e católico ao mesmo tempo); de João Cabral de Mello Neto, que "parasse de fazer vanguarda em casa"; de Vinicius de Moraes, que "saísse da quarentena"; de Cassiano Ricardo, que parasse de diluir achados alheios; e, da então atuante "geração de 45", que parasse de sonetar besteiras. É bom não esquecer que todos os citados estavam vivos e de corpo presente. Não admira que fosse tão temido, a ponto de alguns poetas o ameaçarem através de cartas enviadas à condessa Pereira

Carneiro, dona do *Jornal do Brasil*, já antevendo que seus livros seriam arrasados pelo crítico.

Alguns desses ataques rebaixavam-se a fazer citações proustianas quanto ao homossexualismo de Mario, o qual, segundo seus amigos, ele não escondia e até proclamava com orgulho, numa época em que isso ainda não era moda. Para azar desses poetas e sorte do que restou da poesia brasileira, a condessa bancou Faustino — resistindo a pressões internas — e o "SDJB" é até hoje fonte de consulta para quem quiser entender a cultura da época neste país. Além da respeitabilidade cultural que, *en passant*, o suplemento emprestou ao resto do jornal, então sem nenhum peso no mercado e comprado apenas por causa dos anúncios classificados.

Mario Faustino era incômodo porque chamava os poetas às suas responsabilidades, criticando-os e exigindo que se autocriticassem. Como era de se esperar, teve por parte deles pouca ou nenhuma resposta, exceto na base do "O que é que esse rapaz tem contra mim?". E, no entanto, ninguém mais do que ele estava exposto à crítica: bastava que seus desafetos pegassem *O homem e sua hora* e o reduzissem a nada. Mas não podiam, porque, audacioso como crítico, Faustino era-o ainda mais como poeta. Queria ser um "grande poeta maior", como achava que, entre os poetas brasileiros, só o falecido Jorge de Lima (1895-1953) tinha sido. Sua outra grande admiração e modelo, o poeta americano Ezra Pound (1885-1972), era até então do domínio quase exclusivo dos concretistas de São Paulo, com quem Faustino — por causa do amigo comum José Lino Grünewald — desenvolveu uma cordial aproximação. Embora nunca tivesse sido concretista, Mario abriu espaço para eles no "SDJB", e isso também lhe valeu mais algumas pedradas.

Como poeta, Faustino queria pensar e poetar "grande", e teria se contentado em errar ou acertar como Jorge de Lima, desde que em dimensões colossais. *Invenção de Orfeu*, de 1952, continha, segundo ele, "os melhores e os piores versos da língua". Como tradutor, Faustino era ainda mais exigente. Leitor voraz e multilíngue de poetas gregos e latinos, metafísicos ingleses, simbolistas franceses e americanos modernos, ele preferia os poetas épicos e "universais" — vide *Poesia completa/Poesia traduzida*. O que talvez o tenha impedido de, apesar de piauiense de Teresina (22/10/1930), ter adotado, como poeta ou crítico, uma saída "nortista" ou regional.

Ao contrário, Faustino preferia o mundo. Foi representante brasileiro na Unesco em 1960 e, de volta ao Brasil, tentou como jornalista o que teria sido uma experiência ainda mais arrojada que a do "SDJB": fazer da *Tribuna da Imprensa* carioca, então recém-arrendada pelo *Jornal do Brasil*, a primeira experiência brasileira de um jornal diário tipo revista — ou que pudesse ser lido como se espera que as revistas semanais o sejam. Alguns de seus colaboradores eram Paulo Francis, Millôr Fernandes, Decio Pignatari e Hermano Alves. Não deu certo. Mario não era jornalista, e a experiência durou menos de uma semana, por causa das tais "resistências internas". Mas, mesmo sem elas, todas as experiências brasileiras no gênero fracassaram.

Falido o projeto *Tribuna*, Faustino tornou-se correspondente internacional do *Jornal do Brasil* e partiu para sua primeira missão: iria a Havana, Cuba, via Lima, Peru, para entrevistar Fidel Castro. Ninguém poderia adivinhar que, quando Mario tomou aquele avião da Braniff, no Rio, no dia 27 de novembro de 1962, o destino lhe reservava uma surpresa que seria depois conferida nos versos que tinha escrito muito antes.

Alguns deles: "Gaivota, vais e voltas./ Gaivota, vais — e não voltas". Ou: "Lida, caixão e sorte/ Vida, paixão e morte". Ou: "Alemar, terraquém, céu soto e supra/ Solto esqueleto alado, escuna e sulco". Ou: "De seus deuses solares tanto amava/ Teu dorso cavalgado de tortura!/ Com que fervor enfim te penetrou/ No mergulho fatal com que mostrou/ Tanta violência, mas tanta ternura!". Ou: "Sinto que o mês presente me assassina/ Corro despido atrás de um cristo preso/ Cavalheiro gentil que me domina/ E atrai-me ao despudor da luz esquerda/ Ao beco da agonia onde me espreita/ A morte espacial que me ilumina". Ou, finalmente: "Os cães do sono ladram/ E cai da caravana um corpo alado/ E o verbo ruge em plena/ Madrugada cruel de um albatroz/ Zombado pelo sol".

Mario Faustino morreu quando seu avião explodiu perto de Lima, caindo sobre os Andes, em Cerro de Las Cruces.

Finalmente, tudo sobre o "póstudo"

O maior tiroteio verbivocovisual nas catacumbas uspianas

[10/5/1985]

Os leitores da *Folha* estavam quietos no seu canto, em fins de março último, quando se viram no meio de um violento tiroteio verbivocovisual entre o poeta Augusto de Campos e o sociólogo e professor da Unicamp Roberto Schwarz. O motivo da guerra foi uma ácida crítica de Schwarz (no suplemento *Folhetim*, de 31/3) a um poema de Campos intitulado "Póstudo" e publicado sem fogos ou alardes em 27/1, no mesmo suplemento. E tudo poderia ter ficado por isso mesmo.

Mas Campos rebateu de chofre a crítica de Schwarz, e a polêmica durou quatro tempestuosos domingos nas páginas do *Folhetim*. No terceiro *round*, entrou na dança a professora da USP Salete de Almeida Cara, que, tentando arbitrar o confronto, levou um *punch* no quarto assalto e acabou fora do ringue. No calor da refrega, algumas gotas do sangue que existe em todo poema espirraram até sobre o professor Antonio Candido, que não tinha nada com a história.

No momento em que escrevemos, o combate está paralisado, embora escaramuças localizadas venham sendo detectadas nas catacumbas uspianas. E tudo por causa de uma única palavra: "Póstudo". Mas, afinal, o que vem a ser "póstudo"?

Se você não entendeu o poema de Augusto de Campos, que contém apenas oito palavras, pode desistir, porque a crítica de Schwarz contém quase trezentas e é ainda mais impenetrável. Assim, na impossibilidade de maiores esclarecimentos pelos dois litigantes, a *Folha* foi perguntar a alguns luminares da nossa vida cultural o que "póstudo" significa para eles. Mesmo porque o "póstudo" — seja lá o que for — pode estar nos batendo à porta, e de surpresas já tivemos nossa cota este ano.

Alguém já observou que os movimentos culturais dos anos 1980 vivem sob o signo do pós — no plural, por favor. Só nos últimos tempos tivemos o pós-pop, o pós-punk, o pós-moderno, o pós-utópico, o neopós e o pós-pós. Pois, mesmo entre os iniciados nas novíssimas tendências do pensamento contemporâneo, a revelação do "póstudo" foi uma surpresa. A historiadora carioca Lucia Hippolito, autora do recente *PSD, de raposas a reformistas* (Paz e Terra), ficou encantada com a palavra e já a integrou ao seu arsenal analítico: "O 'póstudo'", disse ela, "é um lado do processo dicotômico, e podemos constatar isso no Brasil. As fases pós-Getúlio, pós-64 e pós-autoritária foram apenas preparações para o ingresso no 'póstudo', o qual, se não nos tornarmos adultos, pode ser também o prenúncio do pré-nada". *Well*, já é alguma luz sobre o "póstudo".

A jornalista paulistana Fatima Ali, diretora da revista *Nova*, acha que "póstudo" é sinônimo de "pós-imposição", mas não acredita que já tenhamos entrado nessa fase. "No Brasil nunca houve o 'tudo', logo como poderia haver o 'póstudo'"?, pergunta Fatima. "Aqui, a mulher não venceu o homem, nem este se rendeu, como nos Estados Unidos. O que está havendo é a aproximação natural entre os sexos, sempre por iniciativa da mulher, e principalmente da mulher de classe média-média. A classe baixa continua no pós-nada, e a classe alta não precisa desses conceitos, porque sempre viveu no 'póstudo'." Luz, mais luz.

Nem todos, no entanto, parecem ter entendido bem o espírito da coisa, embora sejam categóricos nas suas afirmações. O fotógrafo da *Playboy* e de nove entre dez estrelas da televisão, J. R. Duran, diz que "o 'póstudo' é qualquer coisa que acontece depois do coito". Já o estilista Clodovil acha "frescura" discutir o "póstudo" e diz que a expressão "só serve para ser usada em exames de laboratório, para saber se a pessoa morreu de aids". O transformista e cronista da *Ilustrada*, Patricio Bisso, com seu sotaque argentino, não compreendeu a princípio: "O quê? Pôs tudo? Ah, 'póstudo'! A mim parece uma pessoa que tem uma postura impostada. É que eu ainda não saí da fase pós-colombiana". E a jornalista Monica Figueiredo, especialista na linguagem "póstudo", não vacila: "É o pré-apocalipse e o apocalipse-não, onde quem é pôncio, dança. É a filosofia de vida da Rebordosa. E mais não falo porque tá craude, brô". O roqueiro Branco, possante vocalista dos Titãs, pensou um pouco, mas, ao responder, foi profundo: "É... Já ouvi por aí... Pra mim, não diz muito, não... 'Póstudo' é final mesmo... é final mesmo... é o fim, né...".

Mas nem todos têm uma visão tão negra do "póstudo". O advogado mineiro Húlvio Brant Aleixo, que há trinta anos investiga a aparição de discos voadores na região de Jaboticatubas, a cem quilômetros de Belo Horizonte, é cuidadoso: "O 'póstudo' parece dar uma ideia de um *consumatum est*. Mas ainda há muita coisa a ser desvendada. Os óvnis, por exemplo, caminham para um desenlace — e um desenlace próximo. A frequência de suas aparições diminuiu um pouco nos últimos tempos, mas suas atividades latentes podem estar até crescendo. Como se sabe, os óvnis trabalham em silêncio. Talvez estejam esperando pelo 'póstudo'". Epa!

O psicanalista Eduardo Mascarenhas vê o "póstudo" dos pontos de vista político e psicológico. Diz ele: "Politicamente, o 'póstudo' rompeu simultaneamente com a mística guevarista da esquerda e com a udenista da direita. Acabou com o sonho da elite politizada, glamourosa e bem-vestida, que viria redimir a miséria nacional. E a ideia de que os militares eram incorruptíveis terminou, como se viu, numa Sodoma e Gomorra. Tivemos de descobrir, com Tancredo e depois Sarney, que o que considerávamos 'fisiologismo' é agora o que se entende por 'fazer política' na era do 'póstudo'".

"No comportamento, é a mesma coisa", continua Mascarenhas. "Rompemos com tudo nos anos 1960 e 1970, explodimos as estruturas com sexo, drogas e rock-and-roll. Foi o liberou-geral. E agora, vamos revolucionar o quê? As perspectivas já deram o que tinham que dar, porque tudo já foi feito. Portanto, diante da ruína das estruturas pregressas, vamos ter que pegar esse material de demolição, essa sucata, e dela fazer uma coisa nova. Como não podemos importar kriptonita, vamos ter que trabalhar com o material terráqueo que sobrou. Por esse ponto de vista, Sarney é um presidente 'póstudo'."

Algumas pessoas acham que o "póstudo" não altera

nada. A professora Maria do Rosário de Sousa Tavares de Lima, pesquisadora do Museu do Folclore de São Paulo e especialista em licantropia (ciência que estuda os lobisomens), está tranquila: "Os lobisomens não se deixam alterar por eras de 'póstudo' ou pré-nada". E a elegante Glorinha Kalil, diretora da Fiorucci, desmente os rumores de que, durante o "póstudo", seu produto, os jeans, estaria caindo de moda. "E você, jogou os seus jeans fora?", perguntou Glorinha. "O 'póstudo' pode dar uma ideia de contemporaneidade inacreditável, mas eu prefiro trabalhar com o pós-sempre."

Finalmente, o dr. César Nahoum, andrologista niteroiense respeitado em todo o país (o andrologista é o ginecologista do homem), é taxativo: "O 'póstudo' é simplesmente a prótese peniana, que permite a qualquer homem depois dos sessenta continuar levando uma vida sexual tão rica e ativa como antes. A prótese peniana está acabando com todos os psicologismos e charlatanismos que, a partir de Freud, infestaram o terreno da sexualidade. Imagine agora um homem que já se julgava acabado, descobrindo que pode começar tudo de novo. Pode haver melhor 'póstudo' do que esse?".

Veja só, Augusto, o "póstudo" já está correndo mundo. Inventa outra, inventa outra!

Modernos antes da hora

Ipanema anos 1920

Drogas, piruetas sexuais e negócios escusos na literatura de Théo-Filho

[outubro de 2000]

Em 1926, Otto O'Kennutchy Guimarães (26 anos, boa-pinta, ambicioso, "bem-intencionado" e pateta) subiu à pedra do Arpoador, contemplou o estupendo arco de areia que se estendia de Ipanema e Leblon ao morro do Vidigal e teve uma ideia: construir ali um complexo turístico, composto de hotéis, cassinos e balneários. Chamar-se-ia Ipanema City o tal complexo, e injetaria vida naquele areal ocioso, naqueles descampados inúteis. Não era um sonho ou miragem.

Sim, exigiria a compra e derrubada dos lindos bangalôs e das casinhas humildes que já povoavam timidamente a orla, mas isso se resolvia. Havia gente no Rio com cacife para financiar o projeto. Bastava criar uma sociedade anônima, tendo como investidores banqueiros, industriais, fazendeiros e donos de jornais. Em pouco tempo, Ipanema se tornaria uma monumental "praia mundana", ao estilo americano — uma nova Newport ou Miami Beach, atraindo milionários, jogadores e veranistas de toda parte. Seria o nosso ingresso definitivo na, enfim, "modernidade".

Felizmente, Otto O'Kennutchy Guimarães e Ipanema

City eram apenas um produto da imaginação do escritor Théo-Filho em seu romance *Praia de Ipanema*, publicado em 1927 e só agora relançado, pela pequena editora carioca Dantes. Mas os ficcionistas não tiram suas ideias do vento e é possível que aquela fosse uma proposta que já rolasse no horizonte de gente "empreendedora" da época. No romance de Théo-Filho, por vários fatores, a falsa boa ideia não se concretizou. Na vida real, foi apenas adiada — tivemos de chegar aos anos 1960 e 1970 para que Ipanema sofresse um estupro imobiliário parecido.

Praia de Ipanema, o livro, também precisou esperar 73 anos por esse relançamento. Foi o primeiro romance passado no bairro que lhe deu o título. Exceto por rápidas incursões dos personagens ao centro da cidade e à avenida Niemeyer, a ação transcorre entre "a lança do Arpoador" e o Jardim de Alah, então conhecido apenas como o "canal do Leblon". Théo-Filho, morador da antiga rua Montenegro, hoje Vinicius de Moraes, inventou uma história que lhe dava toda espécie de pretexto para explorar o cenário. A história podia não ser das dez mais da literatura — mas o cenário!

O mar era de "um azul-esverdeado que se esbatia na direção das ilhas hirtas". O sol era "uma gema de ovo sobre um prato azul de porcelana — o céu". Nas horas "permitidas ao banho de mar", as moças iam de chapéu de palha à praia na rua Farme de Amoedo, junto às "dunas e aos relvados, cercas de bambu e matos de pitangueira". Já lindas, suculentas e bem-criadas, as primeiras garotas de Ipanema marcavam encontro na deserta avenida Vieira Souto para tramar solertes armações umas contra as outras — ou contra os rapazes. Mas, de modo geral, que sossego: "Ipanema, decorrida a hora oficial do banho, integrava-se em aristocrático recolhimento, dentro do seu branco, lavado casario. Um ou outro cão aparecia à entrada dos bangalôs, latindo para as próprias sombras".

Por trás dessa pachorra de província chique, no entanto, "vícios cosmopolitas" punham a cabeça de fora: um sinistro chinês mantinha a sua *fumerie* de ópio na rua Prudente de Morais, bem nos fundos do Country Club, podendo servir também cocaína, heroína e morfina aos interessados. O morro Dois Irmãos assistia a tudo, testemunha impassível da "decadência elegante" que já se infiltrava no bairro — em 1927! —, quase simultaneamente à sua criação. Criação essa tão recente que os nativos ainda não eram chamados de ipanemenses, mas de vilinos, *d'après* Villa Ipanema, nome do núcleo original. E, se é que Théo-Filho não se esquecia às vezes de dar corda no relógio, saiba que, de táxi, pela orla quase sem trânsito, ia-se do Leblon à avenida Rio Branco em apenas quinze minutos!

Se não tivesse outros méritos, *Praia de Ipanema* poderia ter ficado pelo menos como um delicioso documento de época. Mas qualquer forma de posteridade foi negada ao livro e a seu autor. *Praia de Ipanema* desapareceu junto com os outros livros de Théo-Filho. Já o escritor foi simplesmente apagado da literatura brasileira. Seu nome não consta dos compêndios e, se você quiser encontrá-lo no confuso *Dicionário literário brasileiro*, de Raimundo de Menezes, precisará adivinhar que ele está em "Freire Filho, Manuel Theotonio de Lacerda" — seu obscuro nome completo, com o qual nunca assinou um livro.

Tudo isso seria normal se Théo-Filho fosse autor de apenas um livrinho ou outro que, mesmo em seu tempo, tivesse passado em branco. Mas acontece que ele foi um dos escritores brasileiros mais produtivos e bem-sucedidos da década de 1920 — entre seus admiradores estavam Silvio Romero, Gilberto Amado e Pontes de Miranda. Numa população cinco vezes menor que a de hoje, seus livros, editados pela Livraria Leite Ribeiro, saíam com tiragens de 8 mil exemplares e viviam sendo reimpressos. A quarta capa da edição original de *Praia de Ipanema* listava nove de seus títulos em catálogo, entre os quais *Uma viagem movimentada* (1922), *Ídolos de barro* (1923) e *O perfume de Querubina Dória* (1924), que foram autênticos *blockbusters*. Em 1923, o crítico Agrippino Greco, com seu magnífico humor azedo, dedicou-lhe um estudo de 33 páginas, e uma restrição que lhe fazia era exatamente esta: a de vender muito — sinal, para Agrippino, de que se devia desconfiar do autor.

Então, por que Théo-Filho foi evaporado? Uma das razões pode ter sido a de que, nos anos dourados de sua carreira, entre 1920 e 1930, a literatura brasileira estava passando pela revolução do Modernismo — que parecia atingir todo mundo, menos ele. Ninguém cogitou sua presença na Semana de Arte Moderna, em 1922, em São Paulo, mas, pelo que se sabe a seu respeito, é provável que, se o tivessem convidado, Théo-Filho mandaria dizer que não estava. E, de fato, para alguém com seu histórico de vida (além de uma agitada biografia parisiense), os homens da semana deviam parecer um bando de provincianos. Ele os chamava, com ironia, de "a plêiade futurista jazz-bândica pau-brasil".

Desde o começo, os "modernistas" tentaram vender a ideia de que, antes deles, o Brasil era um atraso em literatura e, exceto, talvez, Machado de Assis e Lima Barreto, nada tinha valor. Mas, num primeiro momento, não conseguiram. Os anos imediatamente seguintes provaram que, em termos de mercado, Théo-Filho não tinha nada a temer: os romancistas do Modernismo não eram romancistas de verdade, eram só modernistas — nenhum deles sabia fazer um romance direito. Então, Théo-Filho continuou olimpicamente fiel ao naturalismo, que era a escola vigente no Brasil nas duas décadas anteriores. Podia dar-se a esse luxo, porque as massas estavam com ele.

Mas, em 1930, o Brasil mudou. Uma nova geração de

romancistas — José Lins do Rego, Graciliano Ramos, Jorge Amado, Rachel de Queiroz, Dyonelio Machado, Marques Rebêlo — entrou em cena e varreu tudo que encontrou, inclusive os modernistas. A exemplo do país, que clamava por reformas, a nova agenda literária exigia crítica social, ressecamento estilístico — nada de trocadilhos e gracinhas experimentalistas —, fabulação sólida, cenários áridos, gente sofrida e, de preferência, muito Nordeste.

E só então Théo-Filho, que já fora chamado de "o Zola das melindrosas", pareceu instantaneamente datado, com seus homens maquiados a talco e mulheres com boquinha de coração. Não importava que, em seus romances, os personagens usassem drogas, praticassem as mais variadas piruetas sexuais ou se metessem em negócios escusos — era todo um universo que ficara para trás e que precisava ser apagado. (Pena que, com a água do banho, se tenha jogado também o bebê pela janela. Exceto por Marques Rebêlo e poucos mais, perdemos durante décadas o gosto pelo romance urbano, cosmopolita, contemporâneo.) E o próprio Théo-Filho foi reduzido, em vida, a um ectoplasma de uma época vencida.

Tão ectoplasma que, hoje, tantos anos depois, sua biografia continua envolta em vapor. Nascido no Recife, PE, em 1895, não se sabe quando chegou ao Rio, embora deva ter sido antes dos dez anos. Seu pai, o poeta, romancista e teatrólogo Theotonio Freire, era um homem grave e professoral, com disciplina alemã. Em contraste, a mãe de Théo, segundo Agrippino Grieco, vinha de "uma família de cangaceiros, tipos ambíguos de uma mentalidade meio mística e meio criminosa, santos e facínoras, capazes de refocilar em sangue, em dinheiro e em lascívia bestial, mas capazes também de atos de evangélica abnegação, bandidos poéticos à maneira dos personagens de Schiller, verdadeiras encarnações simultâneas do anjo e da besta pascalianas". Uau! — quem não queria ter saído de uma mãe assim? Théo-Filho, para Agrippino, era uma mistura dos dois: letrado, pelo lado do pai, e "inquieto", pelo da mãe.

Ele começou a fazer tudo muito cedo. As datas e os fatos não são confiáveis, mas, pelo que se conta, aos dezoito anos, em 1913, arrancou de Edmundo Bittencourt, proprietário do *Correio da Manhã*, uma passagem de navio para Paris em troca de artigos que mandaria para o jornal. Mas quem teria ficado a ver navios seria Edmundo, porque Théo mandava pouca coisa. Estava muito ocupado virando dias e noites nos cabarés de Montmartre, como Le Chat Noir e Le Rat Mort, frequentados por mulheres de *smoking* e homens de peruca e cílios postiços. Ou frequentando as casas de ópio dos *mauvais quartiers*. Ou promovendo orgias nos apartamentos que dividia com o folclórico Zeca Patrocínio (filho do abolicionista José do Patrocínio), dos quais eram sucessivamente despejados, além de ameaçados de prisão por falta de pagamento.

Lenda ou realidade, Théo parecia sempre no fio da navalha. Um dia, poderia estar se banhando com champanhe nos bordéis finos de Paris; no outro, lavando pratos e trabalhando como garçom em bistrôs do suspeito Faubourg Saint-Denis. Nessa época, sabe-se lá como, Théo-Filho teria conseguido uma sinecura no consulado brasileiro em Nice e Cannes — mas, com seu desprezo pela função, usara-a apenas para conviver com monarcas exilados, jogadores e cortesãs dos cassinos da Côte d'Azur. Em 1914, estalou a Grande Guerra e, temendo ser convocado para lutar no exército francês, voltou para o Rio. Mas não chegou pelos fundos: desembarcou em triunfo na praça Mauá, de cabelo oxigenado e roupas coloridas, chocantes para a época. Trazia também na bagagem, entre outros, um livro de memórias: *365 dias de boulevard*. (Memórias, aos dezoito, dezenove anos? Só mesmo Théo-Filho.)

Pensando bem, por que não? Afinal, aos quinze, em 1910, já estreara com o romance *Dona Dolorosa*, que Agrippino definiu como "um catálogo de misérias fisiológicas e de todas as aberrações sexuais imagináveis e inimagináveis, deixando muito longe a coleção análoga do velho Havelock Ellis". E, a partir dali, exceto pelo intervalo da Grande Guerra, Théo-Filho não parou de escrever e viajar, quase sempre misturando as duas coisas e confundindo de propósito os leitores. Eles nunca sabiam se as peripécias que narrava saíam de sua imaginação ou se ele próprio as vivera só para poder contá-las. Um caso clássico foi o de *Do vagão-leito à prisão* (1920), em que misturava relatos de viagens em primeira classe na Europa com sua temporada na Casa de Detenção, no Rio, por tentativa de homicídio (a tiros) de um desafeto. Esta última peripécia de Théo-Filho devia ser real, tanto que ele foi defendido pelo respeitado jurista Evaristo de Moraes.

Em seu ensaio, anterior à publicação de *Praia de Ipanema*, Agrippino Grieco enxergou na obra de Théo-Filho lances de escatologia, masoquismo, pedofilia e até necrofilia. Diante de tudo isso, dizia Agrippino, o amoralismo compulsivo da maioria dos personagens tornava-se secundário. Outro crítico, Leal Guimarães, observou que Théo nunca conseguira criar "um vulto feminino entranhadamente honesto" e que todos os seus personagens masculinos eram "canalhas elegantes". Mas, aos leitores que acreditavam que Théo-Filho fosse daquele jeito, Agrippino, que o conhecia bem, informava que ele não deveria ser confundido com os "sujeitos de maus costumes" que descrevia com tanta "facilidade e felicidade". Na vida real, dizia, Théo-Filho tinha uma "macieza de pelúcia".

De fato, é possível que ele se fizesse de maluquete para viver e fosse mais quadrado do que dava a entender. Em pouco mais de dez anos, por exemplo, lançou dezenove livros, quase todos romances (dos quais o melhor, segundo opinião geral, era *Uma viagem movimentada*). Louquinho ou não, ele se sentava todos os dias para escrever. Além disso, durante boa parte dos anos 1920, dirigiu uma rombuda revista mensal, *O Mundo Literário*, com mais de duzentas páginas, editada pela Leite Ribeiro. Entre os colaboradores estava a fina flor do passadismo literário, aos quais não tinha pejo de encomendar ensaios sobre sua própria obra — pecadilho cometido por inúmeros escritores de todas os lugares e épocas.

Por sorte, quando o público finalmente o abandonou, em meados dos anos 1930, Théo já mergulhara em outra função: fundara e dirigia um simpático jornalzinho chamado *Beira-Mar*. Era um "jornal de sociedade", com notícias inócuas e mundanas, dedicadas a agradar às famílias que viam nelas os nomes e fotos de seus ilustres. *Beira-Mar* circulava mensalmente, tinha dez páginas em formato standard e apresentava-se como "o jornal dos moradores de nossas praias". A redação ficava em Copacabana, e era a esta que quase todo o noticiário se referia. Mas Théo-Filho amava muito mais a praia vizinha e, em 1932, criou uma seção, "Observatório de Ipanema", dedicada principalmente ao Arpoador. Por ela, fica-se sabendo que um dia alguém pensou em instalar um trampolim no Arpoador, que a língua vigente na praia era o inglês e que as famílias faziam sardinhadas na pedra. Com o tempo, Théo-Filho estendeu a jurisdição do *Beira-Mar* à região dos Lagos, falando de Búzios e Cabo Frio, e conseguiu levar o jornal até perto dos anos 1950.

Beira-Mar pode ter sido uma de suas fontes de renda no ostracismo, mas não a principal: era também alto funcionário do Ministério da Justiça. Ia trabalhar todos os dias, sempre louro e bem-vestido, mas não devia ser dos mais severos com seus funcionários. Às vezes, no meio da tarde, convidava-os: "Está chato aqui. Vamos passear!" — e saía em caravana com eles pela cidade. Em algum momento aposentou-se, sumiu de vista e ninguém deu pela falta.

Théo-Filho morreu em 1973, aos 78 anos, sem notícia nos jornais. Os poucos que tomaram conhecimento do fato só tiveram uma surpresa: não sabiam que, até então, ele estava vivo. Literariamente, pelo menos, estava tão morto quanto seus contemporâneos Zeca Patrocínio e Benjamin Costallat — a quem, pelo menos, cronistas como Nelson Rodrigues ainda se referiam quando queriam descrever o Rio do tempo do Onça. Mas, sobre Théo-Filho, nem isso.

Praia de Ipanema interessa hoje mais por seu valor documental do que por seus simples méritos literários. Mas é um valor a se levar em conta, porque descreve uma época ainda pouco estudada. Que Rio e que Brasil eram aqueles, nos anos 1910 e 1920, de tantas transformações urbanas e sociais, em que havia uma elite jovem, atrevida e, parece, disposta a tudo? Se Théo-Filho não era exatamente como seus personagens, devia ser parecido. Em *Praia de Ipanema*, sua descrição do consumo de drogas brabérrimas na casa do chinês Hong Lao-Tchao, por exemplo, é muito detalhista e acurada para ter saído apenas de sua fantasia. Alguma, sem dúvida, ele aprontou.

Das duas, uma: ou Théo-Filho descobriu Ipanema — ou a inventou.

"Pré-modernistas" cariocas — Vestidos para o crime

Enquanto Mario de Andrade seguia procissões na Barra Funda

[10/6/2006]

O título do livro é apenas *Cocaína* (tomado de empréstimo a um suave romance de Alvaro Moreyra, de 1924), mas o subtítulo — *Literatura e outros companheiros de ilusão* — sugere os demais ingredientes do coquetel: éter, morfina, ópio, heroína e haxixe. O tema, como se vê, é da pesada. O cenário é o Rio, de 1894 a 1933, e alguns dos autores presentes nessa coletânea organizada por Beatriz Resende para a Casa da Palavra são João do Rio, Lima Barreto, José do Patrocínio Filho, Benjamin Costallat, Théo-Filho, Orestes Barbosa, o próprio Alvaro Moreyra e a ousada Chrysanthème, aliás Cecília Bezerra de Melo Rebelo de Vasconcelos. Todos eles, escritores consolidados em seu tempo, que já vinham de um pouco antes de 1922 e cujo sucesso não se abalou com a realização da Semana de Arte Moderna, naquele ano, em São Paulo. Pelos dez anos seguintes, eles continuariam a ser publicados, lidos e amados, em edições que se mediam por milheiros. Eram também ativos colaboradores de jornais e revistas, e cada qual fazia de sua coluna uma espécie de consciência social do país.

Esses escritores não eram "modernistas", nem estavam interessados em tal rótulo. E por uma simples razão: porque já eram modernos. Em 1920, por exemplo, quando Mario de Andrade, paramentado de Filho de Maria, ainda acompanhava procissões na Barra Funda, eles já saíam às ruas do Rio vestidos para o crime. João do Rio observava o efeito da cocaína nos homens e mulheres elegantes que circulavam no Smart Club, na praia do Russel; Chrysanthème reproduzia as sensações das moças que se serviam de éter e morfina nos sobrados do Catete; e Orestes Barbosa mergulhava nas asfixiantes bocas de ópio dos chineses no Beco dos Ferreiros, perto da praça Quinze. (Aliás, Mario de Andrade teria de vir ao Rio, no Carnaval de 1923, para ser apresentado à cocaína.) Aqueles escritores também não se empolgavam com o culto à máquina e à velocidade, xodós dos modernistas, porque, desde cedo, estavam habituados a automóveis, telefones, elevadores, escadas rolantes e ar-condicionado, já existentes no Rio. E mesmo o estilo de frases rápidas, curtas e telegráficas, depois celebrado por Oswald de Andrade, já era praticado havia muito por Orestes Barbosa.

Mas, exceto por Lima Barreto e, um pouco, por João do Rio, a posteridade, imposta pela ditadura modernista, foi dura para com esses escritores. Por não se identificarem com os formalismos esquemáticos da Semana, eles passaram os cinquenta ou sessenta anos seguintes estigmatizados como decadentes ou preciosistas, sendo chamados (com desprezo) de, no máximo, "pré-modernistas", e acabaram como que evaporados da literatura. Pois, pior para a literatura, como só agora estamos descobrindo. O trabalho de estudiosas como Monica Pimenta Velloso, Angela de Castro Gomes, Rachel Valença e, neste caso, Beatriz Resende, tem conseguido devolvê-los à posição de que não mereciam ter saído: a de escritores altamente profissionais, com uma invejável munição verbal e a vantagem de ter sido observadores argutos (quando não protagonistas) do que se passava, literalmente, sob seu nariz. Esse livro de Beatriz Resende é uma prova eloquente.

Para Costallat, o "bairro da cocaína", no Rio de por volta de 1920, espalhava-se por Botafogo, Copacabana,

Santa Teresa, Leblon — "até Madureira já está contaminada", alertava. Segundo ele (e segundo também Lima Barreto, em outro texto que não consta da antologia), nove entre dez prostitutas da Lapa e da Glória eram cocainômanas. Já Théo-Filho, morador da quase deserta Ipanema, via essa mesma contaminação nas mansões da avenida Vieira Souto. A cocaína era título e mote de uma canção-tango de Sinhô, de 1923, dedicada "ao carinhoso amigo Roberto Marinho". Era também assunto para Manuel Bandeira, morador do Curvelo em 1925: "Uns tomam éter, outros cocaína/ Eu já tomei tristeza, hoje tomo alegria". E Olavo Bilac fala de uma reunião social em que o visitante, depois de esnobar o ópio, a morfina e o haxixe, adere a uma substância, em forma de pequenas pílulas escuras e moles, estranhamente próxima da... maconha. Detalhe: o texto de Bilac é de 1894.

Para os que, no caso do Rio, vivem sonhando com passados idílicos e se dedicam a satanizar o presente da cidade, os contos, crônicas, poemas e fragmentos de romance em *Cocaína* trazem lições que podemos aplicar à compreensão do problema de hoje. Primeiro, a presença consistente da droga na sociedade carioca, desde fins do século XIX, nem sempre se devia a traficantes sinistros, mas a honestos farmacêuticos em dia com a lei e com os impostos — já que várias substâncias, como a cocaína, a morfina e a heroína, eram fabricadas pelos grandes laboratórios (sim, as mesmas marcas famosas com que você se medica até hoje) e vendidas em drogarias como anestésicos. O fato de essas drogas serem legalizadas, o que aconteceu até pelo menos meados dos anos 1920, não as impedia de alimentar também um tráfico ilegal e subterrâneo — do que há relatos trágicos e maravilhosos nesse livro. Ou seja, a descriminalização não impedia o crime, assim como, hoje, a existência do comércio legal de eletroeletrônicos não coíbe a existência dos camelôs. (Exemplo: vamos descriminalizar a maconha — como se isso fosse necessário. Os traficantes se passarão imediatamente para a cocaína, o crack e o ecstasy — como se já não tivessem passado.)

O fato de as drogas serem legais nos anos de 1910 e 1920 não as impedia também de provocar os mesmos efeitos devastadores nos que se tornavam seus dependentes — os quais, pelo que lemos nesses textos, não deviam ser poucos. O surpreendente, em vários trechos escolhidos por Beatriz, é a correta referência a esse problema como uma doença, e não tanto como um "vício", conceito sempre comprometido por conotações morais. Permitem também projetar que uma descriminalização, hoje ("como na Holanda", propõem muitos), provocaria, a curto prazo, a morte de dezenas, talvez centenas de milhares de dependentes — pela facilidade ainda maior de acesso à droga, pela precariedade dos nossos órgãos de saúde pública e pelo fato de o Brasil *não* ser a Holanda (ou de a Holanda ser, em extensão, o equivalente à ilha do Marajó, e Amsterdã, três vezes *menor* do que Pindamonhangaba).

Nenhum dos textos do livro é uma apologia à droga, e muitos lhe fazem frontal contestação. Mas uma constante neles é que, em todas as situações descritas, há um escritor presente, observando — e nenhum policial por perto. Donde nenhum tiroteio, nenhuma guerra de quadrilhas, nenhum confronto entre o crime e a polícia e nada de ataques armados a delegacias e posteriores chacinas. A droga era, então, uma realidade quase romântica. Os únicos mortos no livro são os seus trágicos usuários.

A volta do incrível João de Minas

Uma espécie de centauro, pégaso ou sereia da literatura

[21/8/1999]

Sexo, traições, corrupção, chantagem, assassinatos e toda espécie de bandalheiras — esses ingredientes têm servido de material para romances desde que existe a literatura. Mas imagine tudo isso dito com as palavras mais cruas, no austero Brasil dos anos 1930, só que com muito humor e com um surpreendente talento "literário". E criado por um escritor ao mesmo tempo primitivo e sofisticado, que teve admiradores importantes, vendeu milhares de livros em seu tempo e (tão rapidamente quanto surgiu) parou de escrever, passou a dedicar-se a picaretagens tão estrambóticas como as que "denunciava" e foi absolutamente esquecido. Numa mitologia literária, ele seria uma espécie de centauro, sereia, pégaso — um desses bichos que se supõe imaginários, mas que deviam ter existido.

Bem, esse escritor existiu, chamou-se Ariosto Palombo e se assinava João de Minas (nasceu em Ouro Preto, MG, provavelmente em 1896). Seu romance *A mulher carioca aos 22 anos*, publicado pela primeira vez em São Paulo em 1934, acaba de ressurgir numa edição de bolso da Dantes, a minieditora nascida do sebo de livros com o mesmo nome, do Leblon, no Rio. Anna Paula Martins, proprietária da editora e da livraria, tem um faro infalível para preciosidades, mas João de Minas é, por vários motivos, um achado de Aderbal Freire-Filho, o diretor de teatro que, há décadas, descobriu um velho exemplar de *A mulher carioca aos 22 anos*, também num sebo, e apaixonou-se pelo autor, de quem nunca ouvira falar.

Nos anos seguintes, ao saber que João de Minas era tão louco quanto as coisas que escrevia, Freire-Filho saiu à cata de seus outros livros em sebos pelo Brasil. Conseguiu reunir o que considera sua obra completa, desencavou dados sobre o homem, traçou sua trajetória de vida e até localizou gente que o conheceu. E só não falou com o próprio João de Minas porque, levado por uma pista falsa, convenceu-se de que ele morrera em começos dos anos 1950, depois de uma temporada num hospício em Belo Horizonte. Muito depois, descobriu que João de Minas nunca passara por hospícios e só fora morrer em 1984, na cidade de Boituva, SP. Mas, aí, já era tarde. Em 1990, Aderbal adaptou *A mulher carioca...* para o teatro e levou a peça no Rio e em São Paulo, onde ela ganhou um breve status de *cult*. Encerrada a temporada, João de Minas voltou para a obscuridade. Com a edição desse livro (que conta com um alentado posfácio de Aderbal), não há mais desculpa. Ele está agora definitivamente na praça, para ser julgado — avaliado. E, melhor ainda, saboreado.

O sexo em *A mulher carioca* vem em quase todos os formatos, posições, cores e modalidades. Não há subterfúgios — as coisas são chamadas pelo nome, sem a menor gentileza. Muitas vezes, de mistura com escatologia. E, curiosamente, não é agressivo nem chocante. Ou, pelo menos, não parece mais assim. É, antes, muito engraçado. As traições também campeiam — não há um personagem que se salve moralmente, exceto Angélica, a mocinha do livro, que, aliás, paga pelos pecados da canalha que a circunda. A corrupção atinge todos os níveis: comerciantes, jornalistas, filantropos, nobres, meninas de colégio, militares, todos no livro são patifes. Muita gente morre na história, geralmente à traição — alguns não morrem, mas tornam-se leprosos de corpo ou de alma, com a reputação destruída. É um incansável festival de bandalheiras durante duzentas páginas. Mas, como dizia Nelson Rodrigues sobre esse tipo de obra de arte, sai-se purificado da experiência: "O personagem precisa ser canalha para que não o sejamos".

João de Minas não é Nelson Rodrigues sob pseudônimo, como Aderbal Freire-Filho a princípio pensou que fosse. Era dezesseis anos mais velho e já publicava seus livros mais de dez anos antes de Nelson estrear em teatro com *A mulher sem pecado*. Não vejo também tanta identificação no universo de ambos, nem acho que seus "moralismos" sejam comparáveis. O moralismo de João de Minas é, à primeira vista, provinciano. Mas, de repente, pode também não ser: seu domínio da paródia é tão espantoso que aquela dicção moralista pode ser uma máscara. Muda tanto o jeito de escrever de acordo com o personagem que, às vezes, tem-se a impressão de que é capaz de escrever em qualquer estilo. Quando o livro é narrado do ponto de vista de Angélica, por exemplo, vêm à tona todos os clichês do mundo postiço que ela habitava. Se o personagem é um escroque, o leitor quase tem de sair de baixo, pela grossura do texto.

Mas, quando é a vez do narrador, com sua voz neutra, surgem imagens criativas e inesperadas. Eis algumas: "noite comunista, noite cheia de murros" (descrevendo uma noite de amor); "dentes que pareciam gotas de um orvalho ingênuo"; "o sol que era um sangue pagão"; "os seus colarinhos, punhos e peitilhos, irrepreensíveis, o engomavam todo de uma correção calcária, petrificada, como uma laje"; "as suas formas, o seu jogo de pernas, a sua animalidade ainda não tinha esse quê cretino e venerando da virtude"; "estava um dia branco, competente, com a preguiça barbeada dos domingos"; "na luz fina, os cabelinhos das suas ventas ardiam, como um catarro em brasa, ameaçando escorrer"; "a cólera da moça fazia saltar de dentro de uma pomba-rola o feixe de músculos malhados de um tigre";

"alta, seca, aroenta, com os cabelos curtos emporcalhados de um louro arqueológico"; etc. etc.

Às vezes, nesse tipo de imagem "literária", João de Minas parece estar gozando a literatura de sua época — ou gozando seus improváveis leitores pósteros, os quais, desabituados a essa dicção, poderiam confundi-la favoravelmente com uma prosa poética. Mas, se fosse apenas isso, ele não interromperia esse fluxo, digamos, "imagético", para entrar de sola com as mais hilariantes e diretas cenas de sexo. Mais do que com Nelson Rodrigues, João de Minas se parece mesmo é com o Oswald de Andrade de *Serafim Ponte Grande* (anterior à *Mulher carioca*) e *O rei da vela* (posterior), mas sem o pedantismo engessado de Oswald.

Em compensação, é fácil alinhar seus sucessores, mesmo que estes nunca o tenham lido. João de Minas está para a literatura como Carlos Zéfiro para o desenho (na mistura de pornografia com um desenho bem-acabado), Lupicínio Rodrigues para a música (sem o sentimentalismo), Plínio Marcos para o teatro e o José Carlos (Carlinhos) Oliveira do romance *Terror e êxtase* (só que, nesses dois últimos casos, com mais humor). Aderbal Freire-Filho compara-o também à hemorragia verbal de Glauber Rocha e ao romance *A mão esquerda*, de Fausto Wolff.

E há também a vida de João de Minas, esmiuçada por Aderbal em seu posfácio à *Mulher carioca*. João de Minas comparava-se a Pittigrilli, Eça de Queiroz, Vargas Vila, Euclides da Cunha e Shakespeare — a própria mistura já era hilariante. Mas o interessante é que os respeitados João Ribeiro e Humberto de Campos também achavam que ele se comparava com Euclides. Fora da literatura, João de Minas, além de rábula, era jornalista de aluguel, escrevendo matérias elogiosas pagas, como fazem os jornalistas corruptos de *A mulher carioca*. No começo, quando ainda morava em

Minas Gerais, já colaborava em jornais e revistas do Rio e de São Paulo. Em 1929, publicou um livro, *Jantando um defunto*, em que narrava supostas atrocidades da Coluna Prestes (colocando-se entre os personagens torturados). O próprio Luiz Carlos Prestes, com inesperado humor, achou-o divertido e imaginativo.

Entre 1929 e 1930, João de Minas veio para o Rio. Trabalhou no jornal *O Paiz* e, quando este foi empastelado pelos getulistas, sumiu-se para São Paulo, em cujo interior se fixou pelo resto da vida, fundando empresas nitidamente golpistas. Em 1936, com toda a sua obra (romances e livros de contos) já publicada, mudou de nome (para Mahatma Patiala) e de ramo, dedicando-se a fundar mistos de seitas religiosas com partidos políticos, dos quais era profeta, sacerdote, cardeal, papa e Deus. Alguns destes eram a Academia Brasileira de Ciências Ocultas, o Partido Espiritualista do Brasil, a Igreja Comunista Cristã Científica e o Partido Gandhista. Candidatou-se a um cargo público ("pelos xavantes") e, incrível, não se elegeu. A personalidade de Mahatma Patiala dominou-o até o fim, e João de Minas, se realmente morreu, aos noventa anos, em 1984, deve ter sido de rir.

Noites da Lapa

Vivia-se, amava-se e se bebia em francês

[novembro de 2004]

> *"Villon, Verlaine e Luís*
> *encontraram-se na Lapa.*
> *A vida — essa meretriz —*
> *tanto beija como escapa."*
> Carlos Drummond de Andrade

"Mas, o que é a Lapa?", perguntou Luís Martins num artigo de jornal em 1972. Ele mesmo respondeu: "A rigor, seria apenas o largo e a rua que têm seu nome. Exatamente como Pigalle: *'C'est une place. C'est une rue. C'est même tout un quartier...'* Esse *quartier* espalha-se do Passeio Público às encostas do morro de Santa Teresa, da avenida Augusto Severo aos Arcos, estende-se por outros bairros (o início da rua da Glória é ainda Lapa, assim como, do lado oposto, a rua das Marrecas também o era, antigamente). Seus limites são imprecisos, fluidos, arbitrários, convencionais. [...] Muito antes de 1935, ela chegava até as margens da baía de Guanabara, onde desembocavam a rua Joaquim Silva e o beco dos Carmelitas. O aterro da praça Paris afastou a Lapa do mar. A geografia lapiana é complicada. Aquele labirinto de ruelas que se cruzam, que se entortam, que sobem e descem — Joaquim Silva, beco dos Carmelitas, Morais e Vale, Taylor, Conde de Lage (que tem a forma de um L deitado), Teotônio Regadas, travessa do Mosqueira —, desorienta a quem o percorre pela primeira vez".

O adolescente Luís — carioca de São Cristóvão, da

classe de 1907, criado em Jacarepaguá e, nas suas próprias palavras, "magro, alto, vago estudante de preparatórios, os olhos saltados e a cabeleira revolta" — pode ter se sentido assim, confuso, nos anos 1920, quando viu a Lapa pela primeira vez. E olhe que só a viu na matinê — porque, da abertura dos primeiros cabarés, à noitinha, até o romper da estrela da manhã, a Lapa era o mundo de luzes e trevas dos adultos, ao qual ele ainda não pertencia. Mas Luís soube esperar. Em alguns anos, não apenas a medusa de ruelas tornou-se sua segunda pele como ele contribuiu para ampliar os limites do bairro, forçando-os para além dos Arcos, encampando parte de Mem de Sá, Riachuelo e Lavradio, roçando os contrafortes da praça Tiradentes, tomando os sopés da Glória e subindo Santa Teresa. A Lapa — uma filial de Pigalle e Montmartre na Guanabara, com seu aroma particular de perfume e xixi — era qualquer lugar onde ele e seus amigos estivessem.

Dois livros brotaram da experiência de Luís Martins enquanto ele a estava vivendo: os romances *Lapa*, em 1936, e *A terra come tudo*, em 1937. Mas, por causa do primeiro, que lhe valeu uma acusação de "comunista" pelo Estado Novo, Luís teve de deixar o Rio, em 1938. Fez, então, algo drástico para o ultracarioca que ele era: levou sua Lapa para São Paulo, com todos os cabarés, restaurantes, bares, biroscas e bordéis. Levou-a em sua memória. E para sempre, porque, por vários motivos — um deles, a pintora Tarsila do Amaral —, acabou ficando por lá.

Coincidência ou não, em 1942, quatro anos depois da partida de Luís Martins, coisas aconteceram aqui no Rio. Vítima das mesmas truculência e insensibilidade oficiais que tinham levado Luís ao autoexílio, a Lapa também deixaria de ser a Lapa. Ou, pelo menos, deixaria de ser a Lapa de Luís Martins. Uma cruzada policial moralista fechou bordéis, expulsou prostitutas, perseguiu malandros e varreu a boemia. As velhas casas continuaram no lugar, escorando-se umas às outras, nas ruas tortas de sempre, só que, de repente, esvaziadas dos prazeres, poesia e música que, até pouco tempo antes, alimentavam suas mulheres e seus homens. Em meados dos anos 1940, a Lapa já se reduzira a famílias que só se deitavam de pijama e camisola e a algumas profissionais desavisadas, cujo corpo parecia esfarinhar-se ao ritmo agônico das últimas casas "suspeitas". Sanitizada de seus pecados, a Lapa viu a cidade dar-lhe as costas e trocá-la por Copacabana.

A 450 quilômetros da sobrevivente Leiteria Bol, no entanto, a Lapa da fábula continuava a existir na memória de Luís Martins. E, por sorte, ele não a guardou apenas para si. De seus romances que a tinham como cenário já não restava nem lembrança nas livrarias. Mas as crônicas que ele publicou pelos mais de vinte anos seguintes em *O Estado de S. Paulo* sempre faziam a Lapa renascer, nem que fosse para deixar perplexos os que, presenciando a sua interminável destruição, mal podiam acreditar que ela tivera um passado tão radiante. Veio então, em 1964, a publicação de *Noturno da Lapa* (a convite de Guilherme Figueiredo, por indicação de Di Cavalcanti), pela editora Civilização Brasileira, contando suas aventuras e as de seus amigos na antiga Lapa. À primeira leitura, podia ser apenas o livro das estripulias de uma geração. Mas, mais que isso, era a narrativa de um Brasil valente, letrado e boêmio que, um dia, parecera caber inteiro à sombra dos Arcos. O livro rendeu uma infinidade de artigos (de Carlos Drummond de Andrade a Carlos Heitor Cony), inúmeras entrevistas do autor e novas crônicas dele próprio sobre a Lapa.

Não que Luís, ocupado com sua vida em São Paulo, insistisse em se apegar à Lapa. Ela é que parecia se agarrar a ele para não morrer. E Luís não fugiu ao apelo. Em 1981, quando ele próprio morreu (e a Lapa experimentava um tímido começo de ressurreição), seu nome já se tornara quase sinônimo do bairro. Ninguém fez mais pela Lapa, via palavra escrita, do que Luís Martins. E, como sói — até hoje —, nem um busto ou placa numa daquelas ruas tortas registra isso.

Em 1907, quando Luís Martins estava nascendo, a Lapa já tomava a forma ideal para recebê-lo. O lugar se desenvolvera em meados do século XVIII, ao redor do Seminário e da Igreja da Lapa do Desterro, no largo da Lapa, e dos Arcos da Carioca, o aqueduto concluído em 1758 pelo governador-geral Gomes Freire de Andrade. Em 1790, o vice-rei dom Luís de Vasconcelos aterrou a pútrida lagoa do Boqueirão, ali perto, e sobre ela construiu o Passeio Público — a primeira área de lazer público no Brasil e, segundo o romântico Joaquim Manuel de Macedo, para que nele passeasse uma paixão proibida do vice-rei. Em torno do Passeio (desenhado e decorado por mestre Valentim), abriram-se ruas, e uma delas, depois dita das Marrecas, tinha ao nascer um nome muito mais sugestivo: rua das Belas Noites — pelos namoros, danças e cantos que ali se davam enquanto a cidade dormia.

Com a chegada da Corte, em 1808, subiram na Lapa os primeiros sobrados da aristocracia. Com ela, vieram também o comércio e os serviços, famílias se instalaram e até os padres carmelitas fizeram ali o seu convento. Durante a maior parte do século XIX, em suas ruas singelamente domésticas, passaram-se doces histórias de Macedo e outras, agridoces, de Machado de Assis. Mas, ao ligar a cidade à Glória, ao Catete e ao Flamengo, a Lapa inchou e, em fins do século, já acolhia também uma considerável população pobre. Os estudantes da Escola Nacional de Belas-Artes a descobriram e a visitavam para recrutar modelos vivos para seus cursos. Surgiram os primeiros bares, cafés e restaurantes. Em 1904, para abrir a avenida Mem de Sá, a reforma do prefeito Pereira Passos derrubou cortiços e casebres do tempo de Debret, e seus habitantes foram se aninhar no morro de Santo Antônio. A nova avenida formou um X com a rua Visconde de Maranguape, tendo ao centro o "ferro de engomar" liderado pelo restaurante Capela. Talvez por coincidência, um X muito semelhante ao de Times Square formado pelo cruzamento da Broadway com a rua 42, em Nova York, e construído na mesmíssima época.

A Lapa, naturalmente, tomou rumos diferentes. Em 1915, brotando à beira-mar, a prostituição subiu pela rua Joaquim Silva e pela inocente viela que, no passado, conduzia os padres à praia: o beco dos Carmelitas. Tomou a rua Morais e Vale e a Conde de Lage, cruzou a rua da Lapa, e ocupou o restante da Joaquim Silva a partir do ponto onde esta fazia a curva, chegando até os Arcos, com o que acabou de dominar as ruas e travessas internas. As *pensões* eram às dezenas, com mulheres seminuas e de todos os preços, fazendo psiu aos passantes, por trás das portas fechadas — lado a lado com as famílias que continuavam a morar ali e a tocar a vida. Em 1923, a polícia tentou limitar os prostíbulos ao alto das ruas ou, pelo menos, às ruas que não tivessem linhas de bonde.

Mas a Lapa não era só prostituição. Durante o dia, era um bairro inocente, com um colégio de freiras (que tinha como aluna Carmen Miranda), uma escola de música, um templo positivista, pequenos armazéns, farmácias, barbearias e pensões familiares — pensões mesmo, onde se serviam inocentes refeições diurnas — a não se confundirem com as outras *pensões*, nada inocentes. À noite, no entanto, era a vez das *diableries*: os cabarés, cafés e chopes-cantantes se incendiavam, as orquestras dos restaurantes podiam ser ouvidas da rua, homens eram tragados pelas portas entreabertas das *pensões*, e lâmpadas vermelhas se acendiam no interior dos quartos. Boêmios e capadócios zanzavam pelas calçadas, leões de chácara mantinham a ordem nos bares, e os táxis e bondes a cortavam madrugada afora. Os "alcaloides" (morfina, cocaína) eram fáceis de comprar. Por essa época, o lapiano Rui Ribeiro Couto, futuro embaixador, já perguntava numa crônica em seu livro *Cidade do vício e da graça*: "Não acreditas que a Lapa seja digna de certas cidades que a cólera do Senhor destruiu?".

Essa Lapa dos anos 1920 era a de cronistas e poetas como Ribeiro Couto, Dante Milano, Augusto Frederico Schmidt e Raul de Leoni, do pintor Di Cavalcanti, dos escritores Sergio Buarque de Hollanda e Prudente de Morais Neto, dos teatrólogos Luiz Peixoto, Alvaro Moreyra, Paulo Magalhães e Joracy Camargo, do romancista Cornélio Pena, do compositor Villa-Lobos, do cantor Francisco Alves, dos caricaturistas Roberto Rodrigues, Guevara e Fritz, dos jornalistas Mario Rodrigues, Orestes Barbosa e Aparício Torelly, do lutador Sinhozinho, do santificado Jaime Ovalle, do folclórico Zeca Patrocínio, do médico Hernani de Irajá — todos jovens, alguns já célebres, outros ainda principiantes, mas nenhum deles anônimo. Esses, sim, foram contemporâneos dos cafetões e bambas lendários, como Joãozinho da Lapa (que se dizia filho de uma importante família carioca), Camisa Preta, Mete-braço, Paulo da Zazá e Armandinho da Lapa, e das grandes cafetinas Tina Bonalis, Suzanne Casterat e Tina Tati, ligadas à máfia francesa e à judaica, que abasteciam a Lapa de mulheres europeias.

A turma de Luís Martins só adentrou a Lapa em 1930 ou pouco depois: R. (de Raymundo) Magalhães Jr., Henrique Pongetti, Moacir Werneck de Castro, Francisco de Assis Barbosa, Odylo Costa, filho, Lucio Rangel, Jorge Amado, Peregrino Júnior, Murilo Miranda, Thomaz Santa

Rosa, Carlos Leão, Carlos Lacerda, Rubem Braga, Augusto Rodrigues, Alvarus, Rosário Fusco, Genolino Amado — todos jornalistas, entre vinte e trinta anos, mas futuros escritores, políticos ou artistas plásticos — e outros que, sumidades em seu tempo, não contaram com as benesses da posteridade. (Quem não pudesse chegar à Glória, que ficasse por ali, na Lapa — diziam eles, num trocadilho sobre o nome dos dois bairros vizinhos.) Por um breve momento, no começo da década, a geração de Luís coexistiu com a geração anterior e as duas partilharam copos, mulheres e citações em francês.

Eram várias turmas na Lapa dos 1930. Octavio de Faria, Lucio Cardoso e Vinicius de Moraes, por exemplo, formavam um grupo à parte, contemporâneo do grupo de Luís, mas só se acenavam à distância. Manuel Bandeira, que se dava com todos, descera em 1933 do Curvelo, em Santa Teresa, para a rua Morais e Vale. Donde era morador da Lapa — e logo onde! —, mas, cioso de sua tuberculose, não circulava na boemia (segundo amigos, às vezes visitava de tarde uma "casa suspeitíssima" na rua do Riachuelo). Portinari morava num sobrado na esquina da Joaquim Silva com a Teotônio Regadas (há hoje uma placa), mas também não aderia à esbórnia. Havia a turma "da esquerda": Osório Borba, Barreto Leite, Francisco Mangabeira, Octavio Malta. E a turma do samba: Silvio Caldas, Aracy de Almeida, Nássara, Mario Lago, Bororó, Wilson Baptista, Roberto Martins, Geraldo Pereira. Ué! E Noel Rosa? Muito depois, seu nome ficaria intimamente associado à Lapa, por causa de sambas como "Dama do cabaré" e "Conversa de botequim", mas tanto Luís como Lucio Rangel, que não saíam de lá, escreveram que nunca viram Noel na Lapa.

O que não significa que ele não a frequentasse. Segundo o quase infalível Almirante, a história de "Dama do cabaré" ("Foi num cabaré na Lapa/ Que eu conheci você/ Fumando cigarro/ Entornando champanhe no seu *soirée*...") se passou na noite de 23 de junho de 1934 no Apollo, na avenida Mem de Sá. (João Máximo e Carlos Didier, em *Noel Rosa — Uma biografia*, confirmam a história, mas esclarecendo que, nessa época, a jovem Ceci [a "dama do cabaré"] ainda não fumava, não tomava champanhe e muito menos usava *soirée*.) E, também segundo Almirante, o botequim de "Conversa de botequim" ("Seu garçom, faça o favor de me trazer depressa...") seria o Café Bahia, idem na avenida Mem de Sá, junto aos Arcos. "A Lapa era maior do que pensávamos", diria Luís no futuro, tentando justificar esses desencontros.

Da mesma forma, só nos anos 1970 ele ouviria falar de Madame Satã, que, segundo a lenda, fora um temido valentão do seu tempo. Luís disse que nunca soube dele na Lapa (e de nenhum outro valentão). Mas, se Satã realmente frequentava a Lapa, como poderia passar despercebido? Era um mulato forte, pederasta (ele próprio se classificava assim), que saía à rua vestido de baiana ou de odalisca, com batom, pulseiras e brincos, e, em 1931, teria inspirado "Mulato bamba", um samba de Noel de nítida conotação homossexual. Tudo bem, mas, mesmo que Luís nunca tivesse visto Satã, como poderia desconhecer a história de que ele enfrentara sozinho, a murros e rabos de arraia, um choque da Polícia Especial na Mem de Sá? Uma façanha dessas ecoaria da Cinelândia à praça da Cruz Vermelha. A não ser que nunca tivesse acontecido — o que parece ser a explicação. Millôr Fernandes afirmou ter criado essa cena para um musical de teatro nos anos 1960, para ser encenada como balé. A peça nunca foi montada, mas, anos depois, Millôr narrou a cena para o próprio Satã, na entrevista deste ao *Pasquim*. Satã a confirmou como se ela tivesse acontecido e incorporou-a à sua biografia, com todos os detalhes que Millôr inventara. Aliás, Millôr, que foi morar na Lapa em 1939, também diz que nunca viu ali um soco, tiro ou navalhada.

A Lapa de Luís Martins já era mais da poesia e da literatura que da malandragem e da valentia. Talvez fosse isso que ele quis dizer ao escrever no *Noturno*: "A *belle époque* do Rio acabou justamente quando eu entrei em cena". E, no entanto, seu relato também é de dar água na boca. Uma das especialidades da turma era fazer serenata às três da manhã sob a janela de Manuel Bandeira, e aguentar os baldes d'água, tomates e outros produtos atirados pelos vizinhos do poeta. Outra era sair pelos bares recitando Villon, Baudelaire ou Verlaine, com rápidas incursões às beldades francesas entre um verso e outro, mas não exatamente para checar a pronúncia. Um deles, Magalhães Jr., por ser o mais abonado (já tinha, na época, vários empregos), mantinha uma conta-corrente à disposição dos amigos num bordel da rua Conde de Lage. E, certa noite, Henrique Pongetti brigou a socos com um leão de chácara no restaurante Túnel da Lapa e foram todos — Pongetti, Luís, Odylo, Lucio e o leão — parar no distrito da rua das Marrecas, acusados de provocar distúrbio. Mas o delegado, ao ver de quem se tratava, pediu desculpas, serviu-lhes cafezinho, liberou-os e só prendeu o leão, por "desacatar aqueles moços tão distintos".

Se isso também não pode ser chamado de *belle époque*...

Vivia-se, amava-se e se bebia em francês. Para o jornalista Dante Costa, Luís era *Le beau Louis*. Moacir Werneck de Castro converteu-o em *Louis Martin du Bar*, num trocadilho com o nome do escritor francês Roger Martin du Gard. A poeta Ana Amélia Carneiro de Mendonça o chamava de "o pequeno D'Artagnan". E Ribeiro Couto o classificava de "expert em verificação de *sex appeal*". Os apelidos se referiam ao homem bonito (um quê do galã hollywoodiano Fredric March), culto e alegre que ele era, com uma invejável capacidade cúbica e uma firme disposição para as mulheres.

O adolescente Luís, no entanto, ainda não era assim. Ou, pelo menos, ninguém podia prever que o garoto "tímido, sonhador e meio calado", abraçado aos livros de Eça e Machado e às *Fleurs du mal*, de Baudelaire, fosse dar no rapaz "quase aloucado, imprevidente, tagarela, que trocava os dias pelas noites", tudo isso segundo ele próprio.

Seu pai proibiu-o de entrar para a Escola de Belas-Artes, alegando que todo artista era boêmio ("Acabei boêmio, sem ser artista"). Preferia vê-lo advogado, e Luís, para satisfazê-lo, entrou para a Faculdade de Direito, na rua do Catete — chegou ao quinto ano, mas nunca concluiu o curso. Aos 21 anos, em 1928, usou sua mesada para pagar a edição de um livro de poemas, *Sinos*. Quase ninguém o comprou, mas o livro abriu-lhe um espaço de cronista no recém-fundado *Diário Carioca* e, pelos anos seguintes, em revistas como *ParaTodos...*, *Rio-Magazine*, *Carioca* e *Vamos Ler*. O dinheiro que isso lhe rendia era pouco, mas tornou-o conhecido dos notáveis da época e lhe valeu um convite, em 1929, para disputar uma vaga na nova Academia Carioca de Letras. Luís foi eleito e escolheu a cadeira que tinha João do Rio como patrono — o mesmo João do Rio que também era uma de suas admirações e que morrera, aos 39 anos, em 1921, dentro de um táxi de propriedade de seu pai. (O pai de Luís, que não sabia dirigir, comprara dois carros como investimento e os pusera na praça. Na noite fatal, João do Rio tomou um deles no largo da Carioca e teve um enfarte a bordo, na altura da rua Pedro Américo, no Catete.)

Em fins de 1933, na casa de Eugenia e Alvaro Moreyra, Luís conheceu Tarsila do Amaral, filha da aristocracia paulistana, musa original dos modernistas, ex-mulher de Oswald de Andrade e pintora da antropofagia. "Vestia-se modestamente, sem nenhum vestígio de luxo", ele depois diria. "Mas conservava ainda uma surpreendente, radiosa e espetacular beleza." Para ele, a visão de Tarsila foi um *coup de foudre* — paixão à primeira vista. O Rio recebia uma retrospectiva de sua obra, no saguão do Palace Hotel, na avenida Rio Branco, os jornais só falavam dela e, naquele momento, Tarsila era a estrela da cidade. Luís compareceu ao vernissage e suspeitou que, como ele, todos ali estavam apaixonados pela pintora. E, mesmo que não estivessem, que chance ele teria? Desempregado, vivendo de bicos na imprensa e ainda morando com os pais (agora no Estácio), suas perspectivas pareciam zero. Mas, poucas semanas depois, nos primeiros dias de 1934, à saída de um jantar de escritores em que se sentaram lado a lado no restaurante Alpino, no Leme, descobriram que a paixão era recíproca. Luís tinha 26 anos; Tarsila, 47.

Sim, foi chocante pela diferença de idade. Mas a conservadora família de Tarsila já a desprezava como trêfega muito antes de sua ligação com Luís (um irmão dela advertiu-a de que a receberia a chicotadas, se ela aparecesse na fazenda dele). Do lado de cá, Luís parece também ter escondido o caso enquanto pôde de sua família. Não há registro de que algum de seus amigos cariocas o tenha criticado por essa paixão. E, a princípio, nem era uma coisa escrachada, porque Tarsila continuava morando em São Paulo.

Para poderem ficar juntos quando ela viesse ao Rio, Luís finalmente saiu da casa dos pais e alugou um apartamento na rua Marquês de Abrantes, no Flamengo. Para isso, teve de aderir à vida profissional: arranjou um emprego em *O Jornal* (como cronista) e, por intermédio do ministro da Justiça Agamenon Magalhães, foi nomeado chefe do serviço de imprensa do IAPC (Instituto de Aposentadoria e Pensões dos Comerciários). Mas, a provar que a relação era séria, Tarsila instalou no apartamento seu cavalete, que mandara vir de São Paulo, e alguns quadros mais queridos. E ali, em 1936, Luís escreveu *Lapa*.

O maior inimigo da Lapa era o casamento. Ribeiro Couto, Raymundo Magalhães Jr., Henrique Pongetti e outros se casaram, afastaram-se e só voltavam lá de raro em raro. Mas o quase casamento (afinal, jamais formalizado) com Tarsila pouco interferiu na vida noturna de Luís com sua turma. Quando Tarsila estava no Rio, cerca de dez dias por mês, ele era dela. Nos vinte restantes, quando ela estava em sua fazenda em São Paulo, ele continuava a ser da Lapa.

Curioso é que, ao escrever um romance que se passava ali, o cenário e a história nada tivessem a ver com a euforia que ele experimentava na noite. *Lapa*, ao contrário, era um romance sombrio e pessimista, com personagens destinados à dor, à miséria e à morte. Não há *vamps* entre as suas prostitutas, apenas vítimas, inclusive as que caíram "na vida" por vocação. E os poucos homens que perpassam como fantasmas pela história também não são felizes. Luís desprezou até a variedade geográfica, que ele conhecia tão bem — como se quisesse reduzir a Lapa a um clima de filme expressionista alemão, algo entre *O gabinete do dr. Caligari* e *A caixa de Pandora*, com becos e vielas claustrofóbicos, como se fossem cenários de estúdio.

Bandeira queixou-se com Luís de que, para *Lapa* ser um romance da Lapa, faltara mencionar a igreja. Luís foi mais longe e lhe disse que o que faltava era a própria Lapa, "a sua vida, o seu encanto, o seu mistério". A Lapa do livro é também estranhamente despovoada — o narrador, Paulo, anda sozinho na noite, só penetra em lugares semivazios, e seus únicos interlocutores, com uma exceção, são as prostitutas. É quase uma premonição da decadência que afligiria o bairro no futuro próximo. Ou então era Luís que, diante da convivência com Tarsila, passara a enxergá-lo de modo diferente.

Lapa não nasceu com esse título. Luís Martins pensou no romance como *Prostituição* — talvez mais adequado, mesmo porque vários ramais levam a trama para o Mangue, onde ela acaba ficando. Foi Jorge Amado, já adepto de títulos bem gráficos (*Suor, Cacau, O país do Carnaval*), quem lhe sugeriu *Lapa*. Numa "nota absolutamente necessária" à guisa de prefácio, Luís antecipou-se aos críticos que pudessem desmerecer o romance por sua fatura pouco "literária", e autorizou-os a chamá-lo de "reportagem", se quisessem, ou de "um livro de sincera e amarga revolta". Fez bem. Há passagens em que o autor abandona a narrativa para contar uma breve história da prostituição no Rio ou para calcular, assombrado, os rendimentos anuais das cafetinas. Mas o principal temor de Luís era o de que vissem a história como autobiográfica e o tomassem por Paulo, o protagonista. E por que não tomariam? Como ele, Paulo era jovem, jornalista, *habitué* da Lapa e fora criado num "sítio nos arrabaldes" (Jacarepaguá). Mas bastava conhecer o esfuziante *blagueur* Luís Martins de 1936 para se saber que o deprimido Paulo era um personagem da ficção. A não ser que se tratasse do muito, muito jovem Luís (Paulo, no livro, tem vinte anos). Só que Luís, com essa idade, não frequentava regularmente a Lapa.

O primeiro a quem ele ofereceu o livro para publicação foi José Olympio, que acabara de fundar sua editora e já capturara *Jubiabá*, de Jorge Amado. Mas José Olympio, talvez apreensivo por dois ou três palavrões ("viado", "trepar", "Cu da Mãe"), recusou-o delicadamente. Luís então se voltou para seu amigo Augusto Frederico Schmidt, cuja editora, até então forte, começava a ceder terreno. Em outubro de 1936, *Lapa* saiu por Schmidt, Editor, com capa de Tarsila e dedicado a Odylo Costa, filho. Foi bem nos mercados do Rio e de São Paulo e teve muita imprensa, quase toda favorável. Os livreiros de Minas Gerais devolveram o livro como "imoral", mas isso não o preocupou. Animado com o sucesso, Luís mudou-se para um apartamento na rua Santo Amaro, na Glória, defronte ao cassino High Life, e começou logo outro romance, também passado na Lapa, *A terra come tudo*. De repente, um encontro casual com Rubem Braga, em novembro ou dezembro, deixou-o em alerta. Segundo Rubem, havia "qualquer coisa" contra *Lapa* no Ministério da Educação.

Luís foi ao ministério para saber do que se tratava. Carlos Drummond de Andrade, chefe de gabinete do ministro Gustavo Capanema, confirmou a informação de Rubem. Um influente intelectual da praça enviara ao presidente Getulio Vargas um exemplar de *Lapa*, cheio de rabiscos e exclamações, e uma carta em que o livro era tachado de subversivo e imoral, e o autor, de agente do comunismo internacional. Era uma denúncia perigosa. Apenas um ano antes, em 1935, tinha havido levantes comunistas nos quartéis e o governo continuava prendendo e torturando implicados e suspeitos. (Luís levou quase quarenta anos para publicar o nome de seu denunciante: o veterano poeta, escritor e ex-deputado Carlos Maul, nascido em Petrópolis, descendente de alemães e autoproclamado fascista.) Getulio repassara a carta a Capanema, pedindo-lhe um parecer. Este foi escrito por Drummond, assinado por Capanema, e inocentava Luís de alto a baixo, propondo o arquivamento do caso. Luís leu o parecer e se tranquilizou.

Só que a denúncia não estancou ali. Não se sabe como, o processo chegou à Chefatura de Polícia, cujo titular era o capitão Filinto Müller, também notório fascista, e nem a presença de Agamenon Magalhães na pasta da Justiça impediu que, no decorrer de 1937, o cerco se fechasse sobre Luís. "O Estado Novo se formava sob o meu nariz e só percebi isso muito tarde", ele escreveu no *Noturno da Lapa*. Em outubro daquele ano, Luís publicou *A terra come tudo*, também na Schmidt. Pediu uma licença sem vencimentos ao IAPC e foi descansar na fazenda de Tarsila, a Santa Teresa do Alto, em Jundiaí, no interior de São Paulo. No dia 10 de novembro, houve o golpe do Estado Novo — era a ditadura escancarada. Luís voltou ao Rio, onde soube que fora exonerado do serviço público e que havia um mandado de prisão contra ele, assinado pelo general Newton Cavalcanti. Não teve mais dúvidas. Despachou seus papéis, livros, quadros e o cavalete de Tarsila para a fazenda e, em janeiro de 1938, foi para lá de vez, julgando-se a salvo (na verdade, não estava). No Rio, os exemplares restantes de *Lapa* foram apreendidos e incinerados. E *A terra come tudo* morreu de morte natural, quase no ovo, antes que se pudessem avaliar suas qualidades. O resto da história está contado no *Noturno* e, com mais detalhes, em *Um bom sujeito*, livro póstumo de Luís, lançado em 1983 pela Paz e Terra, dois anos depois de sua morte, aos 74 anos.

Para mim, *A terra come tudo* faz um par perfeito com *Lapa*. No futuro, Luís Martins iria repudiar esse romance ("malfeito, mal construído, mal concatenado, mal pensado"). Mas Luís também não gostava muito de *Lapa* ("mal realizado, cheio de palavrões inúteis"). Nos dois casos, foi injusto — por modéstia ou, talvez, pelo fato de os dois livros estarem associados a um período tão amargo de sua vida. Tanto que, quando veio a redemocratização em 1945 e caiu a censura, ele não se interessou em republicá-los.

A terra come tudo é quase um capítulo autônomo de *Lapa* — um capítulo que tivesse crescido demais (208 páginas) e se transformado em livro. É mais bem escrito, principalmente da metade para o fim, com algumas passagens belíssimas, como o velório de Álvaro, o último encontro entre Victor e Sonia e o delírio de Victor no fim. É também uma história de prostitutas, embora, basicamente, somente de uma: Sonia — inspirada, segundo ele, numa garçonete judia que conheceu no Túnel da Lapa, na rua Visconde de Maranguape. E o livro contém muito "mais Lapa" do que o anterior. Mas, no final da história, o protagonista já está morando em Copacabana ("num oitavo andar"), com o mar à sua frente e os carros e ônibus passando lá embaixo. Tivesse o romance continuado, Victor já não iria tanto à Lapa — deixar-se-ia ficar ali mesmo em Copacabana, com seus dois novos cassinos, ou iria à Urca, onde já havia outro, até mais célebre. A Lapa se tornava "o Rio noturno, sem praia e sem verdadeiro amor".

Da forma como as coisas se deram na vida real, Luís não foi para Copacabana, mas também não voltou à Lapa. Ficou de vez em São Paulo, morando na fazenda e na cidade com Tarsila. Ela o apresentou à pintura moderna e ele fez de si mesmo um importante crítico de arte. Viveram juntos dezoito anos — relacionamento que explodiu (não com um estouro, mas com lágrimas de todos os envolvidos) quando Luís conheceu Anna Maria Coelho, prima de Tarsila em segundo grau e dezessete anos mais nova do que ele. Ao se permitir essa segunda e ainda mais fulminante paixão (que não estava buscando nem esperava), ele teve de enfrentar a brutal oposição dos pais de Anna Maria. Entre as várias acusações que estes lhe faziam (como a de ter sido "amante de Tarsila"), uma parecia pesar especialmente: seu passado boêmio, sua juventude entre uísques e mulheres. Era a Lapa que lhe estava sendo atirada ao rosto, com o som de uma chicotada — "Lapa!".

Não importava que havia muito ele tivesse se tornado um dos intelectuais mais respeitados de São Paulo, um homem querido em duas cidades e com livre trânsito em diversas esferas do poder — embaixadores, ministros, desembargadores, políticos, acadêmicos, entre os quais, comicamente, estavam vários de seus contemporâneos na Lapa. Mas o massacre a que o submeteram, aliado à dor que isso provocou nas duas mulheres, não teve nada de cômico — Luís, como diria depois, pensou em se matar. (O desdobramento dessa história e seu final feliz estão contados no magnífico *Aí vai meu coração — As cartas de Tarsila do Amaral e Anna Maria Martins para Luís Martins*, editado em 2003 por Ana Luísa Martins, sua filha com Anna Maria.) E, em 1964, a publicação do *Noturno* valeria por um ajuste de contas com o passado.

No Rio dos anos 1930, as noites terminavam na Lapa. Na vida de Luís Martins, *Lapa* marcou o fim de uma época e o começo de outra. Mas nada termina de verdade. Nem a Lapa, que, dada como morta, salvou-se por milagre, iluminou-se, encheu-se de música e, quem diria, voltou a pertencer espetacularmente a quem tem hoje vinte anos.

Beijos de língua

Aprenda ingrês com Millôr e Pedro Carolino

Every man is exposed to mistake himself

[8/10/1988]

Se você fizer um yázigi às pressas e desembarcar em Nova York dizendo coisas como *"It's a male cockroach!"* (É um barato!) ou *"Not with me, guitar!"* (Comigo não, violão!), pode ficar certo de uma coisa: ninguém entenderá o que você acabou de dizer.

Note bem: essas palavras existem em inglês, estão construídas numa ordem que deixaria encantado o rigoroso escritor e linguista H. L. Mencken e, juntas, uma ou duas delas até fazem sentido — mas o conjunto de cada frase será tão incompreensível quanto se você estivesse falando esquimó, inca ou afegão.

Bem, essa é uma versão purista da coisa. Suponhamos agora que o contingente clandestino brasileiro em Nova York já esteja dando a sua "contribuição milionária de todos os erros" ao inglês que ainda se tenta falar por lá. Talvez fosse isso que Millôr Fernandes tivesse em mente ao escrever *The cow went to the swamp* (A vaca foi pro brejo), um hilariante glossário de frases feitas em português e sua tradução literal para o idioma outrora atribuído a Shakespeare, Shelley e Shaw. *The cow went to the swamp*, lançado pela L&PM, pode até não fazer o sucesso que merece, mas tem tudo para ser um best-seller na emergente urbe de Governador Valadares, MG, onde camelôs dão troco em dólar e se vendem apartamentos com vista para a Estátua da Liberdade.

"Este é um *não livro*", adverte Millôr no prefácio bilíngue. "Nele ensinamos uma espécie de inglês para inglês ver." O que é duplamente irônico porque, vertido por Millôr como "*In it we teach a kind of English to Englishmen to see*", qualquer inglês ao ler isso ficará a ver navios, já que "para inglês ver" não quer dizer nada em inglês.

Cidadãos de Governador Valadares perdidos em Nova York ficam, portanto, advertidos de que o *não livro* de Millôr pode conduzir exatamente ao contrário do que se pretende. Quem estiver a fim de descobrir uma "festa de embalo", por exemplo, e perguntar por uma "*lullabying party*", corre o risco de dormir mais cedo. Achar que tal filme é "uma obra-prima" e classificá-lo de "*a cousin-work*" também não impressionará ninguém, nem no SoHo. E dizer que alguma coisa é uma "*trembling hand in the wheel*" (quer dizer, uma "tremenda mão na roda") pode apenas despachar um infeliz para o xadrez — por dirigir trêmulo e embriagado.

Não adiantará menosprezar os nativos e dizer que "*they only talk little pumpkins*" — ou seja, que "eles só falam abobrinhas" —, porque todo mundo ficará na mesma. Idem, no caso de algum apuro com o pessoal da Imigração: "*If it gives cake, I take my body out*" — isto é, "Se der bolo, eu tiro o corpo fora". Principalmente porque, se essa desgraça acontecer, será inútil "*to whirl the old woman from Bahia*" — *that is*, "rodar a baiana". Talvez por isso, uma das frases mais pronunciadas por brasileiros em Nova York — "*It painted dirtness*" ou, em vernáculo, "Pintou sujeira" — continue a ser um mistério para os americanos.

Se você entrar numa confeitaria em busca de um bombom e pedir um "*goodgood*", não levará nada. Da mesma forma, no caso de você ser da Paraíba, xingar um gringo de "*goat of the plague*" não fará dele um cabra da peste. Dar uma rata também não é "*to give a female rat*". E, ao mandar uma visita entrar, o certo não é dizer "*Between!*". Finalmente, suponha que aquela recepcionista magrela de óculos, sardas e aparelho nos dentes esteja lhe dando a maior bola. Pois, de uma vez por todas, não a convide a ir ao seu hotel a fim de "*to wet the cookie*", molhar o biscoito — porque ela pode ficar com água na boca pelo motivo errado e se ofender ao descobrir sua verdadeira intenção. Enfim, essas são algumas contribuições de Millôr a quem quiser se fazer *não* entender perfeitamente em países de língua inglesa.

Depois de muitos fracassos, alguns brasucas insensatos tentam "*to leave for the ignorance*", ou "partir para a ignorância". Outros preferem ajustar a situação ao jeitinho brasileiro, "*sending a singing*", digo, "passando uma cantada". It's useless, porque os gringos boiam. Outras pérolas propostas por Millôr até que ficariam bem em inglês, se os americanos se acostumassem a elas: "*The end of the snake-bite*", "O fim da picada"; ou, introduzida pelos turistas paulistanos, "*By the dawn!*", "Pela madrugada!". O inglês é uma língua flexível e, se os gringos já assimilaram palavras como *feijoada* e *caipirinha* (pronunciam-se *fezh-Wa-da* e *Kie-pee-reen-nya*, recomenda a linguista Mimi Sheraton), talvez possam digerir também aquelas expressões.

Mesmo porque não seria a primeira vez que o inglês estaria topando uma parada indigesta contra esta flor do Lácio. E nem o livro de Millôr é o primeiro no gênero. Foi precedido por uma obra-prima intitulada *The new guide of the conversation in Portuguese and English*, escrita pelo obscuro português Pedro Carolino e publicada em 1883 pela editora James R. Osgood & Co., de Boston. Carolino escreveu o livro a sério e mandou-o ao editor, mas, quando os originais caíram nas mãos de Osgood, este viu que estava diante, não de um chato tratado linguístico, mas de um insuperável livro de humor. Entre ataques de riso incontrolável, Osgood ainda conseguiu juntar forças para encomendar uma introdução ao único escritor americano que julgava à altura da tarefa: Mark Twain. O resto é História.

Com o título mudado (acertadamente) para *English as she is spoke*, o livro de Carolino tornou-se um clássico instantâneo do humor de língua inglesa. Desde então, nunca ficou fora de catálogo. (A edição corrente, fac-símile da de 1883 e com a introdução de Mark Twain, é a da Dover Books, de Nova York.)* É considerado por unanimidade o pior livro de frases em qualquer língua e em todos os tempos — um galardão difícil de bater. Mas nem sempre essa glória bafejou Carolino. Houve tempo em que muitos críticos e filólogos desconfiaram da sua honestidade intelectual. Segundo eles, ninguém poderia ser *tão* ignorante a respeito de um assunto que pretendia dominar — donde a conclusão de que só podia se tratar de um humorista português ou americano que estivesse se fazendo passar por analfabeto.

Mark Twain defendeu Carolino em sua introdução, provando que *English as she is spoke* foi escrito com "inocência e sinceridade" por "um honesto e completo idiota". Twain cita, como exemplo, a ilusão de Carolino de que, em inglês, o artigo indefinido *a* é masculino e *an* é feminino. Twain não podia saber, mas Carolino também pespega gêneros em todos os substantivos ingleses (que são, em 99% dos casos, neutros) como se faz em português. Por esse raciocínio, *English*, a língua inglesa, para ele é *she*. Para qualquer leitor de língua portuguesa, é óbvio que o genial Carolino, ao moer daquele jeito a gramática, achava que estava fazendo o serviço direito.

* Em 2002 saiu uma excelente edição brasileira: *O novo guia da conversação em portuguez e inglez*, pela Casa da Palavra, Rio, organizada por Fernanda Rangel de Paiva Abreu.

Mas nunca se sabe. E se ele fosse um polilíngue delirante que usasse o inglês e o português como cobaias de ousadas experiências semânticas e fonéticas? Lido em voz alta, o inglês de Carolino às vezes soa como chinês, como na corriqueira frase "Basta não ter medo", que ele verte magistralmente para "*It do not what don't be afraid of*". Em outros momentos felizes, antecipa aquele tipo de dialeto que, cinquenta anos depois, faria a fama de Chico, um dos Irmãos Marx. Na versão de Carolino, a pergunta "Quem fez isto?" transforma-se em "*Who has do that?*", que, pensando bem, tem a sua lógica. E ele pode ser maravilhoso quando se limita ao pé da letra — ou, no seu caso, aos quatro pés de cada letra. "Mostra-me a sua obra", por exemplo, torna-se "*Leave me see your work*". E "Cada louco com sua mania", "*some one has her madness*".

Mas onde Carolino se supera é na *transcriação* (que, no Brasil, é uma desculpa de certos tradutores para não consultar dicionários). "Voltar à vaca fria", por exemplo, é "*to come back at their muttons*". "Acordar o cão que dorme" torna-se, inexplicavelmente, "*to wake the cat as sleep*". E "pedra que rola não cria musgo" transforma-se em "*The stone as roll nor heap up not foam*", que parece uma frase cubista, só que de trás para a frente.

Há um milhão de achados assim em *English as she is spoke*. É verdade que às vezes ele se confunde com os pronomes: "Não me serve para nada" fica estranho como "*I am good for nothing*", não? Sim. Mas tudo bem. Samuel Beckett traduziu *Ulysses*, de James Joyce, para o francês, com a ajuda do próprio Joyce, e os dois juntos fizeram um monte de besteiras. Como já dizia modestamente Pedro Carolino, "Cada um pode enganar-se". Ou, na sua própria versão em ingrês, "*Every man is exposed to mistake himself*".

Dois países separados pela mesma língua

Um paletó xadrez é um casaco aos quadrados

[11/8/1989]

Bernard Shaw escreveu certa vez que a Inglaterra e os Estados Unidos eram "dois países separados pela mesma língua". A frase é boa e ficou famosa, mas se, por qualquer motivo, Shaw tivesse se interessado pela língua portuguesa, concluiria que havia sido injusto e que os dois países eram Portugal e Brasil. Entre outras coisas, ele provavelmente não se deixaria iludir pela maioria dos dicionários de português — principalmente os produzidos *neste* lado do Atlântico —, que há séculos fazem de conta que existe uma férrea cadeia linguística unindo o Brasil, Portugal e a África. (Antes existisse, porque, pelo menos, aprenderíamos a colocar melhor os pronomes por aqui.)

Mas não há essa cadeia, como qualquer brasileiro que viveu em Portugal pode atestar — e a prova está no *Dicionário contrastivo luso-brasileiro*, de Mauro Villar, lançado pela Editora Guanabara. Villar é carioca e trabalhou em Lisboa de 1977 a 1986, como subeditor da edição brasileira da revista *Seleções* do Reader's Digest, então editada e impressa além-mar. Num de seus primeiros dias em *Seleções* (que, em Portugal, se escreve *Selecções* e se pronuncia *Sh'lé--çõesh*), ele encontrou sobre a tampa da privada os legumes que pedira à empregada da redação que deixasse sobre a pia. Não sabia que *pia*, em Portugal, é muitas vezes sinônimo de privada ou vaso sanitário — o qual, por sua vez, lá é chamado de *retrete*.

Enquanto fazia severos ajustes na sua carroceria verbal para sobreviver a experiências singelas do dia a dia, como entender-se com os garçons, balconistas de lojas ou motoristas de táxi lisboetas e até mesmo acompanhar um noticiário de tevê ou a narração de um jogo de futebol, Villar usou sua formação em letras para levantar essa preciosa e impressionante coleção de diferenças entre as línguas. Depois de seu *Dicionário contrastivo*, portugueses e brasileiros poderão finalmente conversar sem o auxílio de intérpretes. Eis algumas amostras.

Pelo fato de serem muito parecidos, o português de Portugal e o do Brasil prestam-se a grandes confusões. Por exemplo: ao ler num jornal lisboeta que alguém *morreu ao tomar banho*, um brasileiro dificilmente entenderá que esse alguém se afogou na praia. E que isso aconteceu porque não havia um *banheiro* por perto — digo, um salva-vidas. (O que aqui chamamos de banheiro lá é um *quarto de banhos*.) Mas boa parte do noticiário pode ficar difícil de entender, principalmente quando as notícias se passam em *Estugarda* (Stuttgart), *Francoforte* (Frankfurt) ou na *Gronelândia* (Groenlândia). Ninguém terá dificuldade para entender que *Moscovo, Bona* ou *Amesterdão* são, é claro, Moscou, Bonn e Amsterdã, mas o que dizer de um *atentado bombista no Harlemo* (alguém soltou uma bomba no Harlem) ou de um *sarilho de liceus na Cantabrígia* (revolta estudantil em Cambridge)? Aliás, em Portugal, não se compram jornais no *jornaleiro*. Este é um operário comum, que trabalha por jornada. O vendedor de jornais é o *ardinas*.

A televisão portuguesa também é uma parada, até você se acostumar a ela. Se estiverem falando do rio *Tamisa*, do deserto do *Sara* e de um lugar chamado *Florida*, saiba que se referem ao Tâmisa, ao Saara e à Flórida. Falando nisso, quando a tevê portuguesa transmite qualquer coisa ao vivo, diz-se que é *em direto*; se não, é *em diferido*. Os filmes não são dublados, mas *dobrados*.

Já o futebol pela tevê exige atenção especial em Portugal. O gramado é o *relvado*, a bola é o *esférico*, e o juiz não trabalha com um apito, mas com um *assobio*. Os craques não jogam de chuteiras, mas de *botas*, e não suam a camisa, mas a *camisola*. A do Benfica, por exemplo, é *encarnada*, ou seja, vermelha, e a do Sporting é *de quinas*, digo, listrada. Quando um dos jogadores faz gol contra, comete um *autogolo*; se se contunde, diz-se que se *aleijou* ou *estatuou-se no relvado*; se fica impedido é porque está *fora de jogo*; às vezes, o juiz *irradia* um deles da partida, ou seja, expulsa-o. E, no intervalo, naturalmente, vão todos para o *balneário* — quero dizer, para o vestiário. É fascinante. Mas o futebol não é o único esporte que apaixona os portugueses. Eles adoram também o *básquete* (o que, vindo do inglês *basket*, é muito mais correto do que o nosso *basquête*) e o rúgbi, que eles grafam como *râguebi* e pronunciam *rêiguebi*.

Mas foi no delicioso cotidiano de Lisboa que Villar captou algumas das melhores diferenças entre o português de Portugal e o do Brasil. Quando se manda alguém *carregar a campainha*, não significa que esse alguém deve arrancar a campainha da parede e levá-la para casa, mas apenas apertá-la. *Fechar a janela para não entrar correspondência* não é uma conspiração contra o carteiro, mas evitar a entrada de uma corrente de ar. Faltar ao trabalho por causa de uma *carraspana* não é tão grave — trata-se de uma gripe, não de um porre. *Dar uma bronca* não é espinafrar alguém, mas apenas dar um fora. Um *urinol* é um mictório público — já aquele objeto em que você pensou é um *vaso de noite*. Qualquer jovem do sexo masculino é um *rapaz*, mesmo sendo um bebê de fraldas. Fraldas, por sinal, são *cuequinhas de bebé*, assim como eles chamam de *cuecas* as calcinhas femininas. (Epa! Nesse caso, como chamam as cuecas masculinas? De *cuecas* mesmo.)

Quem entra numa farmácia para tomar uma injeção na nádega deve pedir para *levar uma pica ao rabo*. As crianças acham graça da expressão, mas os adultos brasileiros ficam cabreiros. Falando em crianças, em Portugal elas são os *miúdos*. (Não confundir com os miúdos da galinha, que lá são chamados *miudezas*. Os *miúdos* da galinha portuguesa são os pintos.) Os miúdos portugueses chupam *rebuçados* no lugar de balas, *gelados de palito* em vez de picolés e *chupa-chupas* em vez de pirulitos. E, não se assuste, mas um de seus jogos favoritos é *brincar de coito*, ou seja, de esconde-esconde.

No Brasil usa-se exclusivamente o advérbio *exclusivamente*. Mas os portugueses, mais sábios, empregam também o *inclusivamente*. Não se sabe por que a Bahia em Portugal virou *Baía* — devem ter precisado daquele agá para escrever *húmido*. Seja como for, em Portugal não se toma a sopa. *Come-se* a sopa — como, não sei. Em compensação, a *sopeira* não é a terrina em que você despeja o caldo, e sim a cozinheira que prepara o próprio. As sopas portuguesas nunca esfriam, mas *arrefecem*. E, se você quiser tomar água gelada, deve pedir uma *água fresca*. Falando nisso, *frescura* não tem conotações dúbias por lá e é abundantemente usada no lugar de frescor.

Interessante como tantas palavras mudaram de sentido ao cruzar o Atlântico nas caravelas cabralinas. As que ficaram em Lisboa em 1500, pelo visto, conservaram as acepções originais. Assim, em Portugal, *dar sopa* para alguém é não querer nada com esse alguém. Uma *zorra* é uma coisa chata, monótona. Chamar uma pessoa de *brejeira* não é um elogio — é tachá-la de vagabunda. Já um homem *bizarro* é um senhor distinto e bem-vestido. Mas a metamorfose mais radical foi a da palavra *mulherengo*, que desembarcou no Brasil e foi logo se aplicando a sujeitos conquistadores e chegados a um rabo de saia. Pois em Portugal, surpreendentemente, *mulherengo* é um homem adamado, efeminado, pouco viril. E alguém poderia imaginar que muitos portugueses empregam *adeus* tanto para dar um adeus propriamente dito quanto para dizer olá? O.k. Então alguém me explique por que, se em Portugal *pois sim* significa sim e *pois não* significa não, quem nos autorizou no Brasil a fazer o *sim* virar *pois não* e o *não* virar *pois sim*?

Por ter também morado em Lisboa, só que um pouco antes de Mauro (de 1973 a 1975) e, por acaso, trabalhado na mesma revista, vivi muitas dessas confusões narradas por ele. Certa vez, por exemplo, uma importante peça do banheiro da redação pifou. Eu disse à secretária: "Isabel, chame o bombeiro para consertar a descarga da privada". Os belos olhos verdes de Isabel ficaram contemplando o vazio, como se eu tivesse falado marcianês. Ela não entendera uma palavra. Outro brasileiro ali presente, já mais íntimo dos meandros da língua, traduziu para ela e pediu-lhe que "*chamasse o canalizador para reparar o autoclisma da retrete*". Os olhos de Isabel transformaram-se em holofotes e ela perguntou de volta: "Oh, senhor Ruy, por que não disse logo?".

Um dos maiores prazeres do *Dicionário contrastivo* de Mauro Villar é a descoberta de maravilhosas expressões e acepções que não herdamos ou bobamente esquecemos, mas que os portugueses conservam e usam com carinho: *afadistar-se*, cair na malandragem; *amoroso*, gentil; *chi-coração*, abraço; *despassarado*, distraído; *engraçado*, gracioso; *enjaneirado*, fogoso; *estar-se nas tintas*, não estar nem aí; e muitas outras. E a prova da decadência da língua portuguesa no Brasil é a de que há muito tempo não temos sido capazes de criar uma imagem tão gratificante e poética, como esta dos portugueses para descrever as garotas que, ultimamente, fazem topless em suas praias: "*Elas andam pelas praias com as catarinas à vela*".

Enfim, os exemplos são tantos que é difícil largar o livro. Eis aqui mais algumas diferenças no tratamento das coisas do cotidiano:

Alfinete — broche. Em Portugal, existe a palavra *broche*, mas deve ser evitada na presença de senhoras. Quer dizer sexo oral.

Alcatifa — carpete. Já a palavra *carpete* significa tapete. Um ventilador é uma *ventoinha*. Uma geladeira é um *frigorífico*. Um toca-discos é um *gira-discos*.

Telefonia — rádio. "Deu um fogo na telefonia", ou seja: o rádio falou de um incêndio. Um míssil é um *foguetão*.

Calçada — é a rua propriamente dita, o calçamento *alcatroado*, ou seja, asfaltado. A calçada dos pedestres é o *passeio*. O meio-fio é uma *berma*.

Petiscar — beliscar alguma coisa na rua. Fila é *bicha*. Um cafezinho é uma *bica*. Uma média é um *galão*. Um chope é uma *imperial*. O uísque Buchanan's é o *Buquenano's*. Para comer presunto, peça *fiambre* — se pedir presunto, receberá presunto cru. Um sanduíche de churrasquinho é um *prego*. Um ovo poché é um ovo *escalfado*. O espaguete é o *esparguete* e uma pizza é uma *piza*. Toma-se o café ou chá na *chávena* — é considerado esnobe dizer xícara. Um pãozinho francês é uma *carcaça*. Se quiser um pão tipo bisnaga, peça um *cacete*.

Fato — terno masculino. (Os fatos em Portugal são os *factos*.) Um terno cáqui é um *fato caqui*, na oxítona. (A fruta caqui é um *diósporo*.) Um paletó é um *casaco*. Um paletó xadrez é um *casaco aos quadrados*. Se você pedir uma gravata-borboleta, receberá uma gravata comum, estampada de borboletas — e o que você quer é uma *gravata-laço*. Um par de tênis é um par de *sapatilhas*.

Champô — xampu. Um dentifrício é um *dentífrico*. Uma manicure é uma *manicura*. A maquiagem é a *maquilhagem*. Um esparadrapo é um *penso*. Modess são *pensos higiênicos*. Uma *drogaria* é um lugar onde se vende toda espécie de material de limpeza, como baldes e vassouras, mas não remédios — estes só se encontram nas *farmácias*. Um açougue é um *talho*. Uma livraria de sebo é um *alfarrábio*.

* * *

Depois de algum tempo, brasileiros e portugueses em Lisboa aprendem a divertir-se com esse jogo de diferenças entre as duas línguas. Mas a brincadeira faz com que, às vezes, simples piadas ganhem tintas de veracidade. Os títulos de certos filmes em Portugal estão nesse caso. Não é verdade que, lá, *Psicose* se chamou *O filho que era a mãe*; que *O sol por testemunha* se chamou *O cadáver atado ao barco*; e que *Ben-Hur* se chamou *O charreteiro infernal*. Chamaram-se, respectivamente, *Psico*, *Sol a pino* e *Ben-Hur* mesmo. E, embora muitos pensem que *Cantando na chuva* lá virou *A cantar sob o aguaceiro*, tornou-se, na verdade, o poético (e imagético) *Serenata à chuva*.

Mas não posso negar que, em Portugal, Jerry Lewis é *O Estoira-Vergas*; o Gordo e o Magro são *O Bucha e o Estica*; Os Três Patetas são *Os Três Estarolas*; e os Irmãos Marx, *Os Quatro Aldrabões*.

Palavras, palavrões e palavrinhas sobre sexo

A inveja do pênis não *se limita às mulheres*

[26/2/1989]

Cedo ou tarde, crianças chegam àquela idade de perguntar tudo aos mais velhos, inclusive o que não devem. E, nos tempos que correm, não será surpresa se uma delas quiser saber se você é um *inupto* ou se mamãe está sofrendo de *afânise*. Calma, nenhuma dessas palavras é portadora de vírus ou indica algo contagioso.

Inupto é o mesmo que "não ser casado", uma condição comum a muitos pais de hoje. E *afânise* é um termo criado pelo freudiano Ernst Jones para definir "o desaparecimento do desejo sexual", o que, com toda razão, ele acreditava ser "a raiz de todos os males".

Essas e outras 4998 palavras estão nuamente expostas no *Dicionário do sexo* (Editora Ática), uma formidável coleção de verbetes sobre "as funções e os processos envolvidos no ato sexual e na procriação", como o define o próprio dicionário. Seus autores e editores, os psicólogos e médicos Robert M. Goldenson e Kenneth N. Anderson, contaram com a colaboração de cientistas de todas as especialidades que, de uma forma ou de outra, roçam na área sexual — e, tão importante quanto, a adaptação brasileira de Lídia Aratangy, psicóloga clínica e professora de genética da PUC-SP, chega a ser às vezes impressionante.

No prefácio, os autores não exageram ao dizer que o dicionário abrange "aspectos sexuais da anatomia, fisiologia, antropologia, sociologia, psicanálise, psicoterapia, genética, medicina, linguística, e temas morais e legais do nosso tempo". Os 22 verbetes sobre *casamento*, por exemplo, cercam o assunto de tal maneira que, depois de lê-los, muita gente pensará duas vezes antes de casar — ou ficará fascinada pela variedade de casamentos a escolher. Falando nisto, o *casamento experimental*, aquele em que um casal resolve viver junto para testar a compatibilidade entre suas escovas de dentes antes de dar o passo em falso (e que se julgava ser uma conquista pós-hippie), já era, a seu modo, coisa corriqueira na Inglaterra e na Escócia do século X.

Como todo bom dicionário, esse pode até ser lido, o que significa que não se presta exclusivamente a consultas. Mesmo porque o que levaria um homem a abri-lo para saber se é um *alófilo*? Todo *alófilo* sabe que é *alófilo*, mesmo que não conheça a palavra, e os que não são também sabem. *Alófilo* é o mesmo que heterossexual. Já quem sofre de *afefobia* e não sabe deve ter sérios problemas. Trata-se do "receio mórbido de tocar ou ser tocado por pessoas ou objetos". O falecido bilionário Howard Hughes tinha isso e, dizem, o magnata de televisão Silvio Santos também. E imagine o drama de quem sofre de *aulofobia*, principalmente se for flautista. Segundo o dicionário, *aulofobia* é o "receio mórbido de qualquer instrumento de sopro semelhante à flauta" — em suma, medo do símbolo fálico.

Muitos conceitos errados são finalmente esclarecidos nesse dicionário. Um *anão sexual*, por exemplo, não é o que você está pensando, mas bem o contrário: "um anão adulto, com genitália adulta normalmente desenvolvida". Em compensação, nunca existiu o famoso *direito de senhor*, um mito da Idade Média segundo o qual o senhor feudal teria o direito de deflorar a noiva do servo na noite de núpcias. Não passou de uma invenção de Voltaire, popularizada pelos folhetins do século XIX. E o dicionário livra a reputação do prefixo *homo*, sempre mal interpretado por ter dois significados: derivado do latim *homo*, ele quer dizer "ser humano", como em *Homo sapiens*; mas, se derivado do grego *homos*, significa "um e o mesmo", como em *homogêneo* e *homossexual*. Os gregos e suas ideias.

O dicionário se pretende completo no capítulo das doenças, a ponto de registrar uma coisa estranha chamada *framboesia* — uma doença tropical, o que compreende o Brasil, causada por um organismo em forma de saca-rolha e que pode ser transmitida sexualmente. Os autores recuperam também o termo *Grid*, "denominação anterior da aids, proveniente das iniciais de *Gay related immune deficiency*", abandonado em 1982 quando se descobriu que a moléstia não era intrínseca aos homossexuais.

Um verbete assustador é o *índice real de falha* de certos contraceptivos em relação ao *índice teórico*. Segundo eles, se o índice teórico de defeito da camisinha é de 5%, o real é de 15%, por "rasgar, escorregar do pênis ou se romper". Nesse mesmo departamento fica-se sabendo, pelo verbete *camisinhas em domicílio*, que no Japão é comum a sua venda de porta em porta, no estilo Avon, por vendedoras representando a Associação Japonesa de Planejamento Familiar. "As camisinhas são vendidas em diferentes embalagens", diz o dicionário, "desenhadas para atrair o gosto feminino, pois a comercialização em domicílio é feita geralmente de mulher para mulher."

Nesse *Dicionário de sexo*, a palavra *amor* é contemplada com 21 verbetes e *sexo* com 34. Apenas 26 são dedicados a *pênis*, comparados aos 41 merecidos por *vagina*. A desproporção é maior nos 24 verbetes que tratam de *homossexualidade* contra os três para *heterossexualidade*. E há 48 verbetes para *coito*, campeão absoluto de citações, contra 31 para *orgasmo*.

Nada disso prova nada, exceto talvez que alguns assuntos rendem mais material. É sempre curioso descobrir que a palavra homossexualismo só foi cunhada muito tardiamente, em 1869, pela médica húngara Karoly Maria Benkert, o que pode explicar o muro de silêncio que a ciência levantou durante séculos sobre o assunto.

Ou que o beijo na boca ou em qualquer outra parte do corpo não é universal como se pensa — não é encontrado em diversas culturas, inclusive a vietnamita. Ou que mulheres pouco conhecidas, como a americana Margaret Sanger, a irlandesa Mary Magee e a britânica Marie Carmichael Stopes — todas com verbete no dicionário — fizeram muito mais por suas irmãs do que a pilantra Shere Hite. Foram pioneiras na defesa dos anticoncepcionais e heroínas na luta pelo direito da mulher à satisfação pessoal e à realização no casamento.

O dicionário acaba também com algumas ilusões adolescentes, entre as quais a de que um esguicho de Coca-Cola impede a gravidez. "Embora a acidez da maioria das bebidas gasosas", dizem os autores, "possa matar alguns espermatozoides [...], parte deles alcança o muco cervical antes que a mulher faça uso da ducha, de modo que, na realidade, a ducha poderá até mesmo conduzir alguns dos espermatozoides para dentro do útero." Vide verbete *ducha de Coca-Cola*.

Evidente que, num dicionário sobre *esse* assunto, não existem palavras proibidas, embora as únicas que não constam do vocabulário de qualquer criança maior de sete anos sejam os termos científicos. Jamais ocorreria a um garoto da roça, por exemplo, classificar de *avessodomia* a sua estranha atração pelas aves do galinheiro. Ou a uma sofrida adolescente com óculos, espinhas e aparelho nos dentes atribuir-se acessos de *calomania*, que é uma "fantasia patológica de possuir extraordinária beleza pessoal". Mas há momentos em que o coloquial maquia a crua ciência de poesia, como ao chamar as trompas falopianas, "onde o óvulo e os espermatozoides se encontram e formam um zigoto", de *caminho dos amantes*.

Não é um dicionário completo, claro, embora dele conste até a defunta e inesquecível *amizade colorida*, tão praticada entre nós no começo dos anos 1980 — significava um namoro aberto, que permitia outros relacionamentos. Na longa série de verbetes sobre pai, falta a referência *pai descasado*, aquele que assume os filhos enquanto a ex-mulher vai tratar da vida — uma categoria nova na praça. Mas tem, em compensação, uma boa descrição do famoso *efeito Coolidge*, muito citado pelos médicos como a capacidade de um homem, mesmo esgotado sexualmente por uma mulher, recuperar-se imediatamente com outra.

A história tem a ver com a visita de Calvin Coolidge, presidente dos Estados Unidos de 1923 a 1929, e sua mulher a uma granja. "Quando a sra. Coolidge perguntou com que frequência o touro podia montar uma vaca, e o fazendeiro lhe respondeu que umas quarenta vezes por dia, ela disse: 'Por favor, conte isso para meu marido'. O fazendeiro assim fez. Mas, quando o sr. Coolidge perguntou se o touro fazia isso todas as vezes com a mesma vaca, e lhe responderam que era uma vaca diferente a cada vez, o presidente retrucou: 'Por favor, conte *isso* para a minha mulher'."

Em todos os verbetes da área da psicologia, os autores adotam um enfoque decididamente freudiano e não dão muita confiança aos dissidentes do mestre. No referente a *pênis, inveja do*, por exemplo, a doutrina de Freud é corretamente descrita, mas é ignorada a variação há pouco formulada por Woody Allen, para quem a inveja do pênis *não* se limita às mulheres.

Trompas de Falópio estão *out*; tubas uterinas, *in*

Sistema digestório, para mim, lembra nome de purgante

[abril de 2007]

Foi há exatamente dez anos. De repente, médicos de dezesseis países reuniram-se em São Paulo e anunciaram que, depois de insanos estudos, 6 mil partes do corpo humano tinham sido rebatizadas com novos nomes oficiais. E o resultado é que nunca mais tivemos dor de ouvido. Só dor de orelhas.

Eles descobriram que, por uma série de motivos — não me pergunte quais —, muitos dos nomes antigos já não serviam. E foram bem claros: só os nomes estavam mudando, mas as funções continuavam as mesmas. Ah, bom! A velha orelha, portanto, continuava a ser orelha, própria para levar um puxão ou carregar um brinco — mas teria de ser chamada de orelha externa. E o ouvido, subitamente evaporado dos dicionários médicos, passava a ser a orelha interna.

Outro que dançou nessa revolução da nomenclatura foi o cotovelo, que, coitado, foi rebatizado como cúbito. Donde, no caso de alguma namorada o ter mandado passear nos últimos dez anos, você não teve dor de cotovelo, mas dor de cúbito. Só que, em alguns casos de mudança de nome, os cientistas tiveram de fazer um ajuste, e este foi um deles — porque já havia no braço um osso chamado cúbito. Pois deixou de chamar-se. O antigo cúbito passou a chamar-se ulna, a fim de liberar espaço para o novo cúbito, que aposentou o cotovelo.

E lembra-se do perônio, aquele osso que os jogadores de futebol costumavam fraturar junto com a tíbia? Passou a chamar-se fíbula. Donde, desde então, tivemos exclusivamente fraturas da fíbula e da tíbia. Se você soube de algum jogador que fraturou o perônio nesse período, só pode ter sido algum veterano desinformado atuando num time de masters e, mesmo assim, maior de quarenta anos.

Quanto ao bravo aparelho digestivo — aquele que você sempre obrigou a processar os mais pesados torpedos nos fins de semana e ele nunca lhe faltou —, também mudou de nome. Tornou-se o sistema digestório, que, não sei por quê, me soa como nome de purgante. Eu não me surpreenderia se, nos últimos tempos, ele tiver negado fogo diante de uma buchada de bode ou de um mortífero sarapatel que você mandou para dentro — apenas por não se reconhecer como um sistema "digestório".

Enfim, ao ler tudo isso, você perguntará:

"Mas que loucura foi essa? O que os nomes antigos tinham de errado?"

Ah-há! E essa será uma boa pergunta. Mas pode apostar que, por trás da explicação, lá está, solerte, aquele nosso velho conhecido: o "politicamente correto".

Vejamos o pomo de adão. Descobriu-se que, como as mulheres (as feias, principalmente) também têm aquela horrenda proeminência no gogó, era injusto homenagear apenas o Adão, esquecendo-se a querida Eva. Essa descoberta partiu, sem dúvida, de alguma militante com um pomo de adão que só faltava fazer glu-glu. E ela não se conformava em ver essa importante parte de sua anatomia atribuída a um homem. Ao mesmo tempo seria preconceituoso inventar o pomo de eva e, de qualquer maneira, o nome não se aplicaria a um gogó masculino. Daí que, a partir de então, o poético pomo de adão passou a ser chamado, prosaicamente, de proeminência laríngea.

Pelo mesmo motivo, os cientistas aproveitaram para cassar também os nomes de outros heróis que havia séculos vinham batizando certas partes do corpo. De um dia para outro, eles não serviam mais, apenas porque se referiam a homens, o que menosprezava a participação da mulher na nomenclatura. Com isso, o tendão de Aquiles passou a ser o tendão calcâneo. A trompa de Eustáquio tornou-se a tuba auditiva. E não ria, mas as trompas de Falópio passaram a ser as tubas uterinas.

Não vamos nem discutir o desrespeito a Aquiles, o grande guerreiro da mitologia e um dos símbolos universais da coragem e da valentia. Mas, o que dizer do insulto a Eustáquio e Falópio, os médicos italianos do século XVI que foram os primeiros a descrever as trompas que ganharam os seus nomes? Eustáquio e Falópio não dispunham de computadores, microcâmeras ou aparelhos de ultrassom para espiar dentro do corpo humano. Tudo que descobriram foi à custa de cirurgias complicadas numa época sem recursos como a anestesia ou a simples luz elétrica. E o que fizeram os seus atuais sucessores, cercados de modernas facilidades? Cassaram-lhes os nomes.

Os médicos se justificam dizendo que essa nova nomeação já veio tarde, que os nomes eram imprecisos e que aquelas partes, digamos, do ouvido e do útero estavam de fato mais para tubas do que para trompas. Será? Pois, mesmo que se parecessem com trombones ou fagotes, seus nomes originais deveriam ser preservados, até porque sua função no corpo humano nunca foi produzir música. E que mulher ficará mais contente ao saber que, no lugar das líricas trompas de Falópio, passou a carregar em suas entranhas um par de tubas uterinas? Já não basta o sentido tão pejorativo do verbo entubar?

Eu acharia mais justo se, no embalo, os médicos também tivessem mudado o nome de algumas de suas especialidades. Os bravos otorrinolaringologistas, por exemplo, cuja designação se presta tanto a brincadeiras, poderiam ter sido convidados a se chamarem por um nome que destroncasse menos a língua e criasse menos calos nos ouvidos de seus clientes.

Por enquanto, só posso ser grato aos cientistas por terem conservado intactos alguns nomes e expressões que me encantam, embora eu não saiba direito para que servem ou o que significam. Alguns deles: esqueleto, glote, piloro, úvula, cóccix, genuvalgo, zarolho, orelhas de abano e movimentos peristálticos.

Perigo — Palavras enlouquecendo

A pobre língua, deformada por pragas verbais cíclicas

[12/1/2002]

Então... Quantas vezes hoje você já começou uma frase com "Então..."? (E com uma misteriosa pausa, logo depois de dizer "então..." — donde as reticências.) Em todas as ocasiões, esse "então..." não significou absolutamente nada. Dizê-lo ou deixar de dizê-lo dava na mesma. Mas, se você o disse, é porque já chegou àquele perigoso estágio em que as palavras antecedem ao pensamento — tanto que nem se lembra de ter dito. Transfira isso para todas as vezes em que falou sem pensar, opinou sem pensar ou acusou sem pensar, apenas porque as palavras se formaram espontaneamente na sua boca. Daí, digamos, a votar sem pensar é também um pulo.

Não tenho nenhuma birra generalizada contra o uso de "então". Como advérbio, fazendo as funções de neste ou naquele tempo, é uma palavra linda: "O futebol de então era mais clássico". Mesmo como interjeição, dando continuidade a uma discussão suspensa e quase sempre significando um estímulo, tem tudo a ver: "Então, Fulano, vamos ou não vamos almoçar?". Mas tenho urticárias contra esse abuso de entões como uma interjeição melíflua, que só serve para tapar um buraco na frase e não leva a lugar nenhum: "Então... Não sei se lavo o carro ou se vou comer um macarrão com a mamãe".

Assim como há pragas cíclicas de gafanhotos e de outros insetos na lavoura, "então..." é apenas uma das pragas recentes a infestar a língua. Nem é a pior. A pior, sem dúvida, é o abuso de "Com certeza!" — assim mesmo, com exclamação. O uso quase fanático de "Com certeza!" (de um ano para cá ou, pelo menos, foi então que o percebi) está quase condenando à morte outras expressões que, no passado, tanto nos valeram, como "Sem dúvida!", "Claro!", "Lógico!", "Óbvio!", "Positivo!", "Certo!" e até mesmo o "Certamente!", para não falar do humilde, miraculoso e perfeito "Sim!". Não há nenhum motivo para "Com certeza!" monopolizar as afirmações do vocabulário, exceto o fato de que, num processo galopante de degeneração da língua, estamos falando como zumbis, e os jovens, talvez, mais do que todos.

Comicamente, as pessoas passaram a exclamar "Com certeza!" até mesmo quando a frase que se segue não dá certeza de coisa nenhuma. "Fulano, você já comprou o disco do Supla?" "Com certeza! Mas antes preciso pedir o dinheiro pro meu pai." As sílabas se formam magicamente no aparelho fonador e as frases saem com a maior facilidade pela boca, sem a mínima interferência cerebral. Não há relação entre o pensamento e a palavra. Todos os processos lógicos, desenvolvidos desde Aristóteles, são destruídos por uma rastaquera frase feita, inventada e/ou adotada por não pensantes.

Não se sabe de onde saem essas manias. Mas sabe-se muito bem como elas são disseminadas: pela televisão. O terreno em que vicejam são os programas de auditório, os talk-shows e os comerciais — estes, cada vez com maior frequência, interpretados por personagens debiloides. (E os atores que os interpretam devem ser ótimos, porque fazem muito bem o tipo.) Sem falar nos jogadores de futebol, cuja habilidade com a bola não tem, nem precisa ter, nenhuma relação com qualquer forma de inteligência. As entrevistas nos intervalos ou no final das partidas são pândegas: "Fulano, como você explica os cinco gols que sua equipe sofreu nesse primeiro tempo?". "Com certeza! Nós já sabíamos que eles iam atacar pela direita, porque o professor (*sic*) tinha nos explicado (*sic*). Mas ainda tem muito jogo, o grupo está fechado e vamos voltar para o segundo tempo e reverter esse resultado para alcançar nosso objetivo!" Essa saraivada de clichês formou-se mecanicamente na glote do craque e saiu, impune, parecendo formar um pensamento. Mas foram apenas flexões das cordas vocais — nenhum neurônio foi convocado a atuar.

Jogadores de futebol falam discursos decorados, não porque se submetam a cursos de oratória no vestiário, mas porque são condicionados a falar assim por seus treinadores. Estes são os grandes geradores de clichês futebolísticos — principalmente os que se julgam muito espertos, como Leão, Luxemburgo ou Filipão. Compare seus discursos ocos com os de homens articulados, com diversos interesses extrafutebol, como Oswaldo de Oliveira e Carlos Alberto Parreira. E não cometerei a injustiça de confundir Romário, Leonardo ou Zinho com o grosso dos que jogam por aí. Mas, considerando-se que, entre os brasileiros mais influentes da atualidade, estão os jogadores de futebol e as louras pneumáticas, não é difícil imaginar para onde vai a pobre língua.

Entre muitos outros recentes aleijões impostos à língua, será preciso mencionar a epidemia de gerúndios? "Nós vamos estar te enviando...", "Eu vou estar te retornando...", "Ela vai estar te contatando..." Que raio de língua é essa? Português não é. Estruturalmente, parece inglês, só que processado em internetês e reproduzido em analfabetês puro e simples. E não vamos pôr a culpa nas secretárias ou telefonistas, categorias que, por força do hábito, têm um léxico próprio. Pode-se ouvir gente de todas as classes sociais falando desse jeito. O abuso do gerúndio é uma agressão ainda mais cruel à língua porque fomos nós, brasileiros, que, no século XX, o salvamos da extinção a que ele parecia condenado em Portugal. E como o salvamos? Por uma sintonia fina de seu uso, aplicando-o com propriedade e quando necessário. Vem agora esse grotesco gerundismo cubista e ameaça escangalhar uma das mais criativas e funcionais peculiaridades da fala brasileira.

O escritor italiano Alberto Moravia disse certa vez que um dos grandes problemas de nosso tempo era que, agora, "até os analfabetos sabem ler". Pode ser — mas ainda não aprenderam a escrever. Há algumas semanas, vi várias vezes na imprensa o uso de "sofrível" com o sentido rigorosamente oposto ao seu verdadeiro sentido. "Sob Fulano de Tal, o time xis fez uma campanha sofrível: quinze jogos, duas vitórias, três empates e dez derrotas." Ora, isso não é sofrível. Ao contrário, é péssimo. Seria sofrível se, em quinze jogos, o tal time tivesse conseguido cinco vitórias, cinco empates e cinco derrotas — ou seja, se tivesse ficado na média, no suportável, no "sofrível". Porque é isso que, segundo o *Aurélio* ou qualquer dicionário, significa sofrível: aquilo que se pode sofrer, que se consegue suportar. Os estudantes do passado conheciam muito bem esse significado: os professores avaliavam seu desempenho em ótimo, bom, sofrível, ruim ou péssimo (levar um sofrível para casa era garantia de boas chineladas). Com o abandono desses conceitos pelos colégios, a palavra saiu de uso e, depois de décadas de hibernação, volta agora com o sentido adulterado. Antes tivesse continuado a dormir.

E por que, de repente, "atrativo" deixou de ser um correto substantivo ("Um dos atrativos do Rio são as praias") para tornar-se, sem pedir licença, adjetivo? "O carro tal tem um preço bastante atrativo." Não que esteja de todo errado, mas, para designar algo com um poder de atração, sempre tivemos a bela palavra "atraente". Ou será melhor "atrativo" porque se parece mais com "*attractive*", que, em inglês, é sempre adjetivo e nunca substantivo? Da mesma forma, cresce o número de gente falando em "audiência" para designar o público que vai a qualquer lugar (e não só quem está em casa, acompanhando o evento pela tevê) e "audição" (em lugar de apresentação). É assim que, com o perdão do exemplo, "uma audiência de 100 mil pessoas compareceu não sei onde para assistir à audição do padre Marcelo". É verdade que uma pessoa que sai de casa para assistir a uma "audição" do padre Marcelo merece fazer parte de uma "audiência". Mas a língua portuguesa não é obrigada a ser submetida a essa tortura extra.

E, no caso de "bagatela", em que ficamos? "A estrela Nicole Kidman recebeu a bagatela de 20 milhões de dólares para rodar o filme xis", diz o jornal. Isso é pouco ou muito? Bagatela, no meu tempo, significava pouco. No tempo do *Aurélio*, também. Mesmo assim, fui conferir: "Bagatela. Do italiano *bagatella*. Ver ninharia". Bem, ninguém precisa ir ao dicionário para saber que ninharia quer dizer mixaria, insignificância. Donde bagatela só faz sentido se você estiver pagando barato por uma coisa cara. Mas nossos jornais, ultimamente, estão confundindo tudo. Mesmo nas páginas de economia (que se supõe sejam feitas por jornalistas que já ultrapassaram a bagatela dos 23 anos), costuma-se ler: "O Tesouro vai gastar a bagatela de 10 bilhões de reais para cobrir o rombo do banco tal".

Tudo bem, os números enlouqueceram e já estamos nos acostumando. Mas o que acontecerá quando as palavras também enlouquecerem?

Três brasileiros e um jornal

Nelson Rodrigues — Ao vivo, como num palco

Claro que conheci Nelson. Eu e todos os jornalistas do Rio

[junho de 2001 - novembro de 2007]

Em 1977, Nelson Rodrigues foi convidado a fazer uma noite de autógrafos de seu novo livro, *O reacionário*, numa livraria de Florianópolis. Era um convite que poderia ter facilmente recusado. A viagem era longa, ele estava com 65 anos e com a saúde em pandarecos — vivia entrando e saindo de hospitais, passara havia pouco por graves cirurgias e estivera perto de bater as botas. Além disso, Nelson, que morava no Rio, não viajava de avião — até então só voara uma vez, em 1970, para ver um jogo da seleção em São Paulo, e voltara de carro. Sair do Rio sempre fora, para ele, um sacrifício: achava que o ser humano nunca devia se afastar de sua cidade, de seu bairro, nem mesmo da rua onde morava, e exemplificava dizendo que, quando passava do Maracanã, já começava a sentir saudade do Brasil.

Mas, enfim, convidaram-no a ir a Florianópolis autografar seu livro e, para surpresa dos próprios familiares, Nelson aceitou. Recusou o avião e ofereceu-se para ir no seu próprio carro (um Opala, daqueles enormes) com o motorista e, servindo de médica e enfermeira, sua irmã Stella. No dia marcado, pegaram a estrada. Fizeram escalas, mas, mesmo que tivessem ido direto, sem parar, eram dezessete horas de viagem do Rio a Florianópolis — um sacrifício para qualquer pessoa, quanto mais para um homem da sua idade e no seu estado.

Chegaram no dia seguinte e, apesar do cansaço, poucas horas depois, Nelson sentou-se a uma mesinha na entrada da livraria, à espera de seus admiradores. Pois sabe quantas pessoas acorreram para que ele autografasse *O reacionário*? Nenhuma.

Fico imaginando o que não se terá passado na cabeça de Nelson (a decepção, a amargura, a dor) nas longas horas em que ficou ali sentado, com uma caneta cheia de tinta, uma pilha de livros sobre a mesa e ninguém chegando para falar com ele. E nem quero pensar na tremenda sensação de solidão que terá sofrido na viagem de volta ao Rio.

O próprio Nelson deveria imaginar que algo do gênero aconteceria (e a culpa não era de Florianópolis, porque poderia ter acontecido em qualquer lugar). Em 1977, ainda eram visíveis as cicatrizes das lutas políticas dos anos 1960, quando, ao defender o regime militar, ele brigara com toda a esquerda brasileira. Na segunda metade dos anos 1970, as coisas já estavam mais calmas, mas não faltava quem ainda o visse como o "reacionário" oficial do Brasil (e Nelson, que não perdia uma piada, assumiu a pecha e a usou como título de seu livro).

De parte a parte, aqueles eram tempos duros e rancorosos. Ninguém seria louco de diminuir o valor de Nelson como dramaturgo, autor de *Boca de ouro*, *O beijo no asfalto*, *Vestido de noiva* e tantas obras-primas. Mas, por causa da política, até muitos de seus mais fanáticos e antigos admiradores estavam querendo distância dele. Nelson pode ter aceitado o convite para aquela noite de autógrafos justamente por isto: por estar se sentindo tão à margem. E, de repente, viu-se diante do desprezo geral, numa livraria vazia.

Quando me contaram essa história, em 1993, não havia mais tempo para incluí-la em meu livro *O anjo pornográfico — A vida de Nelson Rodrigues*. O livro saíra no fim do ano anterior e já começara a galopante ressurreição de Nelson como dramaturgo, romancista, contista, cronista, memorialista e frasista — uma ressurreição que se traduziu, quase imediatamente, na publicação de sua obra fora do teatro pela Companhia das Letras, em montagens e mais montagens de suas peças e na saraivada de teses universitárias, debates e conferências a seu respeito. Hoje, ao ver como a obra e o pensamento de Nelson estão incorporados à cultura brasileira, os mais jovens devem achar difícil acreditar que, um dia, em 1977, ele já foi deixado sozinho numa noite de autógrafos.

Sempre me perguntam se conheci Nelson Rodrigues. Claro que conheci — eu e todos os jornalistas do Rio, e ponha aí várias gerações de jornalistas. De 1925 (quando ele tinha treze anos e começou no jornal de seu pai, como repórter de polícia) até 1980 (quando morreu, antes de completar 68), foram raros os dias em que deixou de ir a uma redação. Era um homem de jornal, mais que um homem de teatro — e, mais que tudo, um homem da rua. Por esta, entenda-se a rua propriamente dita, a calçada, a esquina. Sem falar no Maracanã e, mesmo quando celebérrimo, nos anos 1950, podia ser visto sentado num bonde ou pendurado a uma argola no lotação, de volta para a Aldeia Campista, onde morava.

Nessa época, Nelson trabalhava na *Última Hora*. Era lido por toda a cidade e, dia após dia, seu ritual era inalterável. Chegava muito cedo (antes de sete da manhã) à redação do jornal, na avenida Presidente Vargas, quase em frente ao edifício Balança Mas Não Cai. Tirava o paletó, exibindo a gravata troncha, o colarinho de pontas reviradas e os suspensórios (daqueles vagabundos, fininhos, de plástico, comprados no camelô), dos quais ele fingia ter vergonha. Tomava um café, acendia um Caporal Douradinho (mata-ratos sem filtro) e sentava-se para escrever, debaixo do maior barulho.

No seu tempo, as redações se pareciam com redações, não com UTIS de hospital, como hoje. As ferramentas eram as máquinas de escrever e os telefones, dois instrumentos nada silenciosos. Os jornalistas também não eram instrumentos dos mais silenciosos — viviam se dirigindo aos berros uns aos outros, cada qual de um lado do salão. E havia as visitas, os desocupados que gostavam de frequentar jornais. Não se exigiam crachás para visitantes, o que significava que qualquer pessoa que passasse pela rua, e resolvesse subir, subia. Com isso, em certos momentos podia-se ver, zanzando por entre as mesas, gente que pouco ou nada tinha a ver com o jornal: camelôs, bicheiros, vendedores de bilhetes de loteria, sambistas, detetives, talvez até batedores de carteiras. Pois era em meio a essa balbúrdia de máquinas, telefones e gente, entre miríades de cigarros e cafezinhos, que Nelson Rodrigues escrevia "A vida como ela é...".

Os ficcionistas que fingem se levar a sério precisam de toda uma aura de mistério para criar. Nelson dispensava esse mistério. Todo dia, com uma paciência chinesa e uma imaginação demoníaca, ele criava uma história diferente. E quase sempre sobre o mesmo assunto: adultério.

Daniel Filho, que ia adaptar *A vida como ela é...* para a TV Globo (o que fez com grande brilho), me perguntou como eu definiria geograficamente o universo de Nelson. Respondi que seus personagens moravam na Zona Norte (em palacetes e casarões, onde o marido e a mulher dividiam o mesmo teto com os sogros, os irmãos e as cunhadas, numa permanente volúpia incestuosa), trabalhavam no centro da cidade (onde patrões e colegas se vigiavam e flertavam desesperadamente) e só iam à Zona Sul para prevaricar (onde, por falta de motéis, a solução era a *garçonnière* ou o apartamento emprestado de um amigo). A culpa campeava e o prazer devia ser indescritível. Mas toda essa geografia podia ser resumida a um cenário: o território do pecado. Nele, a vida sexual, para se realizar, exigia o vestido de noiva, a noite de núpcias e a lua de mel. E o casal típico de Nelson — e, de certa forma, perfeito — consistia no marido, na mulher e no amante.

Nelson escrevia à máquina em espaço 1, o menor que havia, com as linhas grudadas umas nas outras. Como acontecia então com quase todo mundo, seus textos precisavam ser "penteados" — o que, em jornalês, significava que alguém tinha de lê-los, para corrigir os cochilos de datilografia e um ou outro erro, antes que fossem mandados para a oficina. Pois tente corrigir um texto em espaço 1, em meio ao tumulto das velhas redações. Mas Nelson não se preocupava em facilitar a vida dos copidesques, porque ainda pegara o tempo em que muitos jornalistas escreviam à mão, com garranchos indecifráveis. São aqueles textos de Nelson, datilografados em espaço 1, que saíram primeiro nos jornais e hoje compõem boa parte de sua obra fora do teatro (os livros de crônicas, memórias, frases etc.).

Muitos já me disseram que adorariam ter conhecido Nelson Rodrigues e falado com ele. Pois, em seu apogeu, nos anos 1950 e 1960, e mesmo depois, não havia nada mais fácil. Nelson frequentava os botequins que ficavam perto dos jornais, para tomar café em pé (não bebia nada de álcool), e era abordado por todo tipo de populares. Eles o reconheciam por sua participação nos programas esportivos da televisão e perguntavam: "E o Fluminense, Nelson?". Nelson respondia: "Está caprichando!". Batia papo, tratava todo mundo por "doce figura" e, ao se despedir, soltava um indefectível "Deus te abençoe".

Alguns com quem conversava na rua não sabiam que ele era um escritor, que transitava entre os vários gêneros literários com impressionante desembaraço e metia-se em polêmicas que o faziam quase ser tomado por Belzebu. Eles o viam apenas como um cronista esportivo e torcedor do Fluminense. Ironicamente, os estudiosos estrangeiros, que hoje se debruçam sobre sua obra, acham que o contrário é que é espantoso: como um escritor tão importante, capaz de dizer coisas tão profundas sobre o amor e o sexo, a vida e a morte, podia também se dedicar tanto ao futebol?

Quando tais estudiosos me perguntam sobre isso, respondo, meio de brincadeira, que, no Brasil, mais exatamente no Rio, esse trânsito entre o erudito e o popular é café-pequeno, não espanta ninguém. Mas sei que não é bem assim. Nelson Rodrigues é que eliminava essas barreiras. Ao escrever sobre a tragédia de uma família, o drama de um casal ou sobre um simples Fla-Flu, ele estava falando apenas do ser humano. É por isso que tantas mulheres liam (e leem, agora nos livros) suas crônicas esportivas: porque, ao falar de futebol, Nelson — que, míope, não enxergava nada do que se passava no gramado — estava, como sempre, fazendo grande teatro ou literatura.

Não cheguei a ser seu amigo, mas estive com ele muitas vezes, em reuniões no apartamento de um amigo comum, o jornalista e escritor José Lino Grünewald, no Corte de Cantagalo, em Copacabana. Nelson era assim: ao ser convidado para uma reunião em casa de amigos, bastava-lhe adentrar o recinto para que a festa se transferisse para ele. Não importava quem estivesse ali: um cantor de ópera, um cineasta alemão ou a rainha de Sabá — todos só queriam saber dele. As rodinhas se dispersavam e se reagrupavam ao seu redor.

Entre 1969 e 1972, fui testemunha disso algumas vezes no apartamento de José Lino. Naquele tempo, Grünewald e sua mulher, Ecila, eram pródigos em receber amigos nas noites de sábado, quase todos gente importante e/ou interessante da área cultural. O uísque, servido em galões, era velho de pelo menos doze anos e a trilha sonora, saindo de uma vitrola de época, mais velha ainda, de gravações pré-1940.

Nelson chegava — paletó sem gravata, alto, surpreendentemente ágil —, soltava um cumprimento geral e despejava uma frase de efeito para algum dos presentes. Sempre em voz alta, como se num palco, fazia um comentário sobre o disco que estivesse tocando (invariavelmente um 78 RPM com Orlando Silva, Carmen Miranda ou Carlos Gardel) — "Que maravilha, José Lino!" — ou pedia-lhe que tocasse "Farolito", com Francisco Canaro. E só então se instalava num sofá Chesterfield preto, que ficava numa sala menor, debaixo de um enorme Volpi (de quem Nelson, fã de Portinari, não gostava). Os outros convidados engoliam seus coquetéis de camarão, pegavam os uísques, mudavam-se para a saleta e o cercavam, à espera de que ele dissesse suas imagens e expressões.

E Nelson nunca desapontava. De repente, daquela voz quase bovina, que às vezes lembrava mesmo um mugido, lá vinham o "óbvio ululante", o "padre de passeata", o "sol de derreter catedrais", o "quadrúpede de 28 patas", o "subindo pelas paredes como uma lagartixa profissional". Ele já as dizia rindo.

Tenho a impressão de que Nelson repetia essas expressões porque sabia que as pessoas contavam com elas — porque queriam que ele se parecesse ao vivo com o Nelson da palavra escrita. O que era apenas inevitável porque, mais do que todos, ele não tinha como não ser igual a si mesmo. Mas, ao ouvi-lo dizer seus clássicos, nós sabíamos que Nelson Rodrigues estava fazendo ali o seu teatro particular, do qual não nos incomodávamos de ser coadjuvantes.

Carlos Heitor Cony

1. *O piano* contra *a orquestra*

[7/9/1996]

Não olhe agora, mas a qualquer momento você comprará um remédio, abrirá a bula e, no lugar da posologia e das contraindicações, encontrará uma entrevista de Carlos Heitor Cony. Desde sua espetacular volta à literatura com o romance *Quase memória*, em 1995, seguido por *O piano e a orquestra*, em 1996, ambos pela Companhia das Letras, Cony tornou-se, merecidamente, o favorito de nove entre dez jornais, revistas e televisões para entrevistas. É solicitado por repórteres de toda parte, do *New York Times* ao jornal do sindicato dos hortifrútis e pelos mais vários hebdomadários. Atende a todos, porque não é esnobe e porque julga ser de sua obrigação. Além disso, ele adora falar. Na verdade, Cony é mais que um entrevistado perfeito — é uma catarata verbal. Suas respostas transbordam rios, escavam leitos nas rochas e fazem uma pororoca quando se encontram com o Atlântico. Mas, até chegar lá, a correnteza fecundou inúmeros assuntos e afogou algumas boas reputações.

Ouvir Cony falando é tão fascinante quanto lê-lo. Se o repórter lhe pergunta, por exemplo, por que ele fez de seu pai o personagem principal de *Quase memória*, Cony explica que os pais sempre foram os primos pobres da literatura e da história, quando não os vilões. Cita o caso de Kafka, que culpava o pai por todas as suas agruras; recua aos escritores russos em busca de mais exemplos; saltando séculos, pula para a Idade Média, para as Guerras Púnicas, para a Babilônia e, quando você se dá conta, já estamos no Paraíso, com Adão e Eva sendo expulsos de campo por aquele Pai onipresente e intolerante.

Enquanto o repórter o ouve abestado, com a bic a meio caminho do bloco e sem fôlego para acompanhar a torrente de palavras, Cony já está fazendo o caminho de volta: do Paraíso à Babilônia e desta às Guerras Púnicas, à Idade Média, aos russos, a Kafka, até que, finalmente, ele devolve o atônito repórter ao universo suburbano e fluminense de *Quase memória*. O máximo de bagunça que pode acontecer em seu raciocínio é a súbita intromissão da ossada de Dana de Teffé em alguma época indevida, talvez entre Hamurabi e Cipião, o Africano.

Quem o ouve falando desse jeito dificilmente acreditará que o carioca Cony, nascido no bairro do Lins de Vasconcellos, em 1926, foi mudo até os cinco anos de idade. Não dizia uma palavra, não emitia um som, nem para chorar. Não que não soubesse — apenas se recusava a falar. Entre outros motivos porque, segundo ele, não tinha nada a dizer. Até o dia em que, brincando na praia de Icaraí, em Niterói, viu o célebre aviador Melo "Maluco" pousar na areia com seu biplano vermelho. Levou um baita susto. E, com o susto, falou — infelizmente, palavras que a História não registrou. E, desde então, não parou mais. Talvez porque o mundo nunca tenha parado de assustá-lo.

Mas não foi assim tão fácil. Devido a um problema de dicção, que o fazia trocar o "c" pelo "t", o menino Cony foi poupado de cursar colégios. Seus pais lhe ensinaram a ler e a escrever — para livrá-lo do constrangimento de, ao ter de dizer seu nome, apresentar-se como "Tarlos Heitor Tony". Aos oito anos fez a primeira comunhão, encantou-se pelos rituais católicos e tornou-se ajudante de missa na Igreja Nossa Senhora de Lourdes, em Vila Isabel. Certa manhã, a caminho da igreja, desceu do bonde em frente ao Ponto de Cem Réis, no Boulevard 28 de Setembro. Era muito cedo e havia um grupo de bebuns retardatários tomando cerveja, de pé, na porta do botequim. Ao ver o menino passar, um deles riu alto:

"Lá vai o filho do padre."

O menino Cony ignorou a ofensa. Mas não ignorou a tampinha de garrafa que zuniu em sua orelha, provocando corte e sangue. O menino virou-se e contemplou seu agressor: um jovem feio e sem queixo, muito popular no bairro por seus sambas e apresentações no rádio — Noel Rosa. Cony correu para a igreja e, diante de frei Thiago, sentiu-se o próprio mártir, vertendo sangue pela fé. Depois contou a seu pai, que ameaçou ir tirar satisfações com o bruto — mas, ao perceber que era Noel Rosa, preferiu deixar para lá. Poucos meses depois, Noel morreria tuberculoso, aos 26 anos. Cony arrependeu-se por não ter guardado a tampinha.

Aviadores malucos, o freio na língua, o mundo que lhe atirava tampinhas e outros fatores contribuíram para que, aos onze anos, Cony quisesse ser padre. Foi a sua primeira tentativa de fazer com que o piano (ele próprio) e a orquestra (o mundo) se entendessem. Seu pai preparou-o para os exames e, em 1938, Cony entrou para o Seminário Arquidiocesano de São José, no Rio Comprido. Os sete anos seguintes seriam uma longa e bela história de fé saciada, de como Deus lhe foi oferecido em banquete e ele esbanjou sua crença até que ela se gastasse — o próprio Cony escreveria isso, muito mais tarde, numa crônica.

Cony deixou o seminário aos dezenove anos, em 1945, mas, de certa maneira, o seminário nunca o deixou. Retorna a cada vez que, com a maior naturalidade, ele pensa alto em latim, cita algum de seus santos favoritos ou conta como purgava, tocando órgão, as caneladas que levava do violento padre Cipriano nas peladas de batina e chuteiras. Ou como, durante o seminário, foi operado pelo dr. Pedro Ernesto, ex-prefeito do Rio, e resolveu o problema da língua presa. Pedro Ernesto obrigou-o ainda a fazer exercícios com pedras e bolas de gude na boca, na esperança de que ele se tornasse um orador como o grego Demóstenes. Cony não se tornou orador (nem realizou um de seus sonhos: ser tenor de ópera), mas a língua solta serviu-lhe razoavelmente para o mundo aqui fora.

No seminário, ele nunca pecara contra a castidade. Mas, assim que saiu, pecou a favor, numa espécie de bordel da avenida Oswaldo Cruz, no Flamengo, que abastecia de mulheres a prefeitura e o Senado. Foi a primeira e uma das últimas vezes em que se envolveu com uma profissional. Dali em diante, Cony começaria sua vasta carreira de *homme à femmes*, com uma volúpia que não o impediria de casar-se seis vezes — o que o coloca ao lado de Pancho Villa, Mickey Rooney e Vinicius de Moraes entre os homens que, neste século, mais acreditaram no casamento.

O primeiro foi aos 23 anos, em 1949, pouco depois de Cony protagonizar uma façanha militar que considerou tão impressionante quanto as de Wellington ou de Assurbanípal: sua dispensa do Exército. Desse casamento nasceram suas filhas Verônica e Regina Coeli (haveria um terceiro filho, de outra relação). O jornalista Cony já estava se ensaiando, mas quem se revelou na frente foi o escritor, com o impacto provocado por seus primeiros romances: *O ventre* (1958), *A verdade de cada dia* (1959) e *Tijolo de segurança* (1960), pela Civilização Brasileira. Em 1960 Cony foi trabalhar no *Correio da Manhã* e, a partir daí, o escritor, já considerado "negativista" e "rude" por seus romances, ficou famoso como o cronista cético e debochado de "Da arte de falar mal", a coluna que publicava três vezes por semana no *Correio*.

Pior que cético e debochado: um alienado político, pelo menos aos olhos das esquerdas pré-1964, que exigiam definições. Elas não sabiam o que pensar de um sujeito tão hidrofobamente individualista numa época em que, com Jango Goulart na presidência, urgiam as mobilizações coletivas: o Brasil ia fazer as reformas, expulsar os americanos, instaurar a ditadura do proletariado, pintar os canecos. Em contrapartida, a classe média já estava marchando em São Paulo, brandindo terços "com Deus e a família pela liberdade", exigindo a queda de Jango, Leonel Brizola etc. Pois, em meio a essa balbúrdia, o cronista Cony só parecia se preocupar com ciclistas búlgaros, com o *Grande e verdadeiro livro de são Cipriano* e com um estranho apêndice do corpo chamado piloro. Pois, no dia 1º de abril de 1964, instaurado o golpe, todos — à direita e à esquerda — tiveram uma surpresa.

Cony, alérgico a política e ideologias, viu seus amigos sendo presos e perseguidos pelo novo regime e indignou-se. De sua coluna no *Correio da Manhã*, começou a disparar contra os militares, com uma audácia panfletária sem paralelo naquele momento. Tornou-se de repente uma voz isolada e sonante da oposição. Enquanto Cony dava essa demonstração de bravura, muitos dos que, antes, o acusavam de "alienado", estavam se escondendo em armários, incinerando livros "suspeitos" que tinham em casa (como *A capital*, de Eça, e *O vermelho e o negro*, de Stendhal) e retirando seus nomes de manifestos publicados em tempos mais festivos. A revolta de Cony era humana, não política — no fundo, era o piano desafinando, em violento protesto contra a ordem geral da orquestra.

Os tempos eram brabos e sua atitude custou-lhe a invasão de seu apartamento em Copacabana, a tentativa de sequestro de suas filhas e seu enquadramento na Lei de Segurança Nacional pelo então ministro da Guerra, general Costa e Silva. Temendo por sua vida, jornalistas amigos como José Louzeiro e Sylvan Paezzo revezavam-se como seguranças à porta de seu apartamento em Copacabana ou de seu carro. Em julho, numa feira de livros na Cinelândia, o lançamento de *O ato e o fato*, coletânea das crônicas políticas que ele vinha publicando no *Correio* desde abril, transformou-se no primeiro ato público contra o regime militar. Sem querer, e sendo um não herói de carteirinha, Cony tornou-se o herói de sua época.

Mas, em 1965, a situação começaria a mudar. As esquerdas saíram do armário, outros jornalistas até então favoráveis ao regime puseram-se contra o próprio, e até Carlos Lacerda, um dos líderes civis do golpe, passou-se para a oposição. Cony considerou seu papel cumprido e retomou as fixações mais profundas, como são Cipriano, o piloro e os ciclistas búlgaros. Bastou isso para que as patrulhas ideológicas (expressão que ainda não existia) voltassem a acusá-lo de alienado e, agora, de conivente. Mesmo assim, uma crônica sua, "Ato Institucional II", deixou tiririca a direção do *Correio da Manhã* e provocou uma crise na redação, então chefiada por Antonio Callado. Para não embaraçar o amigo, Cony preferiu pedir demissão. Callado a aceitou, mas, no mesmo ato, também se demitiu. O jornalismo era assim — tinha esses lances de *sir* Walter Scott.

Alguém poderia imaginar que, ainda em 1965, ele estaria entre os nove senhores, quase todos de terno e gravata e alguns já grisalhos, talvez diabéticos, que, num lance de capa e espada, se juntaram para vaiar a chegada do presidente Castello Branco ao Hotel Glória, na abertura da Conferência da Organização dos Estados Americanos (OEA), no Rio? Não. Nem o próprio Cony devia se antever no papel. Mas, aos primeiros apupos, o DOPS caiu sobre os manifestantes — Cony, Callado, o diretor de teatro Flavio Rangel, o jornalista Marcio Moreira Alves, os cineastas Glauber Rocha, Joaquim Pedro de Andrade e Mario Carneiro, o poeta Thiago de Mello e o embaixador Jayme Azevedo Rodrigues — e enfiou-os nos camburões, sem a menor cerimônia.

A performance foi um sucesso de público, mas a crítica se dividiu: houve quem a achasse de uma bravura cívica, digna de inveja, e houve quem a achasse infantil e irresponsável. Em *Pessach — A travessia*, Cony faz o personagem do editor (inspirado em seu próprio editor, Enio Silveira) referir-se com desprezo ao episódio: "Veja o caso do Hotel Glória. Uma atitude muito bonita, nove camaradas vão lá, vaiam o marechal, vão para a cadeia, comem queijos franceses na prisão, são notícia de jornal, provocam manifestos, são soltos, nada aconteceu. Apenas enriqueceram a biografia pessoal de cada um". Era engraçado ler aquilo num livro cujo autor era um dos referidos. Foi a primeira prisão de Cony, de uma série de cinco, que se prolongaria até 1971, numa sequência irritante e burra.

Se a direita o via com ira, o ibope de Cony junto às esquerdas também continuava em baixa. E iria cair a zero com a publicação, em 1967, de seu oitavo romance, *Pessach — A travessia*. Seus quatro romances anteriores (*Informação ao Crucificado*, 1961; *Matéria de memória*, 1963; *Antes, o verão*, 1964; e *Balé branco*, 1966) tinham sido bem recebidos e assegurado o seu lugar como expoente único de um naturalismo sartriano-carioca. Mas *Pessach* era um romance político, no qual um escritor cético e individualista — muito parecido com Cony — se envolvia a contragosto num arremedo de luta armada e, por motivos pessoais, acabava aderindo a ela, para vê-la, no final, traída pelo Partido Comunista. Era um tema melindroso. E o partido não gostou do que leu.

Em 1967, quando o livro saiu, a luta armada era pouco mais que uma especulação no Brasil. Seu palco ainda eram as mesas dos bares da Zona Sul e, à falta de motéis, os "aparelhos" serviam mais de *garçonnières* do que para tramar guerrilhas. (Sei disso porque havia um, na rua Paula Freitas, em Copacabana, que, sem saber, usei mais de uma vez, em 1968, para fins imorais.) Já o velho Partidão, apesar de clandestino, era uma realidade. Tinha gente em todos os jornais e na principal editora do país: a Civilização Brasileira — a mesma de Cony.

Enio Silveira, proprietário da editora, era do Partido. Mas era também um homem inteligente — *Pessach* seria publicado de qualquer maneira, mesmo contra a vontade de seus mentores do PC. O livro saiu, mas Cony começou a perceber um sopro frio à sua volta. Era o seu maior romance até então (e o maior romance político já escrito no Brasil), mas a patrulha cuidou de que ele fosse abafado. Os elogios foram reservados a outro romance político lançado na mesma época e pela mesma editora: *Quarup*, de Antonio Callado, muito mais correto. Mais uma vez, o piano e a orquestra iam cada qual para seu lado.

A sensação de gelo aumentava. Cony estava desempregado desde sua saída do *Correio da Manhã* havia dois anos e nenhum jornal lhe acenava com um emprego. Achou que precisava dar-se umas férias de Brasil. Em meados de 1967, convidaram-no a participar do júri do Prêmio Casa de las Américas, em Cuba. O trabalho tomaria dois meses. Mas Enio Silveira garantiu-lhe uma retirada mensal na editora, e Cony partiu para Havana, via Paris, Praga e Moscou. Ficou um ano em Cuba.

Havia muitos brasileiros exilados em Havana. Um deles, o velho almirante Cândido Aragão, que os marinheiros rebelados tinham carregado nos ombros às vésperas do golpe, em 1964. Aragão sonhava com a invasão do Brasil por mar para derrubar a ditadura — só lhe faltavam os navios. Outro era o ex-bancário Aluisio Palhano, que, também em 1964, tomara por algumas horas o Banco do Brasil, enxotando o presidente e sentando-se na sua cadeira. E havia uma figura misteriosa que, um dia, Cony viu de relance e que Palhano lhe disse ser o cabo Anselmo, já então sinistro. Palhano tentou convencer Cony a aderir à luta armada. Até o levou ao campo de treinamento perto de Cubanacán, onde estavam sendo adestrados os futuros líderes da guerrilha no Brasil. Cony assistiu à preparação de bombas caseiras, coquetéis Molotov e de bolas de pingue-pongue recheadas de explosivos. Mas, ao contrário de seu personagem em *Pessach*, não tinha motivos pessoais para pegar em armas.

Em junho de 1968, sempre desempregado, voltou para o Rio. Uma saída foi trabalhar num jornal-escola diário, criado por seu amigo Reynaldo Jardim e que circulou heroicamente de setembro a dezembro daquele ano: *O Sol*. Cony era uma espécie de chefe de reportagem e publicava nele um folhetim. Mas, por vários motivos — era atrevido, experimental e opinativo demais —, *O Sol* não poderia durar. Com apenas três meses de vida, o *Jornal dos Sports*, que o publicava, suspendeu sua circulação e Cony se viu, de novo, na rua. Uma revista lhe ofereceu trabalho: *Manchete* — Adolpho Bloch convidou-o a escrever uma série de artigos sobre a morte de Getulio Vargas. A série, "Quem matou Vargas?", saiu em capítulos semanais no primeiro semestre de 1969 e foi um sucesso (seria depois reunida em livro). Pouco depois, Cony entrou em definitivo para a Bloch. Nela, fundou revistas (a primeira foi *Ele/Ela*), fechou outras, participou da criação da rede de televisão e, principalmente, deixou sua marca em *Manchete*.

Em 1972, escreveu o que planejava ser seu último romance: *Pilatos*. Uma narrativa absurda, pornográfica, escatológica, um romance para acabar com os romances que ele ainda podia ser tentado a escrever. Um salto sem rede, um suicídio literário e a prova de que falara sério nos livros anteriores, que já apontavam para a falta de sentido da família, da sociedade e do resto. Mas os outros livros eram "literários", comparativamente bem-comportados. E bem-

-comportado era tudo o que Cony não era naquela época: aos 46 anos, casado — com uma mulher absolutamente vital, antiliterária, de uma sensibilidade quase selvagem e 22 anos mais jovem —, ele deixou crescer um rabo de cavalo e sentiu-se livre para mandar tudo para o diabo. *Pilatos*, escrito de um jato, seria ofensivo até para os que gostassem dele. E foi mesmo.

O livro levou dois anos numa gaveta da Civilização Brasileira até que esta ousasse publicá-lo, o que só aconteceu em fins de 1974. Um importante jornal pediu uma resenha a Otto Maria Carpeaux. Mas, ao ver que ela era entusiasticamente favorável, recusou-se a publicá-la; só a publicaria se Carpeaux atacasse o livro. E um velho amigo de Cony, tradutor de Rabelais e do Marquês de Sade, sacana até a alma, disse-lhe que não levaria *Pilatos* para casa. Mesmo assim, a primeira edição, de 5 mil exemplares, esgotou-se em um mês. Uma segunda edição foi logo impressa — e, curiosamente, não vendeu nada. Foi como se os primeiros leitores tivessem acordado do choque e recomendado aos amigos que ficassem longe daquele livro. (Ou talvez a editora tivesse preferido deixá-lo no depósito.) Donde, apesar de ter sido publicado, *Pilatos* ficou por 23 anos como uma espécie de grande romance inédito da literatura brasileira, até ser reeditado pela Companhia das Letras, em 1997.

Nada disso perturbou Cony durante os 21 anos que se seguiram à publicação original de *Pilatos*. A literatura não lhe fez a menor falta nesse período — o piano sentia-se bem tocando sozinho, à margem da orquestra. Até que, em certa madrugada de 1995, enquanto velava a agonia de sua cachorra Mila, Cony suspeitou que tinha de voltar a escrever. Os olhos de Mila pareciam pedir-lhe isso. Ligou o computador e recomeçou. Daí surgiram *Quase memória* e, por extensão, seu novo e também extraordinário *O piano e a orquestra*.

O câncer levou Mila, mas deixou-nos, aos setenta anos, um novo Cony. E descobriu-se que, no lugar da unha extirpada, outra havia crescido — no mesmo casco fendido.

2. A literatura como uma unha encravada

[dezembro de 2001]

O romancista inglês Edgar Wallace, autor de *Os quatro homens justos, A porta das sete chaves* e de outros 172 livros, tinha a fama de escrever rápido. Diz a lenda que, certo dia, quando um amigo lhe telefonou, o secretário de Wallace atendeu e, sem rir, disse: "O senhor Wallace acaba de começar um romance. Ligue no fim da tarde, quando ele já o terá terminado". Está certo, Wallace era rápido — mas precisava ser *tão* rápido? Carlos Heitor Cony é quase tão rápido e escreve muito melhor.

Em 1995, ele me telefonou: "Comecei ontem um romance. Quando terminar, vou te mandar o copião. Quero que você seja o primeiro a ler". Vinte dias depois, uma pasta com o original chegou às minhas mãos. Na capa estava escrito, a tinta, com caneta vermelha: *Quase memória.*

A simples notícia de que Cony estava escrevendo de novo (um romance, bem entendido, não os muitos trabalhos jornalísticos ou avulsos que nunca deixara de fazer) já era suficiente para me deixar feliz. Vinte e um anos antes, ele publicara *Pilatos* e mandara todo mundo — editores, críticos, leitores e os amigos, inclusive eu — lamber sabão. Demitira-se da literatura. Mas agora ia voltar. E por que me escolhera como primeiro leitor? Porque, naqueles 21 anos, fui um dos poucos a nunca deixar de cobrar sua volta ao romance (não me conformava em ver seu lugar ocupado por escritores menores e muito incensados). E havia outro motivo para Cony me solicitar: ele sabia que, entre aqueles poucos, praticamente só eu gostara de *Pilatos*, o romance que escrevera para deixar claro que se retirava da "vida literária".

Uma retirada que, para alguns, mesmo em 1974, já estava anunciada com uma antecedência de anos. Eu sabia dela desde 1970, quando encomendei a Cony alguns contos para uma revista que dirigia e ele me disse que a única ficção em que passara a acreditar era a pornográfica, a escatológica, a "suja". Até então, quando ainda pertencia ao *milieu*, publicara oito romances "sérios", em que procurara demonstrar a falência do homem, da família, da civilização cristã ocidental. Pois a dita falência estava mais que demonstrada e "ninguém tomara providências". Nada acontecera: o homem, a família e a civilização cristã ocidental continuavam por aí, frívolos e peraltas, na crença de que estavam vivos. Pelo mesmo motivo, Cony não queria mais saber dos filmes de Fellini, Antonioni ou Visconti, todos mais ou menos com essa temática. A partir dali, ele me disse, se precisasse instruir-se sobre a condição humana, iria aos teatros da praça Tiradentes para ver as peças pornográficas com Costinha, um comediante cuja descomunal grossura só permitia que ele se apresentasse em recintos fechados. Portanto, se eu ainda quisesse os tais contos, eles seriam naquela base.

Eu não tinha nada a opor. A revista se chamava *Fairplay* e sua receita consistia de mulheres nuas e textos inteligentes ou divertidos. Ao ser fundada, em 1966, era a primeira do Brasil no gênero — uma inofensiva revista masculina, "erótica", mas que os anunciantes viam como pornográfica do mesmo jeito e, por isso, não compareciam. Eu a assumira em 1970, quando ela já estava batendo as botas: *Fairplay* pertencia a uma pequena editora carioca, o dinheiro era pouco e a Censura nos obrigava a vendê-la num envelope de plástico fechado. Curiosamente, aquele plástico, à guisa de camisinha, deixava a Censura satisfeita — não tínhamos problemas com as fotos e muito menos com os textos. E só por isso um conto de Cony, "Solange, ou o homem e sua cabra", pôde sair, na edição de fevereiro de 1971.

Era a história de um sujeito que, cansado de ser traído por suas mulheres ou namoradas, resolve dedicar-se a transar com uma cabra. Durante algum tempo, os dois se dão magnificamente. E, quando ele pensava que seriam felizes para sempre, a cabra também o trai, naturalmente que com um bode. Convencido de que a única salvação para o homem é defender-se como indivíduo, ele mata a cabra e o bode e adota, como programa de vida, a masturbação. Tudo com as palavras exatas, chulíssimas, por mais cabeludas que fossem para a época. Cony ainda escreveu outro conto, deliciosamente repulsivo, sobre um delegado de polícia que, não se sabe como, se desfaz como se fosse macarrão e, como tal, é comido por sua própria família no almoço. Esse não saiu, porque *Fairplay* acabou antes — mas, poucos anos depois, tive o prazer de ver os dois contos (o da cabra e o do macarrão) incorporados à narrativa de *Pilatos*.

Eu julgava entender a cabeça de Cony porque era seu leitor desde os quatorze anos, em 1962, quando ele começara a publicar, três vezes por semana, uma crônica sob o título geral de "Da arte de falar mal", no Segundo Caderno do *Correio da Manhã*. Cony saía às quartas, sextas e domingos, revezando com Octavio de Faria, que escrevia às terças, quintas e sábados (o *Correio*, como todos os matutinos, não circulava às segundas). Os dois escreviam sobre assuntos do momento, quase sempre culturais. Octavio era bom, mas "sincero", compenetrado, meio opaco. Já Cony era brilhante, engraçado, de um deboche permanente, sem fazer o menor esforço para isso, e sua visão cética, irônica, iria marcar muitos garotos predispostos ao ceticismo e à ironia — como eu.

Naquele tempo, Cony parecia apolítico. Num país politicamente tumultuado, em que só se falava em greve, agitação e golpe, ele preferia escrever sobre ciclistas búlgaros, a ossada de Dana de Teffé, um estranho órgão do corpo chamado piloro e sobre *O grande e verdadeiro livro de são Cipriano* (que não devia ser confundido com *O grande, verdadeiro e único livro de são Cipriano*). E, nas raras vezes em que tratou de política, foi à sua maneira: numa crônica de 1963, ousou quebrar a unanimidade deslumbrada em torno de *Vidas secas*, o filme de Nelson Pereira dos Santos. Para a esquerda, promover *Vidas secas* era quase uma tarefa partidária, em prol do Cinema Novo, da conscientização das massas e da revolução brasileira. Pois Cony não quis nem saber: escreveu que largou o filme aos vinte minutos porque, urbano e carioca, a visão de uma vaca lhe dava tédio. Esse não-se-levar-a-sério, em contraste com o feroz escotismo circundante, era chocante e não faltava quem condenasse Cony como "alienado". Eu gostava.

Ao descobrir o cronista, descobri também o escritor e comecei a devorar seus romances, mais ou menos (e por mero acaso) na ordem de publicação: *O ventre, A verdade de cada dia, Tijolo de segurança, Informação ao crucificado, Matéria de memória, Antes o verão.* Mas, neste último, já estávamos em 1964, e Cony havia surpreendido todo mundo, meses antes, com sua postura diante do recém-instaurado regime militar. Começara logo na crônica do dia 2 de abril, quando contou como, ao saber que a revolução estava nas ruas, foi dar uma volta pela vizinhança para assistir aos eventos. Perto do Forte de Copacabana, viu quando um general empilhou dois paralelepípedos para "barrar os tanques do governo". Impressionado com aquela demonstração de inteligência militar, Cony resolveu conferir: numa distração do general, aproximou-se dos paralelepípedos e, com um peteleco do sapato, derrubou-os. A crônica se chamava "Da salvação da pátria" e já se percebia que aquela revolução não ficaria impune na avaliação de Cony.

O que não se esperava era que ele transformasse "Da arte de falar mal" numa tremenda trincheira contra o novo regime. Nela, Cony começou a abrigar denúncias de prisões e torturas, a protestar contra as cassações de políticos (por muitos dos quais nunca tivera a menor simpatia) e a defender jornalistas e intelectuais perseguidos. Numa crônica memorável, intitulada "Cipós para todos", comparou as disputas por cargos entre os militares à luta dos gorilas na selva pelos cipós. Em outra, perguntou ao general Costa e Silva, então temível ministro da Guerra, o que lhe restaria no futuro "além da farda, que as traças roem".

Eu, estudante, lia assombrado aquilo tudo, ainda mais porque, durante os primeiros meses, Cony era uma voz isolada nos jornais — o próprio *Correio da Manhã*, que depois se tornaria adversário (e vítima) do regime, ainda era moderado no noticiário e nos editoriais. A direita passou a ver nele um homem de esquerda. Mas só quem conhecia Cony sabia que sua revolta não tinha nada de política ou de ideológica.

Eu não o conhecia pessoalmente, e lamentei sua saída do *Correio* em 1965, além de seu posterior sumiço — para onde ele fora? Mas, em meados de 1967, já jornalista, fui dos primeiros a comprar e ler seu novo romance, *Pessach — A travessia*. E, por tudo que sabia de Cony, julguei vê-lo em Paulo Simões, o protagonista do livro.

Paulo é um escritor de quarenta anos — que, aliás, está completando no dia em que a história começa, 14 de março de 1966. É romancista: sua temática é sartriana, "existencial", seus livros são "fortes" e profundamente pessimistas quanto ao futuro do homem, da família e da indefectível civilização cristã ocidental. Mora bem (em Copacabana), fuma cachimbo, é desquitado (não havia no Brasil o divórcio) e tem uma filha que estuda em colégio de freiras. É também um homem sensual — nota-se, pela trama, que ele vive de olho nas mulheres. Sua editora fica no centro da cidade e o editor é seu amigo, embora sejam politicamente divergentes: o editor é ligado ao Partido Comunista, e Paulo é considerado um "alienado". Seu nome vive aparecendo em manifestos (contra a prisão de estudantes, contra a política econômica da ditadura, contra a Guerra do Vietnã), mas ninguém o consideraria um perigoso inimigo do regime. Até que, no meio do livro, Paulo se vê — *malgré lui* — metido na luta armada contra os militares e descobre nisso a solução para o seu próprio impasse existencial.

Cony, claro, também era romancista. Seus romances tinham a mesma temática dos de Paulo Simões e eram considerados "alienados". Eu sabia que ele fumava cachimbo, morava em Copacabana e estava com quarenta anos (não podia imaginar que fizesse aniversário no mesmo dia do personagem). Era desquitado e tinha duas filhas, não uma — o que não era segredo porque, em algumas raras ocasiões em que o sentimento escorregara, ele escrevera com lirismo sobre elas em "Da arte de falar mal". Pelo que se percebia nas crônicas, Cony era também um *homme à femmes* — diferente dos outros cronistas e escritores, que, em comparação, pareciam levar uma vida platônica. A editora de Cony era a Civilização Brasileira, no Centro, e o editor, Enio Silveira, seu amigo, era tão próximo do Partido Comunista quanto Cony era distante deste. E, assim como Paulo Simões, Cony, em 1964, também se vira metido num imbróglio político do qual não pedira para participar, muito menos fazer o herói. À sua maneira, o livro também tinha humor — seco, amargo, azedo, mas humor. Quem não achou graça foi o Partido Comunista, responsável, na história de Cony, pela traição à luta armada contra a ditadura.

O combate político tornara Cony um nome muito conhecido, coisa rara entre escritores e mesmo jornalistas. Mas eu sabia mais a seu respeito do que os jornais podiam dar — como sua segunda prisão, na noite de 13 de dezembro de 1968. Sabia que, naquela noite, que fora a do AI-5, Cony não estava vaiando ninguém, nem conspirando contra nenhum marechal, mas placidamente em casa, fumando cachimbo e ouvindo ópera. Quem me falava dele eram amigos comuns, como Paulo Francis e José Lino Grünewald — aliás, por aqueles dias, Francis também fizera sua estreia em prisões. Meses depois, já em 1969 e com todo mundo solto, um deles (Francis ou Zé Lino, nunca soube qual) sugeriu a Cony que me chamasse a colaborar em *Ele/Ela*, uma revista que ele estava criando para os Bloch. Cony me telefonou, fui até lá, conversamos e acabei assinando um artigo de humor no número 1 da revista. Tempos depois, eu é que lhe estaria pedindo aqueles contos para *Fairplay*.

Cony, na vida real, estava muito mais para o cronista moleque de "Da arte de falar mal" do que para o homem que irritara os militares com seus artigos políticos — ou para o autor de *Pessach*, que deixara os comunistas tiriricas. Naquela época, é possível que ele estivesse conhecendo o pior dos dois mundos: de um lado, a ditadura, que não o deixava em paz e o prendia a qualquer suspeita de agitação no país; de outro, o Partidão, que usava sua influência para condená-lo ao ostracismo na imprensa e na literatura. Em 1969, Cony não tinha ido parar nos Bloch por acaso: Adolpho Bloch fora o único homem que lhe oferecera emprego. Ali, pelos 32 anos seguintes, ele iria fundar e fechar revistas, participar da criação da rede de televisão, dar palpite na programação do teatro e tirar o patrão de inúmeras trapalhadas jurídicas ou financeiras. Mas sua principal atuação seria na *Manchete*. Do mata-mosquito ao papa João Paulo II, entrevistou todo mundo para a revista, fez inúmeras reportagens em série e, a pedido de Adolpho, escreveu os vários livros de memórias do ex-presidente Juscelino Kubitschek. Escreveu também ("ajudou a escrever") a coluna de Adolpho na *Manchete* por muitos anos.

Em 1970, eu próprio fui ser redator da *Manchete* e, durante quase três anos, fomos vizinhos de mesa na redação. A de Cony ficava no canto da sala, com as costas para uma divisória de vidro; a minha vinha a seguir; e, na minha frente, a do nosso querido colega, o veterano e respeitado R. (de Raymundo) Magalhães Jr. Juntos, eu com meus cigarros, e Cony, com seu cachimbo e mais cigarros, produzíamos uma permanente nuvem de fumaça que pairava sobre o ex-fumante Raymundo. Não fazíamos por mal, mas não conseguíamos conter o riso ao ouvir Raymundo, com sua voz característica, à Pato Donald, esbravejando contra o fumacê. Aquela era uma grande redação: o diretor da revista era Justino Martins; o chefe de redação, Maurício "Godard" Gomes Leite. Magalhães Jr. e Cony eram os redatores mais graduados, por serem escritores e famosos. E o resto da manada não fazia feio: Roberto Muggiati, Cícero Sandroni, Narceu de Almeida, Flávio de Aquino, Heloneida Studart, Irineu Guimarães, Marcos de Castro, Ney Bianchi e o caçula, eu, aos 22 anos. Seria, disparado, a melhor revista semanal do país se os Bloch não tivessem medo até da sombra.

Foi somente nos primeiros anos na Bloch que a literatura ainda incomodou Cony — como uma unha encravada cujo único remédio, por mais doloroso, seria a extração. Pois, com *Pilatos*, ele a extraiu sem dor e, durante os 21 anos que separaram *Pilatos* de *Quase memória*, a literatura pareceu não lhe fazer a menor falta. Quem sentia falta de Cony eram seus velhos leitores, entre os quais eu. Note bem: sentia falta dos livros — porque, quando queria, eu tinha o verdadeiro Cony à mão. A vida e o trabalho nos separaram, mas, pelos muitos anos seguintes, com maior ou menor frequência, não deixamos de nos falar.

Gosto de pensar que estou para Cony como, no passado, o jovem Cony esteve para duas pessoas que ele admirava: Ary Barroso e Mario Filho. Quando Cony os conheceu, os dois já eram grandes instituições da vida brasileira: Ary, da música popular; Mario, da imprensa esportiva. Eram homens importantes, mas reconheceram em Cony um interlocutor, alguém que os admirava sem bajulações e com quem podiam conversar sem ter de explicar muito, apesar da diferença de idade — Ary, 23 anos mais velho; Mario, vinte. Para meu orgulho, sei que Cony me considera (já escreveu isso) uma espécie de irmão mais novo.

E devo ser mesmo — com quem mais ele pode partilhar seu amor por Nacio Herb Brown e Walter Donaldson, dois grandes (e hoje obscuros) compositores americanos dos anos 1920? No seu caderninho, eles são maiores do que Cole Porter, George Gershwin ou qualquer dos medalhões. (Para quem não sabe, Nacio Herb Brown, popularíssimo em sua época, foi o autor de "Singin' in the rain", "Broadway melody", "All I do is dream of you", "Temptation", "Paradise", "Alone", "You stepped out of a dream" e muitas outras. Depois foi esquecido e só voltou à tona quando suas canções foram revividas no filme *Cantando na chuva*, em 1952. Quanto a Walter Donaldson, foi o autor de "Love me or leave me", "At sundown", "Makin' whoopee", "Little white lies", "Yes, sir, that's my baby", "You're driving me crazy".) E para quem mais Cony pode tirar seu velho gramofone Edison do armário (um gramofone de verdade, daqueles de corda) e pôr para tocar "Hindustan", um disco de 1918, e ficarmos os dois babando de contentamento?

Por mais confessional que seja no que escreve, Cony tem coisas que só seus amigos sabem. Uma delas: por causa de sua ligação com Mila, engana-se quem pensa que ele é louco por cachorros ou por animais de qualquer espécie. Cony era louco por Mila, uma setter que ganhou de Adolpho Bloch, e pela cria dela, Tite — e só. Aos domingos, sempre nos encontrávamos quando Cony e Beatriz levavam Mila e Tite à praia do Diabo, no Arpoador. Mila teve câncer e foi para aliviar sua agonia (ela ficava a seus pés quando ele escrevia) que Cony começou a trabalhar de madrugada — para passar mais tempo com Mila. E, como não tinha o que escrever, escreveu *Quase memória*. Nas semanas seguintes à morte de Mila, Cony não conseguia falar dela sem chorar — presenciei isso várias vezes. Depois, Tite também morreu e não me consta que Cony tenha adotado novos cachorros.

Seus dois melhores amigos, os editores Jorge Zahar e Enio Silveira, também já morreram. De outro que igualmente se foi, Paulo Francis, Cony guardou uma última recordação agradável: sua casa foi a última em que Francis jantou no Brasil, levado por mim, em novembro de 1996, dois meses antes de Francis sofrer aquele estúpido enfarte em Nova York. Ao fim de uma noite engraçadíssima, já de madrugada, Cony tirou o carro da garagem para deixar Francis (a quem chamava de Paulo) em seu hotel na avenida Atlântica e a mim no Leblon — não imaginávamos que nunca mais o veríamos. A morte dos amigos o abala mais do que ele admite, mas, movido por uma energia invejável até por gente muito mais jovem, Cony segue em frente.

Desde sua espetacular volta à literatura com *Quase memória*, já lançou vários novos romances, teve todos os seus livros dos anos 1960 reeditados pela Companhia das Letras [*mudou-se depois para a Objetiva*], autorizou a publicação de coletâneas de crônicas e produziu diversos livros de ocasão. Eu próprio, que também trabalho como um remador de *Ben-Hur*, não entendo como ele consegue — e mais ainda porque não falta com sua coluna na *Folha de S.Paulo*, aparece num programa diário de rádio e, eventualmente, ainda costura para fora (ou seja, escreve para outras publicações). Isso deveria bastar para tomar-lhe todo o tempo, mas, quando se trata de dar entrevistas, Cony consegue ser o favorito dos jornais, revistas, televisões, rádios e sites — se precisam de uma declaração original e crítica sobre o governo FHC, repórteres de toda parte já sabem para quem ligar. Sem esquecer as palestras, que, de 1995 para cá, Cony tem sido solicitado a fazer, a uma média de dezenas por ano: toda semana, ele fala para estudantes, empresários, donas de casa, ventríloquos, taxidermistas. E não só no Rio ou em São Paulo — vai também a Arapiraca, Botucatu, Cascavel, aonde quer que o convidem. Nessas noites, os neoliberais dormem com as orelhas em fogo.

Por causa de toda essa azáfama, nos últimos anos temos nos falado muito menos do que eu gostaria. Mesmo assim, ele continua a me distinguir com a primeira leitura de cada romance novo e dá a impressão de emprestar certa importância ao que eu ache ou deixe de achar. Isso, apesar de Cony ter uma profunda divergência comigo: o "rigor histórico". Para ele, não dou um espirro ou tomo um copo d'água sem atentar para o "rigor histórico" de tais peripécias.

Acontece que às vezes trabalho com biografias, as quais exigem um apego aos fatos ou, digamos, um "rigor histórico". Mas Cony, que é ficcionista 24 horas por dia, detesta esse "rigor". Ele simplesmente não acredita que a verdade de um fato possa ser estabelecida — e teve a prova disso ao sair do Maracanã, na tarde de 16 de julho de 1950, quando o Brasil perdeu a Copa do Mundo para o Uruguai. Naquele momento, Cony, que já demitira Deus de seu panteão, deixou de acreditar também em Jesus Cristo. Não, como se poderia pensar, porque ficou abalado pela derrota nacional — mas porque, apenas cinco minutos depois de terminada a partida (vencida pelo Uruguai por 2 a 1), já estava ouvindo, na própria porta do estádio, versões discrepantes sobre o que ele e 200 mil pessoas tinham presenciado durante os noventa minutos. Bem — raciocinou Cony —, se é impossível determinar um fato que *acabou de acontecer*, como saber o que se passou há 2 mil anos? O "rigor histórico" era uma impossibilidade, ele concluiu.

Para Cony, o "rigor histórico" não apenas não existe, como a busca por ele é um equívoco da humanidade: milhões de asneiras são cometidas pelo homem por causa do "rigor histórico". Se o homem usasse mais a imaginação, seria mais livre, mais criativo, mais feliz — imagino que seja o que ele pense. Sua própria biografia é um exemplo: ninguém que conheça Cony pode garantir que certos eventos momentosos de sua vida tenham realmente acontecido — como a história do aviador Melo "Maluco", quando este pousou com seu biplano vermelho na praia de Icaraí, em Niterói, a poucos metros de Cony, e este, que tinha cinco anos e nunca emitira um som, levou um susto tão grande que começou a falar. Ou a tampinha que lhe teria sido atirada por Noel Rosa e lhe cortou a orelha, quando Cony, aos dez anos, se dirigia para a igreja onde servia de coroinha. Ou, mais recentemente, quando o navio em que ele fazia um cruzeiro pelo Mediterrâneo chocou-se contra uma baleia, encalhou sobre ela e foi preciso que escafandristas armados de serra elétrica despedaçassem a baleia para libertar o navio. Tudo isso pode ter saído de sua imaginação — quem sabe? E para que saber, exceto em nome do "rigor histórico"?

Como eu disse, ele é um ficcionista em tempo integral. Imagino sua agonia ao escrever *Quem matou Vargas?*, um livro "sério" sobre as conspirações que levaram Getulio ao suicídio. Posso vê-lo sofrendo por ter de escrever que Getulio vestiu o pijama e deu um tiro no peito (como aconteceu), e não que morreu num botequim no Catete, ao comer a empada que matou o guarda, como seria muito mais engraçado de escrever. Cony fabula e escreve tão bem que os leitores de seus romances sempre pensam que seus protagonistas — homens secos, caladões e sensuais — são "ele". Eu também pensava assim antes de conhecê-lo. Quem poderia ser aquele seminarista de *Informação ao crucificado* senão Cony? O narrador anônimo de *Antes, o verão* também tinha muitas coisas em comum com ele: casa em Cabo Frio, mulher bonita, areia entrando no casamento, um par de filhos. E o Paulo de *Pessach — A travessia*, pelo menos até se meter na guerrilha, era quase uma crônica do seu cotidiano em 1966. Veio o longo interregno e, quando Cony voltou ao romance com *Quase memória*, a figura daquele pai lembrava muito o Cony-pai (um velho jornalista excêntrico que gostava de construir balões), cujas façanhas ele sempre nos contara em conversas — donde Cony devia ser o menino da história.

Mas é claro que não é nada disso. Cony é que vive como se fosse um personagem de si mesmo. E privar com ele é como ler um de seus grandes livros — ao vivo, em cores e, como se diz mesmo? — em "tempo real".

Para cima e para baixo com Paulo Francis

1. A camisa engomada mal disfarçava o furinho na axila

[janeiro de 2007]

O velho recorte do *Correio da Manhã* me caiu por acaso aos olhos e espiei a data: 21 de setembro de 1967. Era a primeira página do Segundo Caderno, trazendo um artigo meu sobre o novo filme de Alain Resnais, *A guerra acabou*, em cartaz no cinema Paissandu. A foto mostrava Yves Montand no papel de um comunista espanhol cansado de guerra. O recorte, já amarelado, também estava cansado de guerra — 21 de setembro de 1967 parecia ter sido ontem, mas, na verdade, fora há muito tempo. No fim da tarde daquele dia, quase quarenta anos atrás, eu estava batendo uma matéria em minha mesa, na reportagem do *Correio*, quando notei um vulto de pé ao meu lado e ouvi a voz, depois tão característica:

"Você é o Ruy Castro?"

Levantei os olhos para dizer que sim, e vi Paulo Francis. Eu já o conhecia, claro. Desde que entrara para o jornal, em março daquele ano, podia vê-lo quase todos os dias quando ele cruzava a redação — passos rápidos, os cabelos encaracolados e já grisalhos, camisa social creme, sem gravata, com as mangas arregaçadas, os óculos de fundo de garrafa de Brahma Chopp (casco claro) e o pescoço espigado, como se ele quisesse farejar os lustres. Mas nunca tínhamos nos falado. Francis era editorialista, uma casta à parte no *Correio*, e eu, simples repórter — pior, um foca da reportagem geral, ainda esperando para ser admitido e registrado, e que às vezes emplacava um artigo sobre cinema ou música popular no Segundo Caderno, cujo editor era

José Lino Grünewald. Os editorialistas do *Correio* só podiam ser admirados a distância, porque os repórteres não tinham permissão para entrar no Petit Trianon, a não ser a chamado de um deles — Petit Trianon era a sala em que eles se entrincheiravam, no fundo da redação.

Ali, em 1967, além de Francis, pontificavam Edmundo Moniz, Franklin de Oliveira, Gilberto Paim, o próprio Grünewald e o português Paulo de Castro. Francis, aliás, era o que menos pontificava naquele escrete — e depois eu saberia que Newton Rodrigues, redator-chefe do *Correio* e ex-colega de Francis na revista *Senhor*, só o contratara, um ano antes, sob a condição de que ele não escrevesse sobre política (especialidade de Edmundo e Franklin), economia (Paim), leis (Grünewald) ou política internacional (Paulo de Castro) — assuntos sobre os quais, segundo Newton, Francis "não entendia bulhufas". Deveria ater-se a assuntos da cidade, de comportamento e da cultura e, como esses temas raramente valiam um editorial, sua participação na página nobre limitava-se aos "tópicos", que eram notinhas curtas, opinativas, sobre buracos de rua ou cachorros atropelados.

Mas Francis não deixava a peteca cair. Nessa época, sua principal presença no *Correio* se dava no Quarto Caderno, dominical, também editado por Grünewald, onde ele escrevia — e muito bem — sobre teatro, literatura e, olha só, televisão. Numa das poucas vezes em que penetrei no Petit Trianon, a chamado de José Lino, vi Francis empunhando um artigo que acabara de escrever para o Quarto Caderno e bradando em triunfo para os colegas: "Cento e cinquenta linhas sobre Tchecov — e nenhum advérbio de modo!". Diante de Edmundo, Franklin e Paim, jornalistas bem mais velhos e rodados, Francis era mesmo decididamente júnior — porque tinha apenas 37 anos. Quanto a mim, com meus dezenove, só podia estar na categoria dos dentes de leite.

Ao se certificar de que eu era eu, Francis deu o serviço:

"Li seu artigo sobre *La guerre est finie*. Muito bom. A partir de janeiro, teremos algumas mudanças no *Correio*. José Lino Grünewald vai ficar só no editorial e eu vou sair do Petit Trianon para assumir o Segundo e o Quarto Caderno. Fora daqui, vou dirigir a revista *Diners*, que é uma publicação interna do Diners Club, para os associados do cartão de crédito. A dona da revista, Beki Klabin, quer transformá-la numa revista de verdade. Além disso, já estou editando o *Livro de cabeceira do homem* e o *Livro de cabeceira da mulher*, que são duas revistas bimestrais da Editora Civilização Brasileira, só que em forma de livro. Quero montar uma equipe de gente jovem para produzir o grosso do material para essas publicações. Já tenho o Flavio Macedo Soares e o Alfredo Grieco, que você deve conhecer. Quer ser um deles?"

"Que dúvida!", eu respondi. (E isso era proposta que se fizesse a um garoto que começara havia menos de seis meses no jornal?)

Você perguntará como posso reconstituir, quarenta anos depois, um bife desse tamanho. Pois você também poderia — se fosse a fala que mudou sua vida.

Mas os jovens sempre têm pressa, e aconteceu que, pouco mais de um mês depois, em outubro, enquanto Francis não assumia seus novos territórios, troquei o querido *Correio da Manhã*, onde continuava foca não remunerado, por uma vaga de repórter da revista *Manchete*, levado pelo jornalista Fuad Atala. Ali passei a receber um salário que enfim me permitiu sair da casa de meus pais, no Flamengo, para um quarto (com banheiro) no histórico Solar da Fossa, em Botafogo. Permitiu-me também, a partir dali, andar somente de táxi, comprar discos de jazz na Modern Sound e trocar a Spaghettilandia pelo Lamas como lugar aonde levar as moças para jantar. Mas, em março de 1968, atendendo ao chamado de Paulo Francis, lá estava eu, fora da *Manchete* e trabalhando *full time* para ele nos dois cadernos do *Correio* (o diário e o dominical), na *Diners* e, em menor escala, nos *Livros de cabeceira* e produzindo toda espécie de material para esses veículos: artigos "sérios", crônicas de humor, entrevistas, perfis, adaptações de material estrangeiro, traduções etc. Foi uma escola.

Uns pelos outros, escrevi pelo menos duzentos artigos para Francis, assinados ou não, nos nove meses seguintes, até dezembro daquele ano, e todos muito bem pagos. O centro das operações era a redação da *Diners*, na rua do Ouvidor, 61. Era onde Francis passava o dia, despachando com Telmo Martino, secretário da revista, e Dounê Spinola, diretor de arte. Era também onde ele recebia amigos, como Glauber Rocha, Fernando Gasparian, Flavio Rangel, Enio Silveira, Octavio Malta — a nova e a velha esquerda. Os colaboradores também entravam e saíam da sua sala: potências como Millôr Fernandes, Otto Maria Carpeaux, Carlos Drummond de Andrade, Paulo Mendes Campos, Armando Nogueira, Fausto Cunha, Luiz Lobo e Jaguar, novatos como Marina Colasanti, Edgard Telles Ribeiro, Jom Tob Azulay e o fotógrafo Pedrinho ("Buzina") Oswaldo Cruz.

Mas era 1968, não se esqueça. Da sala de Francis podiam-se ouvir os rumores da batalha lá embaixo, na avenida Rio Branco, em que os estudantes e a polícia trocavam pedradas, borrachadas e um ou outro coquetel Molotov. Apreciando o espetáculo por uma das janelas, todos os amigos de Francis — não importava se de esquerda ou direita — faziam tsk, tsk àquela agitação e achavam que, por causa dela, não demoraríamos a ter o pior dos mundos no Brasil. Não deu outra.

Enquanto isso não acontecia, no entanto, *Diners* se tornou uma espécie de xodó da imprensa carioca. Todos queriam colaborar nela, nem que fosse pelos cachês, pagos no ato, contra a entrega da matéria. Era aonde eu ia quase diariamente, por volta das duas ou três da tarde, depois da praia, e já levando debaixo do braço um artigo acertado de véspera com Francis, e que eu escrevera não sei a que horas daquele dia. Francis recebia a matéria, dava uma lida por alto e mandava pagar. O cheque era recebido na própria redação e depositado minutos depois, numa agência do Banco Nacional, no térreo do prédio da *Diners*.

No fim da tarde, íamos, juntos ou separados, para o *Correio da Manhã*, onde, das seis às nove da noite, Francis editava o Segundo Caderno, diário (o que iria sair no dia seguinte!), e adiantava o caderno dominical, sem nunca atrasar uma página — sim, era possível isso, naqueles tempos em que o único computador que conhecíamos era o Hal-9000 do filme *2001 — Uma odisseia no espaço*, recém-lançado). E de que tratavam esses dois cadernos? Da Guerra do Vietnã, da New Left, da morte de Bob Kennedy, dos Panteras Negras, da pílula, da revolução sexual — que eram os tópicos do momento, mas, de alguns deles, só o *Correio* parecia tratar — e de Paulo VI, Bertrand Russell, Herbert Marcuse, Marshall McLuhan, Isaac Asimov, Wilhelm Reich, Jean-Luc Godard, o filme *Terra em transe*, a peça *Roda viva*, Guimarães Rosa, Chacrinha, tropicalismo, festivais da canção. Sem ser concretista (longe disso), Francis abriu também um espaço quase fixo no Quarto Caderno para os irmãos Augusto e Haroldo de Campos — espaço que eles atribuíam a José Lino, mas que só se manteve porque Francis os respeitava como tradutores. E, por causa de Francis (com assessoria de Alfredo Grieco), *Diners* e os *Livros de cabeceira* publicavam muita ficção científica (Paul Anderson, Robert Sheckley, Ray Bradbury), assim como o *Correio* e *Diners* tinham os quadrinhos mais sofisticados da imprensa: Peanuts, Pogo, B.C., o Mago de Id, Barbarella e Jules Feiffer.

Toda essa modernidade se esboroou da noite para o dia em 1968, quando Francis, que tinha ido a Nova York contratar publicações cujo material passaríamos a usar aqui, desembarcou no Galeão na manhã de 14 de dezembro. Na noite da véspera, enquanto ele voava para o Rio, o governo militar baixara o Ato Institucional nº 5 e começara o festival de prisões em domicílio.

Os inimigos diziam que Francis pusera o pé na escadinha do avião, respirara fundo e perguntara: "E aí, como se comportou o Brasil na minha ausência?" — ato contínuo, fora algemado e recolhido. Outros, mais bem informados, sabiam que Francis fora preso no dia seguinte, em seu apartamento na rua Barão da Torre (no mesmo prédio onde morava Rubem Braga), só que de pijama. Seja como for, ali acabava tudo. Os milicos ocuparam o *Correio*, prenderam o superintendente, Oswaldo Peralva, ameaçaram a proprietária, Niomar Moniz Sodré Bittencourt, e passaram uma lista de gente a ser banida do jornal, encabeçada por Francis, mas que incluía até a mim, ao lado de outros muito mais importantes.

Francis foi solto no fim do ano, mas, por razões óbvias, teve também de deixar a *Diners* e, com isso, Beki Klabin resolveu liquidar a revista. Mas o volume de matérias compradas e já pagas por Francis era tão grande que, juntamente com os contratos de publicidade por vencer, justificava que ainda soltassem dois ou três números. E, só por isso, *Diners* sobreviveu pelos três ou quatro primeiros meses de 1969, editada de emergência por Millôr Fernandes, com alguma assistência minha e de Marina Colasanti. Quanto aos *Livros de cabeceira*, passaram para outras mãos e agonizaram junto com a Civilização Brasileira na década seguinte.

Considerando-se que, no ano de 1968, devo ter visto Paulo Francis quase todos os dias de semana e, às vezes, também nos fins de semana, nossa convivência, a partir daí, poderia ser considerada esparsa. Mas não foi o caso. No ano seguinte, Francis me indicou a Tarso de Castro e comecei a colaborar em *O Pasquim* quando este estava apenas em seu número 7 e a redação ainda era a original, na rua do Resende, na Lapa. Mais um ano e os papéis se inverteram: desta vez, era eu o editor de uma revista (*Fairplay*, a primeira "masculina", ou seja, de nus femininos, do Brasil), em condições de pedir artigos a Francis e tendo o prazer de pagar-lhe muito bem, quando nenhuma outra publicação, exceto *O Pasquim* e a *Tribuna da Imprensa*, queria saber dele — mesmo o seu esquerdismo platônico incomodava os patrões. Aliás, foi por falta de condições de trabalho por aqui e pelas sucessivas prisões (quatro em dois anos — todas incompreensíveis) que Francis se mandou para Nova York em 1971.

Poucos meses depois, fui dos primeiros amigos a visitá-lo lá. Ele morava na Bleeker St., no Village, num apartamento que a Universidade Columbia mantinha reservado para Fernando Gasparian, seu professor visitante, e que Gasparian, que o usava pouco, lhe cedeu de graça. Em seus primeiros tempos de Nova York, Francis viveu na maior pindaíba, mas, como sempre, não perdia a pose: comia cheeseburger nos restaurantes mais chinfrins, nos quais descobria grandes virtudes; assistia a um bocado de televisão, por não poder ir muito ao cinema; e usava camisas de linho tão bem engomadas que mal se notava que estavam furadas nas axilas. Em 1974, depois do longo período de carência, e já bem plantado em Nova York, Francis finalmente armou uma rede de colaborações na imprensa paulista que lhe permitiu ficar de novo por cima, em termos profissionais e financeiros. Naquele ano, quando estivemos juntos em Lisboa (eu estava trabalhando lá e Francis foi fiscalizar a Revolução dos Cravos para a revista *Status*), era nítido que a prosperidade lhe batera à porta — uma simples gravata sua parecia valer mais que meu guarda-roupa inteiro.

Em 1975, ao ser contratado pela *Folha de S.Paulo* para mandar material de Nova York, Francis conseguiu a façanha de se tornar popular sem apelar para o popularesco. Façanha que repetiu quando passou a fazer crônicas de um minuto para a TV Globo. Podia-se imaginar que Francis se realizaria na televisão porque, no fundo, nunca parecia ter superado sua experiência como ator de teatro no começo dos anos 1950. Havia algo de cênico no seu jogo de braços e ele tinha um certo requebrado ao andar. Tinha bom ouvido e gostava também de fazer vozes, de imitar as pessoas e de reproduzir sotaques — caipiras eram sua especialidade, em português e inglês. Na televisão, exacerbou tudo isso e acrescentou um jeito engessado de falar, que não tinha na vida real. E adorou quando os humoristas começaram a imitá-lo.

Mas o melhor Francis, naturalmente, continuou a ser o do jornal. A palavra era o seu instrumento natural, fruto da leitura apressada de poucas páginas de milhares de livros. Uma arma que ele respeitava, sem sacralizar — a partir de certo momento, em Nova York, passou a escrever direto no telex, sem olhar para trás, sem checar as informações e sem corrigir nada. Muitas vezes errava feio, mas isso não alterava o brilho e a contundência do que queria dizer. As pessoas bebiam seus comentários, como se ele fosse a voz do Juízo Final, e, de repente, Francis ganhou um inesperado fã-clube entre os leitores mais jovens. Outros passaram a detestá-lo quando ele se tornou "de direita". Mas ninguém deixava de lê-lo.

Devo confessar que, nos trinta anos em que o conheci, nunca vi muita diferença em suas opiniões políticas. Anticomunista, sempre foi; dizia-se trotskista, mas isso pode ter sido um capricho de juventude, tanto quanto fazer teatro e excursionar com a companhia de Paschoal Carlos Magno — em ambos os casos, foi, no máximo, um *fellow traveller*. Pelo que me lembro, sempre foi um crítico ácido de certos infantilismos da esquerda. Podia não ter uma admiração explícita pelo capitalismo, mas, em plenos anos 1960, no Rio, não abria mão de certos gostos pessoais — uísque doze anos, cigarros americanos, LPS importados de Leontine Pryce (ópera) e Carmen McRae (jazz), apartamento em Ipanema, carro com chofer e restaurantes finos ou metidos a. Ganhava bem, gastava tudo e estava sempre endividado. Vivia de papagaio em papagaio junto aos bancos, mas não era isso que o deixava de cabelos brancos.

Anos depois, em Nova York, no entanto, o outrora temível Paulo Francis, casado com a jornalista Sonia Nolasco, surpreendia os que o visitavam em seu apartamento e que, ao ir ao banheiro, passavam pela porta aberta do quarto do casal. Mesmo de relance, podiam-se ver, dispostas sobre os travesseiros, três singelas almofadas em forma de coração e com os respectivos nomes bordados. Uma era a dele; outra, a de Sonia; e uma terceira, a de sua gata Alzira. Uma cena catita.

Com a abertura política, em 1978, Francis passou a vir com frequência ao Brasil e, quase todas as vezes, me telefonava. É possível que minha própria ida para a *Folha*, como repórter especial, em 1983, tivesse um toque dele junto aos Frias ou a Boris Casoy, então diretor do jornal. Sem dúvida, devo-lhe muito.

Por todos aqueles anos, de 1968 até sua morte, estive regularmente com Francis. Certa vez, no Rio, fizemos juntos a dieta do astronauta — nenhum dos dois emagreceu, pelas calorias acumuladas nos uísques, que, segundo ele, estavam liberados. Bebemos juntos sei lá quantas vezes, até que, nos anos 1980, ele parou de beber e, mais tarde, eu também. Mas continuamos rindo e fofocando sobre os velhos amigos do Rio e os novos de São Paulo — pena que os melhores comentários não possam ser reproduzidos. E conheci algumas de suas namoradas do passado, embora haja quem acredite — como Helio Fernandes, irmão de Millôr — que Francis morreu virgem. Não tenho opinião a respeito, porque, com toda a convivência, a diferença de idade entre nós não permitia que ele tivesse comigo uma cumplicidade que só pode haver entre pessoas que se conhecem desde a era glacial e, quase sempre, são da mesma geração — no caso de Francis, pessoas como Marcello Aguinaga (seu amigo mais antigo), Millôr Fernandes, Jorge Zahar, além de Paulo Bertazzi e, talvez, Alberto Lee. Mas, se nunca fui tão íntimo de Francis como gostaria, também nunca brigamos — coisa que aconteceu entre ele e três grandes amigos com quem, pelos motivos mais bobos, passou anos rompido: Ivan Lessa, Telmo Martino e Jaguar.

Em dezembro de 1996, ele fez uma visita-relâmpago ao Rio. Vinha expressamente para ver o editor Jorge Zahar, a quem amava como a um irmão e que estava doente. Francis chegou de Nova York pela manhã. Passou o dia com Jorge no hospital, tranquilizou-se quanto à saúde do amigo e aceitou um convite de Carlos Heitor Cony para jantar naquela noite — Cony, aliás, sendo um dos poucos a chamá-lo de Paulo, não de Francis. Seríamos apenas nós três, mas, quando Francis subiu a meu apartamento, no Leblon, para me buscar, outro amigo comum, o jornalista Fernando Pessoa Ferreira, estava comigo, e fomos todos para o apartamento de Cony, na Lagoa. Francis estava angustiado com um brutal processo, no valor de 100 milhões de dólares, que Joel Rennó, presidente da Petrobras, lhe movia na Justiça americana, mas não queria se envenenar com essa história. Donde não se tocou no assunto.

Foi uma noite hilariante. Pelas horas seguintes, as orelhas de metade da imprensa brasileira devem ter ardido aos comentários e histórias de Francis e Cony, e houve um momento em que eu próprio tive de sair correndo para o banheiro, temendo fazer nas calças de tanto rir. Finalmente, já bem tarde, Cony nos pôs em seu carro e nos devolveu cada qual a seu pouso. Francis voltou para o Caesar Park, em Ipanema, onde estava hospedado. No dia seguinte, tomou um voo matinal para Nova York. Dois meses depois, no dia 4 de fevereiro, morreu aos 66 anos, de um enfarte provocado por uma convergência de fatores: o processo que ameaçava arruiná-lo, certa incúria médica e sua própria negligência ao tratar-se. Seja como for, que morte mais besta, meu Deus.

Uma semana depois, seu corpo chegou ao Rio e, em seu enterro, no São João Batista, no Rio, um helicóptero jogou rosas sobre o cortejo. Bem a propósito do homem doce, generoso e educado que ele era: um Dr. Jeckyll enrustido que, em sua versão Mr. Hyde — a que ele fazia no jornal e na televisão —, queria apenas manter sua fama de mau.

Havia quem gostasse do seu lado Jeckyll e detestasse o lado Hyde, e vice-versa. Eu preferia os dois.

2. Na redação da Diners

[3/2/2007]

Os dez anos da morte de Paulo Francis, que se completam amanhã, passaram muito depressa. Principalmente quando seus amigos mais antigos recordam certas peripécias da convivência com ele e constatam, atônitos, que alguns desses episódios parecem ter acontecido há uma eternidade — quarenta anos. Um deles, e dos mais bonitos na trajetória de Francis, foi sua curta, mas brilhante temporada como editor da revista *Diners*, no Rio, em 1968 — uma publicação, tanto hoje como na época, maciçamente desconhecida do público, mas, então, muito admirada no meio e o sonho de muitos jornalistas cariocas, que adorariam colaborar nela. Não era apenas a revista intelectualmente mais sofisticada da imprensa brasileira e herdeira direta da respeitada *Senhor* (1959-64). Era também a que pagava melhor e, acredite ou não, à vista (o cheque saía menos de duas horas depois de entregue a matéria).

Foi há quarenta anos ou quase — porque a participação de Francis na revista começou, na verdade, em meados de 1967. *Diners* já existia desde 1962, como uma publicação mensal dirigida como brinde aos associados do Diners Club, o cartão de crédito administrado no Brasil por Horacio Klabin. Não chegava sequer a ser uma "revista society", tipo *Sombra* ou *Rio Magazine*. Era quase um *house organ* e, como tal, bem sem graça. Sua receita consistia de uma saraivada de anúncios do varejo classe A, uma vasta seção de serviço — indicando hotéis, boates, restaurantes, butiques, lojas de carros importados etc., que estimulassem o uso do cartão — e um ou outro artigo ou ficção traduzido de uma publicação análoga do Diners Internacional. Como quase não continha material jornalístico, não precisava de um jornalista para dirigi-la — tanto que o encarregado de botá-la de pé a cada mês era o gerente Jayr (com y, mesmo) Rosa de Miranda. Mas Jayr, em busca de alguém para traduzir o material estrangeiro e ajudá-lo a montar a revista, contratou em fins de 1966 o repórter José Carlos Monteiro, 22 anos.

Monteiro, ao perceber que Horacio Klabin, presidente da empresa, tinha um certo carinho pela revista, tentou incrementar sua receita editorial comprando artigos de jornalistas competentes, não por acaso seus amigos do *Correio da Manhã* e do *Jornal do Brasil* — Sérgio Augusto, Christina Autran, Paulo Perdigão, Geraldo Mayrink, Nilcéa Nogueira. A revista melhorou e atraiu a atenção de Beki Klabin, ex-mulher de Horacio e ainda sua sócia na empresa.

Naqueles primeiros meses de 1967, a mordaz e expedita Beki estava particularmente entediada. A função de grã-fina era pouco para suas aspirações pessoais — Beki queria estrelar sua própria vida, e não como um satélite do ex-marido. Precavendo-se contra possíveis chuvas e trovoadas, o generoso Horacio chamou-a ao escritório (da empresa e da revista) na rua do Ouvidor e lhe ofereceu algumas opções sobre como ocupar seu tempo. Que tal fazer um curso de cerâmica? Ou passar seis meses em Paris? Ou, quem sabe, dirigir a revista? Para surpresa de Horacio, Beki capturou no ar esta última sugestão e não a largou. Garantiu que faria de *Diners* uma revista de que ele se orgulharia e que ela, antes de todo mundo, gostaria de ler. Para isso, precisaria de alguém de nome e experiente para editá-la e de colaboradores à altura do prestígio do Diners. Horacio gostou da ideia.

Beki convidou o jovem Monteiro a seu apartamento no edifício Chopin, em Copacabana, e expôs seus planos, que o excluíam. Monteiro concordou — nunca trabalhara na grande imprensa, sabia que ainda era verde na profissão e que vinha tocando a revista a título precário. Então, a pedido de Beki, indicou-lhe quatro nomes que, a seu ver, fariam um trabalho magnífico na direção da revista. Pela ordem: Janio de Freitas, ex-editor-chefe do *Jornal do Brasil* e criador da famosa reforma por que passara o jornal em 1959; o cronista José Carlos (Carlinhos) Oliveira, uma espécie de xodó das moças de Ipanema; o poeta, crítico de cinema e editorialista do *Correio da Manhã*, José Lino Grünewald; e o ex-ator, ex-crítico de teatro, ex-editor da revista *Senhor* e também editorialista do *Correio*, Paulo Francis.

Beki chamou os quatro para conversar, um a um. Janio não se interessou pela proposta. Carlinhos Oliveira pareceu a Beki "muito debochado" e "pouco chegado a banho"; e Grünewald, "intelectual e pacato demais". Sobrou Francis. O fato de ele ter sido responsável pela melhor fase da falecida *Senhor* não queria dizer nada para Beki, porque ela nunca ouvira falar na revista. Mas gostou de Francis: "É arrogante como eu, e com um senso de humor que me agrada", ela disse a Monteiro. Além disso, Francis topava fazer a revista que Beki queria — "esnobe, elegante, inteligente" —, desde que nos seus termos: com plenos poderes e independência total, a começar por uma reforma gráfica e pela contratação de gente sua para trabalhar com ele. Beki concordou e só fez um pedido: que seu cachorro Pingo, um micro-yorkshire terrier, pesando menos de um quilo e que ela levava na mão aonde quer que fosse, saísse na capa do primeiro número de Francis.

Isso deve ter acontecido por volta de julho ou agosto de 1967. Em setembro, Francis foi à minha mesa de foca da reportagem geral do *Correio da Manhã* e, baseado num artigo meu que lera no Segundo Caderno naquele dia, convidou-me a fazer parte de sua equipe de colaboradores fixos da *Diners* — na qual já contava com dois dos maiores talentos daquela geração, Flavio Macedo Soares, 24 anos, e Alfredo Grieco, 23, ambos alunos do Instituto Rio Branco e candidatos ao Itamaraty. (O próprio Francis não era tão mais velho: apenas 37 anos naquele dia de setembro. Claro que, para os meus dezenove, ele era um homem quase idoso, imagem que seus cabelos já grisalhos realçavam — no fim da vida, ficariam prematuramente verdes.) José Carlos Monteiro, convidado a continuar na revista, agradeceu, mas tinha um convite para trabalhar exatamente onde queria: na editoria internacional de *O Globo*.

Francis assumiu a *Diners* em janeiro de 1968, e o primeiro número sob sua direção, o de março, já começou com uma rebeldia: Pingo, o cachorro de Beki, *não saiu* na capa da revista. Mereceu apenas uma matéria interna e, mesmo assim, meses depois ("Eu, Pingo — Autobiografia de um aristocrata no exílio", por Nick de Cyprins — sem dúvida, Alfredo Grieco). Foi um trauma e, pouco depois, não se sabe se por *spleen* ou acidente, o minúsculo Pingo caiu ou se atirou da banqueta da penteadeira de Beki, e morreu. Mas, vida que segue. Flavio, Alfredo e eu, cada qual dominando diversos assuntos, éramos responsáveis por quase 70% do texto da revista: artigos "sérios", crônicas de humor, perfis, entrevistas, adaptações de material estrangeiro, traduções etc. Eram tantos os artigos que tínhamos de assiná-los com os vários pseudônimos inventados por Francis: o próprio Nick de Cyprins, Jean Bogaudy, Jules Duplessys, Sandra Schindler, Mario Bendetti, Eduardo Saint-Clair, Guido Macedo — todos rotativos e este último, meio que só meu. Telmo Martino, ex-colega de Francis no colégio Santo Inácio e recém-chegado da BBC de Londres, foi incorporado ao grupo, como uma espécie de subeditor. A socialite Sonia Gadelha, amiga de Beki, coordenava as operações. Vários outros jovens, como Edgard Telles Ribeiro, Jom Tob (Jomico) Azulay, Maria Ignez Duque Estrada, Alfredo Lobo e Jaime Rodrigues, também colaboravam. Pedro Oswaldo Cruz era o fotógrafo, e o caricaturista Vilmar fazia quase todas as ilustrações.

Os restantes trinta por cento do texto da revista eram reservados aos grandes nomes: Carlos Drummond de Andrade, Antonio Callado, Paulo Mendes Campos, Glauber Rocha, Millôr Fernandes, Franklin de Oliveira, Armando Nogueira, Octavio Malta, Fausto Cunha, Flavio Rangel, José Lino Grünewald, Joel Silveira, os cartunistas Jaguar e Fortuna, o linguista Adriano da Gama Kury e outros, todos muito bem pagos. A escolha desses nomes não se devia apenas ao fato de serem, de certa forma, medalhões — porque vários medalhões de verdade tiveram seus textos recusados por Francis. O importante era a qualidade e, nesse sentido, é impressionante a atualidade, até hoje, dos artigos publicados na *Diners*. O material estrangeiro, quase sempre de ficção, também era do primeiro time: contos de Julio Cortázar, Philip Roth (os dois ainda quase desconhecidos no Brasil), Dorothy Parker, Ernest Hemingway, Graham Greene, D. H. Lawrence, os perfis de Kenneth Tynan e Rex Reed, os cartuns de Jules Feiffer e James Thurber.

O próprio Francis ajudava a escrever a revista (e não apenas seus próprios artigos assinados), além de criar a maioria dos títulos dos artigos — e, pelo estilo desses títulos, sempre jogando com um subtítulo, via-se que *Diners* era mesmo uma continuação editorial da *Senhor*. Claro, porque era Francis quem os escrevia nas duas revistas. Às vezes, o colaborador já trazia o título, mas Francis arredondava a coisa com o subtítulo perfeito. Alguns desses eram: "Os jovens intelectuais — Gatinhas algo agitadas"; "Ópera: só da vovozinha, não senhor!"; "Ninguém me chama de Baudelaire" (sobre Antonio Maria); "Você é o National Kid? Se não, batata, batata, batata"; ou "Na santa paz da Bastilha — Podem me prender que eu não mudo de opinião". Com a experiência adquirida em *Senhor*, Francis era ainda o gerador da maioria das ideias gráficas, a partir do projeto criado por seu diretor de arte, Dounê Spinola. Ideias essas muito boas, mas que nem sempre funcionavam — não por culpa de Dounê, mas porque a revista era impressa na gráfica de *O Cruzeiro*, cujas máquinas já tinham visto melhores dias. (Millôr dizia que a gráfica do *Cruzeiro* era a única que imprimia com cocô.)

Mas onde Francis se esmerava de verdade era na criação das capas. Era sempre uma foto produzida especialmente para a revista, em função de alguma matéria. A partir de um artigo sobre a Capitu de Machado de Assis, a dos "olhos de ressaca", Francis teve a ideia de pedir à socialite Luiza Konder, uma das moças mais bonitas de seu tempo, que posasse para a capa com um saco de gelo à cabeça e sobraçando uma quantidade de garrafas vazias de uísque. A produção não se contentou em providenciar garrafas usadas, já vazias, e nem isso faria jus à classe da *Diners*. Um estoque de escoceses de primeira linha — Dimple, Chivas Regal, Swing — foi comprado de Catanhede, nosso fornecedor, e abatido por Francis e alguns de nós na redação. Quando todas as garrafas já estavam no ponto, ou seja, enxutas, foram levadas para o estúdio, e Luiza deixou-se fotografar lindamente com elas. Notar também que, mesmo no ano mítico de 1968, "moças de família" não saíam a toda hora em capas de revistas, muito menos sobraçando garrafas de uísque. E Luiza não foi a única em *Diners* — Monique Doria Machado posou de arma fumegante em punho para uma capa sobre agressão, e Christina Oswaldo Cruz, de noiva (usando um minivestido), para uma capa sobre casamento, fotografada por seu próprio marido, Pedrinho.

As capas da revista não demoraram a ser uma fonte de problemas entre Francis e Beki. Nos primeiros números, ela fazia parte do grupo que Francis convidava à sala de projeção para palpitar sobre os cromos. Nos números seguintes, Francis já se "esquecia" de chamá-la para participar da sessão. E, nos últimos, ele só faltava promover sessões secretas, sem Beki, para decidir sobre a foto. Na verdade, a lua de mel entre eles quase terminou antes mesmo de começar. Quando entrou pela primeira vez no quinto andar do prédio da rua do Ouvidor, onde funcionava a revista, Francis torceu o nariz para a decoração, que classificou de "kitsch", e disse que ia mandar redecorar tudo — móveis, quadros, equipamentos. Beki se submeteu, embora aquela decoração tivesse sido ordenada por ela poucos meses antes. E alguns artigos da *Diners* criaram problemas entre assinantes do cartão, pais de adolescentes, que não acharam graça em receber em casa uma revista que afirmava, entre outras coisas, que a virgindade "provocava câncer". Era uma brincadeira, lógico, mas alguns devolveram a revista e outros cancelaram o cartão. Apesar disso, Francis nunca nos pediu que moderássemos.

O ambiente na revista era delicioso. Todo dia havia um figurão colaborador de visita a Francis. Os amigos de Francis eram bem informados, sabiam o que rolava nos bastidores dos quartéis, do Congresso e das redações. O papo era aberto a quem quisesse participar, o que eu fazia entusiasticamente — como ouvinte. Não que a atualidade política fosse uma preocupação permanente. Na verdade, nos domínios da *Diners*, falava-se muito mais de Alex Raymond (o desenhista do Flash Gordon), Cole Porter e Truman Capote do que de Vladimir Palmeira, dom Helder Câmara e do marechal Costa e Silva, que eram os nomes do momento. E nem as peripécias de 1968 nos ocupavam a cabeça o tempo todo. Durante uma semana, por exemplo, Francis passou a chegar mais tarde à redação da *Diners* — nunca antes das quatro —, e o motivo não podia ser mais fútil: o Rivoli, um poeira no subsolo da rua Alcindo Guanabara, na Cinelândia, convertido em cinema de arte, estava levando um festival de filmes de Errol Flynn nos anos 1930, e Francis ia diariamente à sessão das duas, para vibrar com *As aventuras de Robin Hood, Capitão Blood* ou *O gavião do mar*. Notar que, naquele tempo, não existiam o DVD e o *laser-disc*, nem mesmo o VHS, e quem quisesse ver um filme do passado tinha de capturá-lo onde ele estivesse sendo exibido.

No segundo semestre, o sucesso de estima da *Diners* já era tanto que, numa medida editorial tão ousada quanto suicida, decidiu-se que a revista passaria a ser vendida nas bancas a partir de setembro. E assim se fez. O primeiro número nas bancas tinha um cachorro na capa, mas não de Beki — tratava-se de Napoleão, o basset de Christina e Pedrinho Oswaldo Cruz, usando um capacete de hussardo. A carga publicitária, que já era enorme, aumentou ainda mais, mas as vendas foram um fiasco — os jornaleiros não sabiam o que fazer com a revista. E era também uma revista de alto custo na redação. Os artigos eram pagos contra a entrega — o colaborador ia levar o artigo e já saía dali, uma hora depois, com o cheque no bolso. E de quanto eram esses cheques?

Vejamos. Na mesma época, eu colaborava também no Segundo Caderno (diário) e no Quarto Caderno (dominical) do *Correio da Manhã,* igualmente dirigidos por Francis. O jornal pagava trinta cruzeiros novos por colaboração, e o dinheiro só saía dali a um mês. Na *Diners,* um artigo do mesmo tamanho ou menor valia trezentos cruzeiros novos, à vista. Para se ter uma ideia do valor desse dinheiro, eu morava no já então lendário Solar da Fossa, em Botafogo, pagando 130 cruzeiros novos pelo aluguel de um bom quarto (com banheiro) — por mês! Ou seja, com uma matéria, eu pagava mais de dois meses de aluguel e ainda sobrava um troco para comprar um LP importado de Charles Mingus na recém-inaugurada Modern Sound e comer quantos quibes quisesse no árabe da Galeria Menescal. E minha média era de duas matérias por semana para a *Diners*!

Foi Francis, na *Diners,* o responsável pela fixação de um certo estilo de escrever que alguns me atribuem e outros parecem gostar. Começou quando, em meio à saraivada de matérias que eu produzia para a revista, ele percebeu que eu preferia assinar as "sérias", deixando as mais marotas para os pseudônimos. "Por que isso se as de humor são as melhores?", ele perguntou. Expliquei-me como pude — as de humor, *et pour cause,* não eram "sérias" —, mas ele não se convenceu. E é claro que nunca me obrigou a assinar contra a vontade. Mas aconteceu que, poucos anos depois, eu próprio concluí que os artigos "sérios" estavam sendo contaminados por uma visão mais humorada — como Dr. Jeckyl, quando este passou a se transformar em Mr. Hyde mesmo sem beber a gororoba. Aposentei os pseudônimos, deixei que os estilos se misturassem e deu no que deu, até hoje.

A revista poderia ter sobrevivido à indiferença popular, mas ninguém esperava que, muito antes que ela se firmasse nas bancas, acontecesse o Ato Institucional nº 5, em 13 de dezembro daquele ano, e Francis fosse preso. *Diners* não tratava de política e não tinha por que ser atingida pela truculência dos militares. Mas a crise institucional no país e a ameaça de instabilidade econômica tornavam difícil a existência de uma revista tão cara e de ideias arejadas. Além disso, não ficava bem ao Diners Club manter uma revista cujo diretor fora preso — por ser intelectualmente "de esquerda" — no próprio dia do ato institucional.

Francis acabou sendo libertado no fim do ano, mas Horacio Klabin não superou o trauma. Com a queda considerável da publicidade da revista no primeiro semestre de 1969, ficou também inviável manter a remuneração dos colaboradores, e a própria Beki, desiludida, resolveu encerrar a operação. Em junho de 1969, saiu a última *Diners*, com material comprado por Francis quase um ano antes — e ainda sobraram dezenas de artigos, todos pagos, que não se sabe que fim levaram. Era o fim de uma experiência inesquecível para quem a viveu.

Em seguida, quase que sem parar para respirar, alguns dos nomes da *Diners* — Francis, Millôr e eu próprio — iríamos reencarnar numa nova publicação na praça: *O Pasquim*, fundado, entre outros, por Jaguar. Mas essa é, literalmente, outra história.

A vida, a morte e o apagamento do *Correio da Manhã*

Seu cargo de redator-chefe tinha o peso de um ministério

[9/6/2001]

Os jornais, quando morrem, não vão para o céu. Sobrevivem por algum tempo nos corações e mentes de seus leitores, mas, com os anos, esse amor e memória coletivos vão se dissolvendo. A única sobrevida é a de suas coleções na Biblioteca Nacional, onde, dependendo de sua atuação em vida, servirão de pasto para pesquisadores. Mas mesmo isso é relativo: em seu lugar, novos jornais se impõem e, às vezes injustamente, os obscurecem como testemunhas ou agentes da História. Poucos jornais, por exemplo, foram tão importantes no Brasil quanto o carioca *Correio da Manhã*. Hoje, é provável que os mais jovens, exceto — talvez — alguns estudantes de comunicação, nunca tenham ouvido falar dele. Certamente não é o jornal mais procurado na seção de periódicos da Biblioteca Nacional.

O *Correio da Manhã* protagonizou na imprensa brasileira uma história gloriosa, começada num dia 15 de junho, como o da próxima sexta-feira, só que de 1901, há cem anos. Uma história que, durante boa parte dos 74 anos seguintes, iria alterar várias vezes a vida política do país, inspirar a vocação de milhares de jornalistas e dar aulas diárias de como fazer jornal. Era um jornal do Rio, que o país inteiro lia. Apesar disso, foi também uma história que terminou — cruel, mesquinha e desnecessariamente — em 16 de junho de 1975, num leilão em que máquinas, móveis e arquivos (o que restara de um corpo já em decomposição) foram arrematados ao bater de um martelo. É triste que o *Correio da*

Manhã não tenha vivido para comemorar seu centenário. Mais ainda porque seu silêncio, seguido de sua morte (na verdade, assassinato), foi uma consequência do pior período da vida nacional: os anos do Ato Institucional nº 5.

O *Correio da Manhã* deixou de circular em 1974, mas pode-se datar sua morte de alguns anos antes: 13 de dezembro de 1968. Naquela noite, assim que o locutor Alberto Curi terminou a comunicação do AI-5 ao país pela televisão, agentes do DOPS [Delegacia de Ordem Política e Social] atravessaram a rua e invadiram a sede do jornal. O DOPS ficava na esquina da rua da Relação com a avenida Gomes Freire, na Lapa; o *Correio da Manhã* ficava na mesma Gomes Freire, em diagonal, a poucos metros da esquina da Relação. Eram vizinhos havia 37 anos, período em que os dois prédios abrigaram Brasis totalmente opostos: o da polícia simbolizava as ditaduras, como o Estado Novo (1937-45) e o regime militar imposto em 1964; o do jornal pregava a liberdade e a luta contra a mentira e a corrupção. Tal vizinhança nunca o assustara: em sua longa trajetória, o jornal de Edmundo e Paulo Bittencourt fizera oposição a quase todos os presidentes; fora perseguido, fechado, tivera seus proprietários presos, e saíra mais forte a cada embate. Mas, desta vez, seria diferente.

Uma semana antes da noite do AI-5, na madrugada de 7 de dezembro, uma bomba explodira em sua agência de anúncios classificados no térreo do edifício Marquês do Herval, na avenida Rio Branco, no Centro do Rio. A explosão foi tão forte que arrancou vidraças, lambris, mármores e esquadrias de lojas e escritórios em dez andares do prédio. Três toneladas de vidro caíram na calçada da Rio Branco. No solo da agência, totalmente destruída, a bomba abriu uma cratera de mais de um metro de diâmetro, revelando até os ferros da laje. Quem quer que a tenha posto, sabia o que queria: impedir que o jornal continuasse respirando pelos classificados. Isso porque o grosso da publicidade já se reduzira a zero: o governo federal cortara a sua e pressionava os empresários para que não anunciassem no *Correio da Manhã*. Queriam silenciá-lo por asfixia.

Na invasão do jornal, em 13 de dezembro, seu redator-chefe, Osvaldo Peralva, foi preso no saguão e os censores militares se instalaram na redação, como fariam na de outros jornais. Só que, enquanto a censura a estes foi levantada no dia 4 de janeiro de 1969, a do *Correio da Manhã* estendeu-se ao dia 6. Quando seus diretores foram comunicados de que a censura estava suspensa, já saíram no dia 7 com uma edição histórica, publicando tudo que não tinham podido noticiar nos 25 dias anteriores: as prisões, as torturas e as críticas da imprensa estrangeira à ultraditadura que se sucedia à ditadura. A edição foi apreendida na oficina.

Por causa dela, a diretora-presidente do jornal, Niomar Moniz Sodré Bittencourt, foi presa e levada para um cárcere em Bangu, reservado a ladras e prostitutas. Na prisão, Niomar (tão chique quanto corajosa) recusou-se a usar o uniforme da penitenciária, alegando que era presa política, não presa comum. Nas semanas seguintes de prisão, fez greve de fome, sofreu uma tentativa de envenenamento por gás e teve seus direitos políticos cassados. Entre os regimes carcerário, hospitalar e domiciliar, ficou presa mais de dois meses — período em que a Censura voltou ao jornal e, mesmo assim, ele foi ilegalmente impedido de circular por cinco dias. Em março, sangrado de todas as maneiras, o *Correio da Manhã* pediu concordata. Em setembro, Niomar, ante a alternativa de fechá-lo ou submeter-se à nova ordem, arrendou-o a um grupo de empreiteiros que se comprometeu a recuperá-lo, pagar as prestações da concordata e devolvê-lo saneado à sua dona. Em vez disso, dali a menos de cinco anos, em 1974, esses empreiteiros o deixaram falir e morrer, reduzido a tristes oito páginas.

Um ano depois, a massa falida (incluindo o título, que não constava dela) foi a leilão. Nunca mais tivemos o *Correio da Manhã*.

Do meu ponto de vista, já não o tínhamos desde a noite do AI-5 — embora eu ainda não soubesse disso quando vi Peralva saindo, preso, pela porta do jornal. Para mim, o *Correio da Manhã* seria eterno. Era o jornal favorito de meu pai e, antes disso, do pai dele, desde sua fundação por Edmundo Bittencourt, em 1901. Cresci ouvindo histórias de como os governos não toleravam sua independência e, se sempre senti antipatia pelo presidente Arthur Bernardes, foi porque me contavam que Bernardes prendera Edmundo e fechara o jornal durante quase um ano em 1924.

Era o veículo das grandes causas, nem todas vitoriosas, mas sempre honradas. Em 1922, o *Correio da Manhã* já apoiara o levante dos "Dezoito do Forte". Depois, apoiaria a Coluna Prestes (foi, aliás, quem batizou Luís Carlos Prestes de "Cavaleiro da Esperança"). Apoiou também a revolução de 1930, mas logo passaria a combater Getulio, numa oposição que atravessaria o Estado Novo, apesar da censura e da vizinhança com a polícia. A essa altura, o jornal já tinha o comando de Paulo Bittencourt, filho de Edmundo e educado em Cambridge. Em 1945, seria decisivo para a queda da ditadura, desafiando a Censura ao publicar uma entrevista do repórter Carlos Lacerda com o escritor e político José Américo de Almeida, grande adversário de Getulio. Na República Velha, o *Correio da Manhã* se habituara a demitir ministros com um editorial. Mas aquela era a primeira vez que ajudava a derrubar um presidente. Não seria a última.

Em 1955, o *Correio da Manhã* defendeu a posse de Juscelino Kubitschek contra o obsessivo golpismo da UDN. Mas, com Juscelino presidente, foi um de seus piores opositores. Com a renúncia de Jânio Quadros em 1961, o jornal defendeu a posse do vice João Goulart, para também logo tornar-se o seu mais temido crítico (o jornal defendia as "reformas de base" pregadas por ele, mas atacava a demagogia com que estavam sendo propostas). Ao mesmo tempo que fazia carga contra o governo federal, o jornal era também oposição no plano estadual, colocando-se contra o governo Lacerda na Guanabara — o mesmo Lacerda que fora seu repórter nos anos 1940 e do qual saíra para fundar seu próprio jornal, a *Tribuna da Imprensa*.

Dois editoriais, intitulados "Basta!", no dia 31 de março de 1964, e "Fora!", no dia 1º de abril (com redação final e títulos de Moniz Vianna), anteciparam a queda de João Goulart. Ante a falência do governo, o jornal queria o seu *impeachment* ou renúncia, sempre dentro dos quadros constitucionais. Mas quem tomou o poder foram os militares e, já nos primeiros dias, quando se viu que, desta vez, eles vinham para ficar, o *Correio da Manhã* foi o primeiro jornal a levantar a voz — a princípio, a voz isolada de Carlos Heitor Cony, depois seguida por muitos outros. Em 1965, dois repórteres do *Correio da Manhã* elegeram-se deputados federais pela oposição: Hermano Alves e Marcio Moreira Alves. Em 1968, um discurso deste último na Câmara daria o pretexto para o AI-5, que, por uma conjuntura de fatores políticos e econômicos, acabaria por destruir o jornal.

Dizia-se que o cargo de redator-chefe do *Correio da Manhã* tinha o peso de um ministério (e um de seus mais longevos ocupantes no passado, o alagoano Costa Rego, fora ministro e governador de seu estado na República Velha). Antonio Callado (duas vezes), Luiz Alberto Bahia e Janio de Freitas foram outros que honraram a cadeira. E quer saber o nome de dois redatores, encarregados de zelar pela famosa "ortografia da casa", precursora dos atuais manuais de redação? Aurélio Buarque de Holanda Ferreira (sim, o do dicionário *Aurélio*) e Graciliano Ramos. Uma

Matando a charada
Começar a ler por *Alice*, com tradução de Lobato, é como assistir ao próprio parto

Cenários desbravados
A Ipanema dos anos 1920 e a Lapa dos anos 1930 chegaram à literatura em romances ousados, da mesma época em que se passavam as histórias

Enxergando longe
Mario Faustino não gostava da poesia de orelhada. Sua crítica perturbava os poetas e os fazia quicar de ódio ou de prazer

Folias pós-22
Mario de Andrade [esq.]: sempre de olho no carteiro. Com tantas cartas a responder, como ele achava tempo para sua obra? Oswald: os últimos dias do antropófago foram marcados pelas dívidas, pela boina e pelas contradições

Teatro na vida real
Nelson Rodrigues [nos anos 1970, com seu "irmão íntimo" Hans Henningsen, o "Marinheiro Sueco"]: quando Nelson chegava a uma reunião social, a festa se transferia para ele

Voz solitária

Em 1964, com suas crônicas no *Correio da Manhã*, Carlos Heitor Cony abria fogo, dia sim, dia não, contra os militares recém-vitoriosos. Elas logo foram reunidas no livro *O ato e o fato*, cujas noites de autógrafos tornaram-se os primeiros atos públicos contra a ditadura

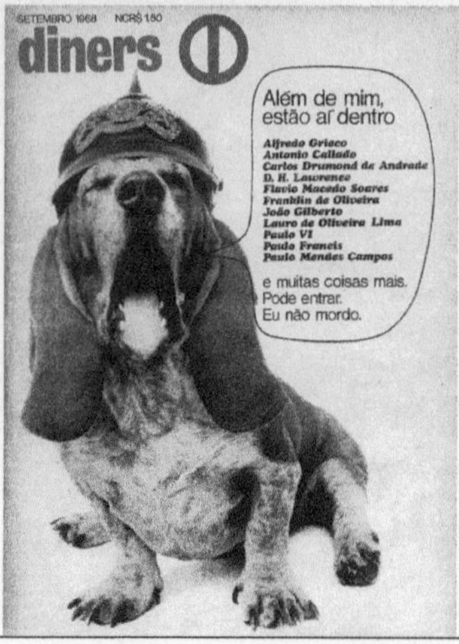

Todos queriam colaborar nela

Em 1968, *Diners* era o que havia de chique entre as revistas brasileiras. Abaixo, parte da equipe que a fazia: Telmo Martino, Pedro Oswaldo Cruz, Flavio Macedo Soares, a proprietária Beki Klabin, Alfredo Grieco e o diretor de redação Paulo Francis

Achados e perdidos

Hemingway [acima] decaiu horrores antes de morrer, mas nunca perdeu a pose. E Scott Fitzgerald viu o cenário evaporar-se ao seu redor, quando ainda tinha um mundo dentro de si para escrever

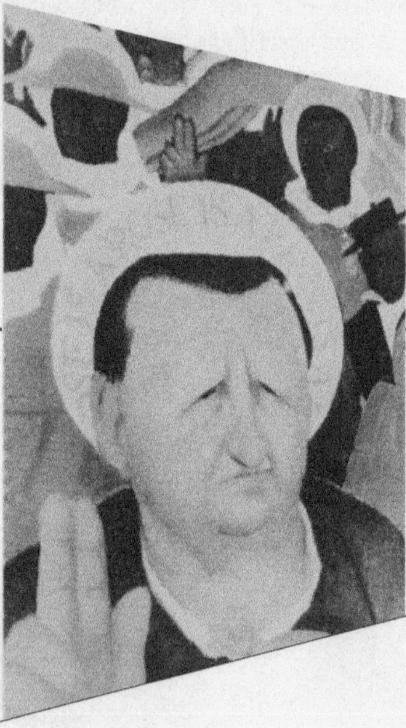

Ímã do modernismo

O *salon* de Gertrude Stein na rue de Fleurus, em Paris, foi um trampolim para dezenas de pintores e escritores no começo do século XX. Mas a própria Gertrude [abaixo] foi a última a saltar dele para a glória

Escândalos pré-1914

A francesa Colette [aqui, em 1906] escrevia contos de bruxas disfarçados de contos de fadas. Foi uma lenda internacional em seu tempo, e as mulheres lhe devem muito

Pequenina, mas resolvia

Anita Loos [c. 1925, na publicação de *Os homens preferem as louras*] conhecia todo mundo e não tinha medo de nada – como personalidade, dava de dez na própria Lorelei Lee

Dono da cidade

De 1925 a 1950, George S. Kaufman dominou Manhattan como *wit* da mesa do Algonquin e autor e diretor mais bem-sucedido da Broadway. E ninguém contribuiu tanto para o humor de Groucho Marx – nem o próprio Groucho

Algonquin & pandemônio

Moss Hart [centro], parceiro de Kaufman no teatro, inspirou-se em Alexander Woollcott [dir.] para criar o protagonista de *The man who came to dinner* [1939], uma das grandes criações da turma do Algonquin. É a comédia maluca e sofisticada no seu apogeu

Panorama visto do bico de pena

Todos os artistas invejaram Saul Steinberg por seu estalo para a capa de *The New Yorker* de 29 de março de 1976. Muitos adaptaram aquela ideia à sua própria cidade. Naturalmente, isso não os transformou em Steinberg

Licor com veneno

Dorothy Parker [ao lado, em 1933] ficou mais famosa por suas frases e tiradas do que pelos magníficos contos e poemas que escreveu. A tal ponto que, nas décadas de 1920 e 1930, qualquer grande frase pronunciada nos EUA era atribuída a ela

E quem está com pressa?

Foi o que Robert Benchley respondeu quando lhe disseram que a bebida era a morte lenta. Ele foi o inventor do humor moderno e influenciou todos os humoristas sofisticados, como Woody Allen e Luis Fernando Verissimo

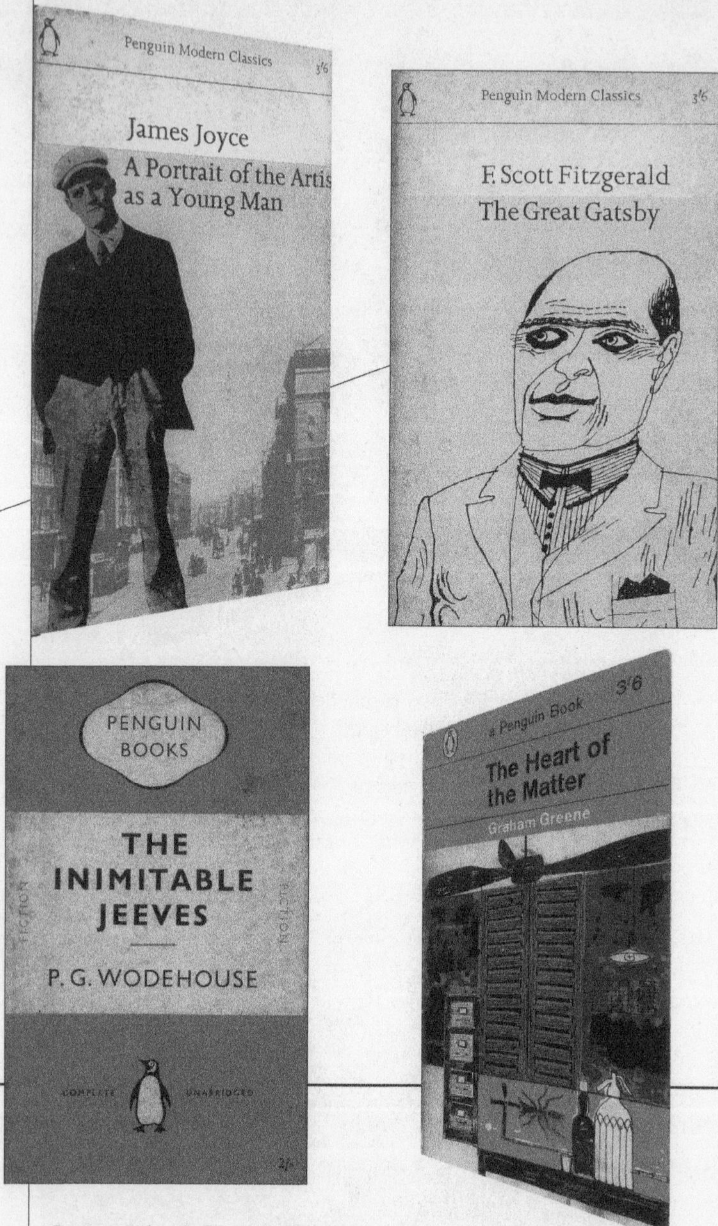

Do tamanho do Império Britânico

Uma secretária sugeriu o nome Penguin; um ilustrador foi ao zoo de Londres para aprender a desenhar um pinguim; e um diretor de arte estabeleceu uma política de capas classudas e taciturnas. Em poucos anos, por onde um inglês passasse, deixava para trás um Penguin. Acima, capas dos anos 1950 e 1960

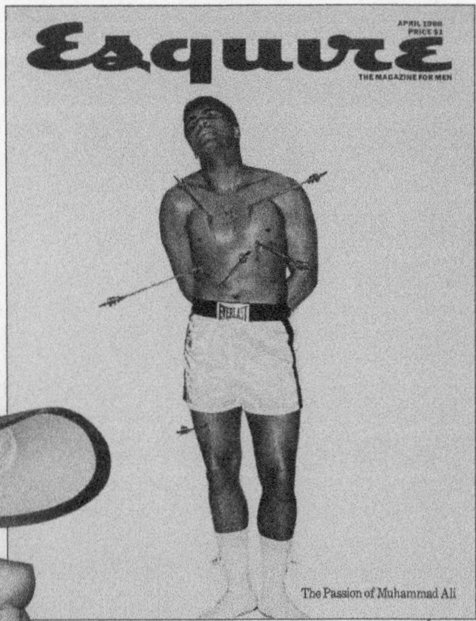

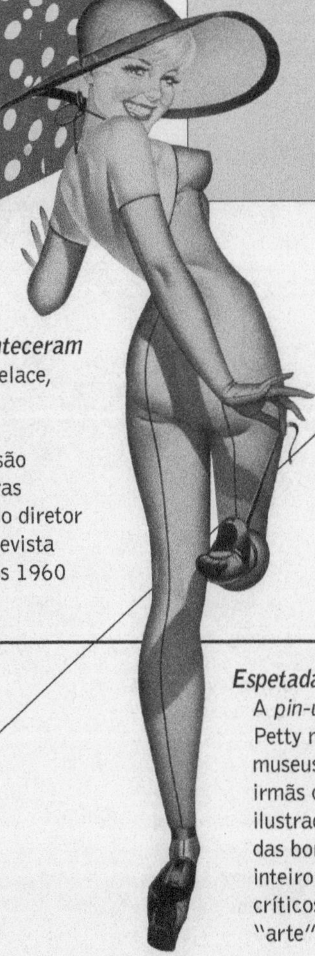

Capas que quase não aconteceram
Linda (*Deep throat*) Lovelace, com ar coquete e luvas imaculadas [acima], e Muhammad Ali como são Sebastião – duas amostras da incrível criatividade do diretor de arte George Lois na revista *Esquire*, a bíblia dos anos 1960

Espetada na parede da oficina
A *pin-up* desenhada por George Petty nunca foi parar nos museus. Mas, assim como suas irmãs criadas por dezenas de ilustradores, adornou as paredes das borracharias do mundo inteiro no século xx. Se os críticos não a reconhecem como "arte", pior para os críticos

Se aconteceu, ele desenhou

A pena e o nanquim de J. Carlos retrataram o nascimento do Carnaval moderno com detalhes que, cem anos depois, servem de subsídio para os historiadores e deixam de boca aberta cenógrafos e figurinistas "ortografia", aliás, fanática até nos pontos mais discutíveis: enquanto os Bittencourt foram vivos, certos nomes não saíam no jornal, como o de Lima Barreto (o escritor) e Juracy Magalhães (o político). Eram desafetos seculares da família.

Apesar da perseguição a Lima Barreto, o *Correio da Manhã*, muito por inspiração de Paulo Bittencourt, era um jornal voltado para a cultura. Seu primeiro crítico literário deitou as bases da especialidade no Brasil: José Veríssimo. Em 1921, o sexto centenário do nascimento de Dante foi manchete do jornal. Em todos os anos 1940, o pernambucano Alvaro Lins ditou em suas páginas o que valia ou não na literatura. E, em fins daquela década, Niomar, mulher de Paulo, começou a luta pela criação do Museu de Arte Moderna, do Rio, vitoriosa alguns anos depois. O próprio Paulo Bittencourt, aristocrático como ele só, era amigo de Pixinguinha e frequentava a casa do músico em Olaria. Quando Paulo morreu em Paris, em 1963, Niomar assumiu o jornal e lutou por ele até a sua destruição.

Tornei-me jornalista por causa do *Correio da Manhã*. Era o jornal em que, desde as calças curtas, eu sonhava em trabalhar. Quando entrei, como "foca", levado por José Lino Grünewald, em março de 1967, lá já não estavam Cony, Callado, Janio de Freitas, Otto Maria Carpeaux, Sérgio Augusto e outros heróis dos anos 1960. Mas havia Paulo Francis, Franklin de Oliveira, Aluízio Branco, Antonio Moniz Vianna, Edmundo Moniz, Salvyano Cavalcanti de Paiva, Van Jafa, Eurico Nogueira França, José Condé, Germana Delamare, Elizabeth de Carvalho, Maria Claudia Bonfim, Fuad Atala, Mauro Ivan, Arthur José Poerner, Pery Cotta, o cartunista Fortuna e tantos mais. O velho Bueno, o primeiro fotógrafo contratado pela imprensa no Brasil e já com mais de cinquenta anos de *Correio da Manhã*, continuava na ativa e era um prazer ouvir suas histórias. Carlos Drummond de Andrade ainda era o cronista (sob as iniciais C.D.A.) e Nelson Rodrigues estava escrevendo suas memórias no Segundo Caderno (cuja primeira página, em mais de uma ocasião, dividi com ele). Francis, dublê de editorialista e editor, logo iria assumir e reestruturar o Quarto Caderno, um suplemento dominical de cultura para fazer inveja ao de qualquer jornal europeu ou americano.

E a redação, no prédio da avenida Gomes Freire (considerada por Callado a melhor em que ele trabalhou na vida), era uma delícia: no coração da Lapa, a dois passos do centro da cidade e a quinze minutos da Zona Sul e cercada por restaurantes lendários, como o Capela (depois, Novo Capela), o Brasil e a Leiteria Bol. Alguns *habitués* do jornal (iam lá para matar o tempo) eram os sambistas Nelson Cavaquinho e Ismael Silva — os jornalistas mais velhos já não lhes davam bola, mas, nós, os "focas", descíamos com eles para bebericar no botequim ao lado do hotel Marialva, em frente, e esquecíamos de voltar para o jornal.

No dia seguinte ao AI-5, Paulo Francis foi preso e os milicos exigiram sua cabeça. Com a dele, rolou a de todos nós, que compúnhamos sua equipe. Um ano depois, com o jornal na mão dos empreiteiros, alguns de nós, eu inclusive — mas não Francis —, pudemos voltar. Fui até, por breve tempo, editor de seu Segundo Caderno, rebatizado de Anexo. Mas, em tudo e por tudo, tornara-se outro jornal. Não era mais o *Correio da Manhã*. Em menos de seis meses, saí e fui cuidar da vida alhures. E, em 1974, estava longe do Brasil, do Rio e da Lapa, quando os empreiteiros o deixaram morrer. Foi um privilégio não assistir à sua agonia.

A pior pelada da literatura

Juiz inexistente, gols que não valeram e cantantes traulitadas na canela

[20/5/2000]

Nelson Rodrigues costumava dizer que, em matéria de futebol, os escritores brasileiros não sabiam nem bater um lateral. Referia-se ao desinteresse da literatura nacional pela paixão idem — pouquíssimos dos nossos principais escritores trataram do futebol em forma de romance e, mesmo assim, não com muito sucesso. O próprio Nelson, que escrevia copiosamente sobre o assunto (durante anos manteve duas colunas diárias de futebol em jornais do Rio), usou-o só de raspão em alguns contos de *A vida como ela é...* e quase nada em seu teatro — parte da trama da peça *A falecida*, de 1951, gira em torno de um Vasco × Fluminense, e só.

O único território em que os escritores brasileiros se esparramaram no futebol foi a crônica (que, afinal, não deixa de ser um subgênero literário quase apenas brasileiro e, particularmente, carioca). De João do Rio a Carlos Heitor Cony, inúmeros grandes nomes se aventuraram na matéria, do que resultou uma quantidade de pequenas obras-primas — há várias coletâneas do gênero, das quais a pioneira foi *Gol de letra*, organizada por Milton Pedrosa em 1967. Curioso é que nossos escritores vejam o futebol como objeto de crônica (e de história ou de biografia), não de romance. Por que será? Haverá uma incompatibilidade entre o esporte e a literatura? Pode ser. Mas, se for assim, não é um privilégio nosso, porque os americanos também nunca produziram um grande romance sobre o beisebol, nem os franceses sobre o ciclismo, nem os peruanos sobre as brigas de galo — e esses são os esportes nacionais desses países.

Mas, se é na crônica que os escritores brasileiros são bons de bola, é com essa realidade que temos de trabalhar. Um rápido levantamento dos temas que eles vêm tratando por escrito nesses últimos cem anos apontaria a derrota do Brasil na Copa do Mundo de 1950, a vitória na Copa de 1958 e jogadores como Garrincha, Pelé, Didi, Leônidas e Heleno de Freitas como os tópicos favoritos. E, se se trata de jogos isolados, provavelmente mais tinta se gastou com o Brasil × Uruguai de 1950 e o Brasil × Rússia de 1958 do que com qualquer outro. Deve-se então concluir que só as grandes partidas geram grandes crônicas? Tudo indica que sim.

O único furo nessa suposição é o fato de uma humilde pelada, e de praia — na verdade, talvez a mais ridícula pelada de praia já disputada em todos os tempos —, ter sido objeto de crônica de três dos maiores cronistas brasileiros: Rubem Braga, Fernando Sabino e Paulo Mendes Campos. Sim, os três escreveram genialmente sobre uma mesma pelada. Rubem falou dela em seu livro *Um pé de milho*; Fernando, em sua coleção de perfis *Gente I*; e Paulo, em *Os bares morrem numa quarta-feira* — livro difícil de achar, mas a crônica acaba de sair de novo, em *Murais de Vinicius e outros perfis*, o mais recente volume da obra completa de PMC pela Civilização Brasileira, organizada por Flávio Pinheiro. E o que essa pelada teve de tão importante para que pesos-pesados como Rubem Braga, Fernando Sabino e Paulo Mendes Campos lhe dedicassem crônicas? Bem, entre outros motivos, porque eles participaram dela.

A dita pelada aconteceu na praia do Leblon, em dezembro de 1945, e consistiu na refrega futebolística Copacabana × Ipanema. Mas quem a disputou não foram os garotões de bronze, os atletas, os ratos de praia da época, que já viviam se defrontando na areia. Os litigantes eram os escritores e artistas plásticos dos dois bairros — gente mais afeita ao manejo das palavras e dos pincéis do que da bola, vários deles de óculos e a maioria com uma dosagem alcoólica maior que a ideal para a prática do esporte bretão. A iniciativa foi do poeta copacabanense Augusto Frederico Schmidt, então com 39 anos.

Schmidt gostava de futebol, torcia pelo Botafogo e era possuidor de uma bola Superball número 5, de cor marrom (ou branca, não se sabe) e quase nenhum uso. Ainda não se tornara a eminência parda da República, nem *ghost-writer* de presidentes, nem mesmo o introdutor dos supermercados no Brasil. Mas já era um homem influente: poeta importante e, como editor, o primeiro a publicar Graciliano Ramos, Marques Rebelo, Lucio Cardoso e Gilberto Freyre. A ideia de vê-lo de calção, correndo atrás de uma bola na praia, devia ser esdrúxula mesmo naquele tempo. Foi ele quem arregimentou os times, aprovou o campo (a praia do Leblon, por ser território neutro), convidou a torcida e, claro, levou a bola.

Por Copacabana, além de Schmidt (vestido a caráter, com calção e camisa do Botafogo), jogaram Rubem Braga, 32 anos; o pintor e goleiro Di Cavalcanti, 48; o escultor José Pedrosa, trinta; o publicitário e escritor Orígenes Lessa (criador do nome do Chicabon e do slogan da Coca-Cola, "Isto faz um bem!!!", e futuro autor de *O feijão e o sonho*), 42; os jornalistas Moacir Werneck de Castro, trinta; e Newton Freitas, 36; e os jovens escritores mineiros Paulo Mendes Campos e Fernando Sabino, respectivamente 23 e 22 anos, recém-chegados ao Rio, mas já bem saidinhos e integrados ao meio literário carioca.

Por Ipanema, jogaram o poeta Vinicius de Moraes, 32 anos; o desenhista, publicitário e futuro diretor de teatro Carlos Thiré, 28, então marido da linda Mariinha, a futura atriz Tonia Carrero; o escritor Aníbal Machado, 51; o diplomata Lauro Escorel, 36; o trotskista Carlos Echenique, 32; e um médico que nenhum dos três cronistas identificou, embora informassem que era calvo, de óculos e o melhor do time (segundo a teatróloga Maria Clara Machado, tratava-se de seu tio Lucas Machado, irmão de Aníbal).

Na torcida, as mulheres mais lindas da orla assistiam ao jogo, sentadas nos degraus da calçada, chupando melancias e se esbaldando com o enferrujadíssimo físico dos atletas. A única citada pelos três foi Tonia Carrero, então apenas a deslumbrante mulher de Thiré e ainda longe de tornar-se a estrela do teatro e do cinema nacionais. Mas é bem provável que, na plateia, estivessem também Elsie Lessa, mulher de Orígenes, Zora Seljan, mulher de Rubem, e as moças com quem eles costumavam bicicletar à beira-mar, entre as quais Miriam Etz, pioneira do maiô duas-peças no Arpoador e no Brasil.

O jogo, marcado para o horário pouco salubre de dez da manhã, começou com uma hora de atraso. Os gols eram camisas coloridas, embrulhadas como montinhos na areia. Não havendo traves, o goleiro Di Cavalcanti decretou que toda bola que passasse a um palmo de sua cabeça era bola fora — e, como se sabe, ele não era dos mais altos. Segundo os relatos, Schmidt cometeu a proeza de contundir-se logo ao dar o pontapé inicial e teve de sair do jogo. Mas o plantel de Copacabana era maior e, sendo permitidas substituições, seu desfalque não foi lamentado. E nem Ipanema se prevaleceu porque Vinicius também saiu de campo aos dois minutos, alegando ter "sentido o menisco" — e, bem ao seu estilo, preferiu sentar-se junto às moças.

A desafiante Copacabana não estava a fim de perder o jogo e, pelo visto, não havia juiz. Apesar do alto nível cultural dos preliantes, o pau cantou quando se julgou necessário, executado pelos jogadores menos suspeitos. O médico ipanemense, por exemplo, era "um extrema-direita tão perigoso que fui obrigado a dar-lhe uma traulitada na canela para diminuir-lhe o entusiasmo", confessaria depois o duro zagueiro Rubem Braga em sua crônica.

Nessas condições (juiz inexistente, gols que não valeram e cantantes traulitadas), não foi surpreendente que Copacabana vencesse por 3 a 1. Ao fim do prélio, os ipanemenses podem ter se retirado jururus para os botequins do bairro, como o Zeppelin ou o Jangadeiro, enquanto os copacabanenses devem ter ido festejar sua vitória no Alcazar. Mas Paulo Mendes Campos chamou-a de "uma vitória de Pirro" porque, dali a pouco, metade do time de Copacabana já tinha se mudado para Ipanema: Orígenes, Rubem, Fernando e ele próprio, Paulinho.

Das três crônicas, qual é a melhor? Para mim, a de Rubem Braga, intitulada "A companhia dos amigos", continua insuperável (mas quem consegue superar Rubem Braga?). As de Fernando Sabino ("O dono do galo branco") e Paulo Mendes Campos ("Pelada na praia"), cada qual a seu jeito, também são ótimas e se equivalem. Como dizia Nelson Rodrigues, talvez nenhum deles soubesse cobrar um lateral — mas crônicas como essas são a prova de que, de craques da palavra, como Rubem e Paulinho, só se pode lamentar que nunca tenham entrado em campo para escrever um romance sobre futebol ou sobre qualquer assunto.

Livros para dos sete aos doze

Best-sellers — Qual você está lendo?

O rei Artur saiu do cavalo de Troia e apaixonou-se pela jovem Léa

[13/7/1988]

Correndo o risco de passar por uma zebra, devo confessar que até hoje não li *As brumas de Avalon*, de Marion Zimmer Bradley. Não consigo me decidir por qual dos cinco volumes começar. (Está bem, são quatro, mas parecem cinco.) Não há pressa, porque *As brumas de Avalon* está há 102 semanas na lista dos mais vendidos no Brasil e ameaça ficar outras 102. Já me disseram que é um livro para todas as idades — entre sete e doze anos. De Marion Zimmer Bradley só sei que, antes de ficar rica explorando o feminismo na Idade Média, tinha ficado pobre explorando um misto de ficção científica com espiritismo, usando ectoplasmas cibernéticos como personagens. Ouvi dizer também que, quando adolescente em sua cidade, Albany, NY, Marion gostava de servir de alvo para um atirador de facas num mafuá. Mas o atirador errou todas.

Instruindo-me ao ler a lista de best-sellers, fico sabendo que *As brumas de Avalon* trata do "ciclo arturiano e a Távola Redonda, vistos pelas mulheres". Só se vistos pelo buraco da fechadura porque, como se sabe, as mulheres não tinham assento na Távola Redonda, a qual se destinava a congregar cavaleiros que ficavam se gabando uns para os outros. Como o rei Artur não era feliz na vida conjugal — a rainha Guinevere o traía com seu infiel escudeiro Lancelot —, Marion Zimmer Bradley deve ter usado isso como elemento para assustar seus leitores modernos, cujo machismo abomina pelo fato de eles não terem ovários. Como não li o livro, acho bom parar por aqui.

Também não li outro livro de Marion Zimmer Bradley na mesma lista, *O incêndio de Troia*, que, aparentemente, conta "a história da Guerra de Troia sob o ponto de vista feminino". Já vi tudo. Desta vez, Marion Zimmer Bradley deve dedicar-se a provar que o pobre Páris era um porco chauvinista, dado a seduzir jovens inocentes como a gostosa Helena, convidando-a a ir à sua casa para admirar sua coleção de triângulos isósceles. Naturalmente, Páris leva Helena para o catre, mas, como ela é filha de Zeus, que, momentaneamente metamorfoseado em cisne, tinha passado sua mãe Leda a ferro para gerá-la — enfim, Zeus fica uma fera e começa a guerra de Troia. Na visão de Marion Zimmer Bradley, o famoso cavalo parece ser uma metáfora da procriação feminina, enquanto Teseu e o Minotauro devem aparecer como astros convidados. Tudo isso são suposições. Preciso me lembrar de, a qualquer hora dessas, dar uma folheada nesse livro.

Opa! O cavalo de Troia ataca outra vez na lista de best-sellers, desta vez em *Operação Cavalo de Troia*, de J. J. Benítez. Segundo leio, trata-se do "Evangelho recontado por um jornalista segundo o depoimento de um astronauta". Será isso mesmo? Um jornalista entrevista um astronauta que lhe conta uma nova versão do Evangelho. Parece interessante, mas o que um jornalista estaria fazendo nessa história? Jornalistas geralmente não se interessam por evangelhos e costumam achar astronautas chatíssimos. Jornalistas, aliás, não se interessam por quase nada e acham tudo chato. Bem, o que um astronauta terá a dizer sobre o Evangelho? Só posso imaginar que, depois de dar uma volta pelo espaço e concluir que o universo é bem grandinho, o herói de J. J. Benítez concluiu que toda a história da Criação e sua posterior evolução não passaram de um estratagema pós-divino para induzir o homem a conseguir levar um parafuso para uma nave extraterrestre enguiçada em alguma galáxia. Será isso? Não, esta é a história de *As sereias de Titã*, grande romance de Kurt Vonnegut, Jr. É nisso que dá ler livros demais. Impossível não trocar as bolas.

Bem, depois de decidir que não vou ler *Cavalo de Troia*, decidi também não ler *Tempestade vermelha*, de John Clancy, mais um livro da lista de best-sellers. Este, aparentemente, é um "romance sobre jogos de guerra na era nuclear". Vamos ver se adivinho: uma espécie de "Grande Irmão" cósmico brinca de guerrinhas entre planetas, assim como algumas meras crianças e outros meros adultos brincam de videogame. Estou quente? Não será surpresa para esta coluna se Clancy não tiver dado um jeito de meter o rei Artur e o cavalo de Troia na história. O bom desses romances é isto: tudo é permitido, desde que o autor tenha imaginação. E, se ele não tiver, o leitor lhe empresta a dele.

Chega, por enquanto, de romances históricos, mitológicos ou nucleares. Que tal uma boa história passada na Terra, envolvendo pessoas normais como eu ou você, em ambientes e épocas mais ou menos reconhecíveis? Aqui temos um: *A bicicleta azul*, de Régine Deforges. O resumo diz: "A jovem Léa, de dezessete anos, desperta para o amor". A informação é essencial porque, se não citasse a idade, poderíamos ser levados a supor que a jovem Léa tem 117 anos.

Enfim, ela desperta para o amor, mas não lhe dão muito sossego porque sua história é uma saga, cobrindo vários volumes. No livro seguinte, *Vontade de viver*, temos "a sobrevivência da jovem Léa na França ocupada pelos alemães". Não admira que a jovem Léa não tenha tempo para envelhecer: mal desperta para o amor e já é invadida pelos alemães! E se ela despertasse para o amor por um alemão? Talvez seja isso. Ela se apaixona por um jovem tenente nazista na França ocupada, e seu pai, na realidade um vendedor de baguetes que se faz passar por membro da Resistência, não aprova o namoro. E agora, o que será da jovem Léa? Talvez o terceiro livro nos esclareça. Chama-se *O sorriso do diabo*, mas o resumo diz apenas "Terceira parte da história de Léa". Ora, isso não basta. Como vou saber o que aconteceu ao romance entre a jovem Léa e o oficial alemão? Só posso depreender que o tal oficial lhe pôs a bola no barbante, porque a "jovem Léa" passou a ser chamada de simplesmente "Léa".

Acho que vou ter de ler o livro para descobrir.

Paulo Coelho — O mago dos milhões

Toques de canastronice, como conversar com o próprio coração

[agosto de 1996]

Paulo Coelho estava assistindo à missa, como faz todas as quartas-feiras, numa igreja de Copacabana. O autor de *O diário de um mago*, *O alquimista* e do recém-lançado *O monte Cinco* — livros que tratam de profecias insólitas, rituais violentos e outras peripécias do sobrenatural — é um católico fervoroso. Pois bem: Paulo Coelho estava ajoelhado, contrito, rezando. Um homem ajoelhou-se ao seu lado e, de mãos postas, sem tirar os olhos do altar, sussurrou com voz sombria:

"Sou seu fã. Pode me dar um autógrafo?"

Paulo Coelho olhou para o sujeito com o rabo do olho. Nunca o vira antes e, embora a luz dos círios não fosse das mais fulgurantes, teve a instantânea *certeza* de que o conhecia: era um dos homens que o haviam prendido 22 anos antes, em maio de 1974, quando ele e seu parceiro, o roqueiro Raul Seixas, andavam envolvidos com bruxarias e pactos com o diabo. Paulo Coelho não entende como o reconheceu — afinal, nos sete dias em que ficou preso, passou o tempo todo encapuzado e nunca viu o rosto de seus captores.

Uma igreja não é lugar para se pedir autógrafos, mas Paulo Coelho não se alterou. Apenas fez que sim com a cabeça. Ao fim da missa, assinou o papel que o homem lhe estendeu e ele foi embora. Paulo Coelho nem precisou perguntar se o fulano trabalhara para a ditadura. Se o homem fosse *mesmo* um dos que o haviam prendido, ele, Paulo Coelho, já não era o mesmo Paulo Coelho que, naquele passado remoto, vendera literalmente a alma — um pacote de coração, mente e aura — à magia negra. E que tinha como guru o bruxo inglês Aleister Crowley (1875-1947), o qual se dizia a reencarnação terrena da Besta 666 do *Apocalipse* — o Demônio.

Medinho? Pois, naquele tempo, Paulo Coelho só pensava em se tornar o Aleister Crowley brasileiro, com chifres, casco fendido e tudo. Assim como, em 1920, o bruxo inglês fundara uma abadia nas montanhas de enxofre da Sicília, destinada à prática de orgias ritualísticas, alquimias satânicas e farto uso de drogas, Paulo Coelho e Raul Seixas planejaram fundar, não uma abadia, mas uma cidade inteira, para os mesmos fins, perto de Paraíba do Sul (RJ). Ela seria o embrião de uma "sociedade alternativa" — uma ideia que, no clima de desbunde do começo dos anos 1970, deveria atrair uma multidão de adeptos. Mas boa parte dessa ideia só existiu nas *viagens* de LSD, mescalina, peiote, cogumelo e maconha que eram a dieta diária dos dois. Na verdade, eles nunca tomaram nenhuma medida prática, como comprar terrenos em Paraíba do Sul ou ir conhecer a região. Limitaram-se a escrever um panfleto, distribuído no Rio com grande fuzuê. Acontece que estávamos em pleno regime militar e, para os órgãos de segurança, era o que bastava: aquilo só podia ser disfarce para mais um foco de guerrilha.

Paulo Coelho e Raul Seixas foram presos em seus apartamentos, recolheu-se enorme quantidade de material esotérico e eles levaram uma semana sendo "interrogados". Até que os escolados homens do Exército desistiram: mesmo sob cachações, aqueles dois não diziam coisa com coisa. E o tal Crowley, de quem viviam falando, parecia não ter nada a ver com Guevara ou Mao Tsé-tung.

Os rapazes foram liberados, mas ficaram assustadíssimos. Desfizeram a parceria, que já lhes rendera sucessos como "Al Capone" e "Gita", e cada qual seguiu seu destino. O de Raul Seixas seria a morte, em 1989, por excesso de álcool, cocaína e éter, e a ressurreição como um mito — vende hoje muito mais discos do que quando era vivo, é idolatrado por gente que nem sabia quem ele era e não será surpresa se um dia voltar à Terra e fizer um milagre. E o de Paulo Coelho, que se livrou das drogas e se converteu aos anjos caretas, significaria também uma ressurreição — só que em vida e em dimensões que nenhum vidente de carteirinha poderia prever: no papel de o escritor brasileiro mais bem-sucedido de todos os tempos, prestes a desbancar Jorge Amado.

Pelas últimas contas, seus cinco livros oficiais (*O diário de um mago*, 1987; *O alquimista*, 1988; *Brida*, 1990; *As Valkírias*, 1992; *Na margem do rio Piedra eu sentei e chorei*, 1994) já venderam, dentro e fora do Brasil, 12 milhões de exemplares — sendo que as vendas no exterior, em 26 línguas, para mais de quarenta países nos cinco continentes, ameaçam superar as do mercado interno.* Seu novo livro, *O monte Cinco*, que sai este mês, às vésperas de seu aniversário de 49 anos, já lhe rendeu 550 mil reais em royalties adiantados e vem com uma tiragem de 200 mil exemplares. É uma enormidade para o Brasil. Mas nada que se refira a Paulo Coelho tem hoje menos de seis algarismos — às vezes sete, como os milhões em sua conta bancária.

Apesar disso (e de a imprensa fazer um carnaval sobre as fortunas que seus livros lhe rendem), ele pode ser visto passeando diariamente no calçadão de Copacabana, usando os mesmos tênis, bermuda e camiseta do tempo em que ninguém o conhecia. Em suas caminhadas do Posto 5 ao Leme, ida e volta, sente-se muito olhado, mas é raro que alguém o importune com um pedido de autógrafo — o episódio da igreja foi uma exceção. E olhe que sua foto sai todos os dias em sua coluna de frases ("Maktub") no jornal mais popular do Rio. Com o rosto e a conta bancária expostos à visitação pública, o impressionante é que ele não tema um sequestro.

"Não tenho medo nenhum", diz Paulo Coelho com tranquilidade, cercado pelos cáctus no jardim de seu apartamento. "Se for sequestrado, fui. Se não estivesse condicionado a andar na rua, talvez não pudesse mais sair de casa. Faço questão de manter minha vida normal — porque a própria vida normal ficou diferente."

Ponha diferente nisso. Seu apartamento, num primeiro andar de uma simpática rua de pedestres em Copacabana, é vizinho de uma lanchonete, uma tinturaria, uma loteria esportiva (com banca de apostas em cavalos), um cabelei-

* Desde então suas vendas já ultrapassaram 100 milhões de exemplares. Em 2002, ele foi eleito para a Academia Brasileira de Letras e passou a morar permanentemente no exterior, embora mantenha um apartamento no Rio, agora na avenida Atlântica.

reiro e uma academia de musculação. É tudo, menos um endereço chique. Paulo Coelho mora ali há dezesseis anos com sua mulher, a artista plástica Christina Oiticica, sabendo que, se quisesse, poderia estar morando numa cobertura na Avenue Foch, em Paris, ou defronte ao Central Park, em Manhattan. Mas ele não abre mão do Rio e, particularmente, de Copacabana. Além disso, de sua porta para dentro, a realidade é outra. Quando o telefone toca, tanto pode ser sua agente em Nova York, informando-o sobre as vendas de *The alchemist* nos Estados Unidos, quanto o vice-primeiro-ministro da China convidando-o para um evento em Beijing. Para alguém cujos livros tratam do outro mundo, Paulo Coelho estabeleceu uma sólida ligação com *este* mundo.

Hoje, sem depender de alquimia, ele transforma o que quiser em ouro, mas nem sempre foi assim. Já houve tempo em que se sentia pouco mais que um ectoplasma. Há apenas nove anos, quando *O diário de um mago* foi publicado por uma editora menor, ninguém tomou conhecimento. As vendas foram tão pífias que a editora rasgou o contrato que já acertara para a publicação de *O alquimista* e lhe devolveu os direitos sobre os dois livros. Paulo foi então para a editora Rocco, na qual o estrondoso sucesso de *O alquimista* provocou também o estouro de *O diário de um mago*. Sucesso puxa sucesso, e os livros de Paulo Coelho entronizaram-se nas listas de mais vendidos. Cada novo livro vinha juntar-se aos anteriores, a ponto de, como no milagre da multiplicação dos pães, ele nunca ter menos de três ou quatro ao mesmo tempo nas listas.

Foi o suficiente para atrair uma onda de ressentimento — se olho grande matasse, Paulo Coelho já teria morrido umas mil vezes. Sem nunca tê-lo lido, muitos intelectuais viram nele um oportunista e enganador — porque, como se não bastasse, ele ainda se dizia um mago, íntimo de discos voadores, capaz de fazer chover, ventar e relampejar, e de abrir buracos nas nuvens.

Ora, intelectuais são céticos por natureza: acham de mau gosto essa história de conversar com mortos e viajar de disco voador, e desconfiam de quem insinue qualquer intimidade com o Além. Para piorar, havia as declarações de Paulo Coelho, de que seus livros lhe saíam a jato, em dez ou doze dias, da "sua comunhão com forças invisíveis", que ele chamava de "a Alma do mundo". A ideia de que entidades gasosas seriam capazes de soprar um livro inteiro para um escritor — e esse livro vender 1 milhão de exemplares — era insuportável para a concorrência.

Donde a única vingança ao alcance dos desafetos era a de debochar do fraco português das tais entidades e responsabilizá-las pelas gafes gramaticais do escritor. De fato, nos livros de Paulo Coelho há erros de ortografia, concordância, regência, pontuação, colocação de pronomes, o que você quiser. O próprio título *Na margem do rio Piedra eu sentei e chorei* sugere que o personagem deve estar sentado numa piscininha dentro do rio, talvez boiando, e não em terra firme, à margem do dito rio. Na verdade, nada que um bom revisor não resolvesse — mas, sempre que perguntado sobre isso, Paulo Coelho argumenta que não seria justo corrigir as entidades. Elas podem ficar ofendidas.

Alheios a esses preciosismos, os leitores — aos milhares, aos milhões, surgindo das sombras e invadindo as livrarias — apaixonaram-se por Paulo Coelho, como há alguns anos andaram se apaixonando por Carlos Castaneda (*Viagem a Ixtlan*), J. J. Benítez (*Operação Cavalo de Troia*) e Marion Zimmer Bradley (*As brumas de Avalon*). Pelo visto, há uma demanda insaciável por romances que misturam almas penadas, heróis medievais e orientalismos sortidos, respingados por "reflexões" religiosas (para que os leitores pensem estar lendo algo "profundo") e, principalmente, recheados de muita ação. E, nesse departamento da ação, os leitores não podem queixar-se: Paulo Coelho sabe contar uma história.

O diário de um mago, por exemplo, era uma espécie de *Caçadores da arca perdida* da fé, tão alucinado quanto. Ao percorrer os setecentos quilômetros a pé pelo caminho de São Tiago, na Espanha, em busca de uma espada mítica, o personagem, quase um Indiana Coelho, escala uma cachoeira, imagina-se enterrado vivo e enfrenta três vezes o demônio, que lhe aparece na forma de um cachorro. A ação não para nem quando o personagem dorme. Já *O alquimista* é uma história do deserto, misturando Aladim, Ali Babá e o ladrão de Bagdá, com toques de deliciosa canastronice — no capítulo final, o jovem herói dialoga com o próprio coração. Sim, o coração dele fala. E não apenas o coração, mas, em *O alquimista*, Paulo Coelho põe também o deserto, o sol e o vento para falar com o protagonista! Pode ser emocionante e pode ser muito engraçado — você decide.

Talvez seja esse o equívoco dos críticos de Paulo Coelho: levam-no mais a sério do que muitos dos seus leitores. Esquecem-se de que seus livros pertencem a uma longa tradição da literatura infanto-juvenil, que vem desde *O Pimpinela Escarlate*, da baronesa Orczy; *O sheik*, de E. M. Hull; *Ela* e *Ayesha — A volta de Ela*, de H. Rider Haggard etc., passando pelos gibis de Tarzan, os seriados de Flash Gordon e os filmes de Steven Spielberg — dos quais nunca se exigiu que fossem mais do que adolescentes. Se há quem veja algo de "sagrado" nos livros de Paulo Coelho — como a geração anterior via de "filosófico" no lírico *O pequeno príncipe*, de Saint-Exupéry —, ponto para o autor.

Mesmo no Brasil já houve um Paulo Coelho antes de Paulo Coelho: o contista Malba Tahan, pseudônimo sob o qual se escondia o carioca Julio Cesar de Mello e Souza, professor do colégio Pedro II. Suas "lendas do deserto", estreladas por nômades, princesas e califas, eram uma coqueluche entre os jovens nas décadas de 1940 e 1950. Seus livros não paravam nas livrarias, mas os críticos literários nunca lhe deram bola — nem para atacá-lo. Mesmo hoje, seu nome não consta dos compêndios oficiais. Talvez por isso Malba Tahan seja uma das poucas influências que Paulo admite ter sofrido:

"Como toda criança brasileira dos anos 1950, eu lia as histórias de Malba Tahan e pensava que ele era árabe", conta, rindo. "Um dia, um garoto amigo meu, aqui no Rio, disse, 'Vamos à casa do Malba Tahan?'. Não entendi nada, mas fui, e conheci aquele maravilhoso professor de matemática, que não tinha nada de árabe. De onde ele tirava aquelas lendas orientais? Não sei, talvez do ar. Só sei que era meu ídolo e despertou em mim um grande interesse pelo mundo árabe."

O querido Malba Tahan nunca passou por certos percalços que Paulo Coelho enfrentou no começo da carreira — como o de ser desafiado por repórteres gaiatos que, para testar seus poderes de mago, viviam lhe perguntando: "Quem sou eu?". A resposta de Paulo Coelho, decepcionante, era seca: "Sei lá!". Ou de ter de recusar delicadamente quando lhe pediam que fizesse chover ou ventar no meio de um auditório: "Não estou com vontade". Ou quando o faziam repetir pela centésima vez se era verdade que vira mesmo um disco voador. "Vi. E daí? Não me acrescentou nada".

"Nunca estimulei esse tipo de pergunta, mas também nunca desestimulei", diz Paulo Coelho. "Se preferem que eu seja um mago, em vez de um escritor, para mim tudo bem. Minha busca espiritual está acima de qualquer coisa. Se um dia tiver de escolher entre deixar essa busca e a literatura, deixarei tranquilamente a literatura."

Não é provável que essa escolha seja um dia exigida de Paulo Coelho, mas se tiver de ser feita, seus editores nacionais e internacionais não gostarão nem um pouco. De três anos para cá, Paulo Coelho tornou-se uma mina de ouro: sua grife é capaz de vender quase tudo — desde livros convencionais até audiolivros (vários deles existem em fitas cassete, narrados pelo próprio Paulo), histórias em quadrinhos (*O diário de um mago* e *O alquimista* já foram transformados em gibis) e filmes (as negociações se arrastam, mas um dia *O alquimista* irá finalmente para as telas). Paulo Coelho só falta ser adaptado para o Holiday on Ice. E, se isso lhe parece um sacrilégio, saiba que, depois de filmado, *O alquimista* pode reencarnar no mais pedestre, mundano e divertido dos jogos eletrônicos: o fliperama.

"Sou fanático por fliperama", ele diz. "Fico desnorteado, sou capaz de jogar horas e de me esquecer do mundo. Mas não vale comprar uma máquina para ter em casa. Tenho de sair à rua, pegar a ficha no caixa e enfrentar o 'inimigo oculto' — o sujeito que passou por aquela máquina antes de mim —, para bater o recorde dele. Se *O alquimista* virasse fliperama, eu teria uma grande alegria."

Com toda essa aparente *nonchalance* e o ar de quem pisa nos astros distraído, não se iluda: Paulo Coelho gostaria de ser reconhecido pela comunidade que o despreza. Os milhões de exemplares vendidos em escala planetária não o compensam inteiramente pelos elogios que lhe negam como escritor, aqui e lá fora. É por isso que os prêmios e condecorações que tem recebido lhe lavam a alma: para ele, são uma prova do seu "prestígio", não da sua popularidade. Apenas nos últimos meses, ganhou uma comenda de Cavaleiro das Artes e das Letras do governo francês (donde podem chamá-lo, a partir de agora, de comendador) e o Grinzane Cavour, um dos mais importantes prêmios literários da Itália. Mais alguns desses e ele espera calar a boca dos que, no Brasil, ainda o comparam ao cantor Waldick Soriano, famoso por "estourar no Norte".

"Mas, ao mesmo tempo que sinto essa tentação de querer ser reconhecido, procuro resistir a ela", diz Paulo Coelho. "Não quero que ela me impeça de ir mais longe. Nos dois anos entre um livro e outro, não fico tomando notas, nem pensando ou maturando sobre como será o próximo. Fico grávido, mas sem pensar, assim como uma mãe não fica pensando se vai botar três olhos ou quatro dedos em seu filho. Se penso, me dou mal. Quando escrevi *Brida*, que tratava do caminho de Roma, fiz pesquisas, tirei fotos, consultei mapas — e não consegui escrever. Tinha perdido a espontaneidade, a ingenuidade de que *Brida* precisava. Então esqueci tudo e comecei de novo. Cada livro é uma soma de coisas que eu mesmo desconheço. Depois do livro pronto, não tem problema. É por isso que vou ao Líbano este ano — para conhecer o cenário de *O monte Cinco*."

Mas nem tudo Paulo Coelho desconhece. Além de reconhecer pessoas que nunca viu, até mesmo à luz mortiça das igrejas, ele detém informações de cocheira sobre certos mistérios que, para os mortais comuns, seriam aterradoras. Por exemplo: assim como o personagem de *O diário de um mago*, Paulo Coelho afirma ter visto, durante sua trajetória pelo caminho de São Tiago, o dia de sua morte. O que você faria com uma informação dessas? Paulo Coelho não faz nada. Mas seus olhos brilham quando fala do assunto, como se mal pudesse esperar para ter o mais espetacular *déjà-vu* de sua carreira:

"Todo mundo tem oito ou nove maneiras de morrer, assim como tem oito ou nove maneiras de viver. Sou livre para escolher a minha morte. Mas, se continuar seguindo a minha Lenda Pessoal [uma espécie de *script* que a pessoa traça para si mesma], sei exatamente como vou morrer. Vai ser lindo e gratificante."

Muita coisa mudou na vida de Paulo Coelho desde aquele bordejo pelo caminho de São Tiago. O livro que ele extraiu dali inaugurou para valer uma carreira literária que, até então, se equilibrava precariamente em tratados sobre vampiros e letras de música para Raul Seixas, Fábio Jr. ou Sidney Magal. Uma multidão seguiu nas pegadas de *O diário de um mago*, tornando o caminho de São Tiago uma rota obrigatória do turismo místico — todo mundo em busca de sua espada.

Em 1990, foi a vez de Christina, a bela mulher de Paulo Coelho, fazer sozinha a dura caminhada. Atravessou centenas de quilômetros sob o braseiro do verão espanhol, subiu e desceu montanhas, dormiu em pousadas perigosas e, metro a metro, pôs sua fé à prova. Ela queria a sua espada e finalmente a conseguiu. E conseguiu também uma façanha inédita nos anais de São Tiago: graças às *tapas*, *paellas* e *tortillas* da caminhada, seguidas de obrigatórias *siestas*, descobriu ao fim do percurso que ganhara cinco quilos que não estavam no programa.

A obra de arte lacrimogênea

Chorar, um risco de cafonice nos tempos atuais

[26/7/1988]

Responda rápido: quando foi que você chorou pela última vez por causa de um romance, peça, poema, filme ou canção? E não vale rir. As probabilidades são grandes de que tenha sido há tanto tempo que, se chegou a acontecer, isso já se apagou da sua memória.

E, se você é estudante, seus professores nunca devem tê-lo informado de que uma das funções da obra de arte é — ou, pelo visto, era — comover. Claro, há sempre o velho argumento de que qualquer obra de arte "comove" à sua maneira, embora seja difícil imaginar alguém encharcando lenços diante de uma *ópera seca* de Gerald Thomas, mesmo que o diretor atire bombas de gás lacrimogêneo na plateia, o que não é impossível.

Faz tempo que não aparece uma daquelas coisas capazes de provocar palpitações galopantes, soluços em estéreo, catadupas de lágrimas e uma ânsia irresistível de bater com a cabeça nas paredes pela sorte de um personagem. A obra de arte úmida está fora de moda, talvez por falta de quem a produza — porque não há razão para acreditar que as pessoas que poderiam consumi-la se tenham recolhido em massa aos mosteiros. Mas o fenômeno não é de hoje. Uma historiadora francesa, Anne Vincent-Buffaut, quis saber em que momento ocorreu essa desvalorização da capacidade de emocionar e teve de recuar alguns séculos para descobrir. O resultado está em *História das lágrimas — Séculos XVIII-XIX* (Paz e Terra, Rio, 1988), um livro que deveria ter algumas de suas páginas impressas em Kleenex.

Sendo francesa, Vincent-Buffaut foi procurar as referências lacrimais na literatura e na história de seu país, mas elas devem se aplicar também ao resto da Europa naquela época. Chorou-se tanto na França do século XVIII que parece um milagre que o país não tenha sido inundado por um mar de lágrimas. Provavelmente isso já acontecia nos séculos anteriores, mas o fato de os livros terem se tornado mais acessíveis naquele século ajudou a abrir as torneiras da sensibilidade. Além disso, pela primeira vez, as pessoas, se quisessem, podiam ler em recolhimento — em casa, sem ninguém de fora que as patrulhasse quando lhes dava vontade de se descabelarem pelas agruras da heroína e de seu jovem amante suicida.

Vários exemplares de *A princesa de Clèves*, de Madame de Lafayette, por exemplo, ficaram arruinados pelo choro convulso dos leitores sobre eles naquele comecinho do século XVIII. Não admira que, a partir daí, os editores reforçassem as encadernações. Emocionar-se diante de histórias envolvendo um amor tornado impossível por um pai rabugento não era exatamente uma novidade, mas os romancistas custaram um pouco a perceber que, quanto mais metros cúbicos de lágrimas seus livros contivessem, mais eles seriam apreciados. O primeiro a se dar conta disso parece ter sido Jean-Jacques Rousseau, que escreveu *A nova Heloísa* em 1761, com o fim explícito de, literalmente, liquefazer o público — e conseguiu. Outros, como Voltaire, Diderot e uma legião de romancistas populares, viram naquilo uma fonte de possibilidades e arrombaram de vez os diques.

Os personagens passaram a chorar mais do que nunca e, com eles, os leitores. O sucesso de um livro passou a ser medido pelas bateladas de lágrimas que provocava. Muitos escritores, por via das dúvidas, certificavam-se de que essa torrente ocorreria informando ao leitor, no prefácio, que seus próprios corações tinham sangrado ao escrever a história. E a técnica do romance epistolar, então inventada, foi uma beleza para provocar lágrimas de esguicho. Com ela, o autor *retirava-se* da narrativa, tornando-se apenas o emocionado editor das cartas trocadas entre dois trágicos amantes — cartas que lhe teriam caído "acidentalmente" às mãos. Assim, era como se os tais amantes tivessem existido de verdade e seu sofrimento fosse real. Isso bastava para enternecer o leitor de coração mais duro e fazê-lo mergulhar num drama que ele próprio poderia ter protagonizado.

Não que os leitores precisassem de tantos estímulos para ensopar os lenços. Essa necessidade de identificação com os personagens já os levara a se habituarem a ler aos pares, em voz alta, suspirando, sofrendo e chorando juntos nos momentos certos e colando-se um ao outro nos intervalos entre dois jorros de lágrimas. "Esse eco de duas vozes, dois olhares que choram sobre um romance emocionante, sugere como é doce praticar a leitura em comum com quem se ama", arrisca Anne Vincent-Buffault. E com razão, porque chorar devia ser um privilégio feminino e passara a convulsionar também os marmanjos da segunda metade do século XVIII. Séculos de lágrimas represadas escoaram pelos olhos masculinos durante aquelas décadas, sem que isso representasse nenhuma ameaça à sua masculinidade. Ao contrário, os homens incapazes de chorar com a literatura é que começaram a perder pontos. E, entre perder pontos e perder o pudor de chorar em público, aderiram ardentemente a essa alternativa.

A prática de chorar a dois levou a literatura de volta aos salões, onde livros ainda em gestação iam sendo lidos pelo autor, aos capítulos, para pequenas e comovidas plateias. Naquelas reuniões, o escritor testava a sua capacidade de provocar maremotos lacrimais em homens e mulheres e ia fazendo os ajustes necessários para tornar a obra ainda mais arrasadora. Mas não se pense que esses escritores eram cínicos a ponto de fazer chorar com um olho enquanto riam com o outro. *História das lágrimas* está cheia de narrativas em que, de repente, os escritores mais sérios daquele tempo começam a se comportar exatamente como seus personagens.

Uma dessas narrativas é a que envolve o grande liberal Benjamin Constant e suas complicadas relações com Madame de Staël, que, tanto nos livros como na vida, parecia ter um reservatório infinito para se debulhar à menor solicitação. Constant, a princípio, sentia-se orgulhoso por fazê-la chorar. Mas, como adverte Vincent-Buffault, "as mulheres não conservam o poder por muito tempo com a estratégia das lágrimas; os homens se cansam de vê-las chorar". Constant cansou-se, deixou Staël chorando sozinha e foi provocar lágrimas em outra.

A correspondência entre Alfred de Musset e George Sand também era tão abundante em lágrimas que não se entende como os carteiros não iam entregá-la a nado. E o próprio Flaubert — que, quase cem anos depois, vergastou o sentimentalismo na literatura, classificando as lágrimas de "perturbações fisiológicas repugnantes" e lutando para expurgar das letras "as secreções femininas que as tornam insípidas" — era, na realidade, um chorão. Vincent-Buffault foi desencavar na correspondência do futuro autor de *Salammbô* as lágrimas derramadas por ele ao partir para o Egito e separar-se de sua mãe. E, o que é pior, Flaubert não podia dizer isso a muita gente, para não melar o rigor de sua frieza estética. Chorar, sim, mas não em letra de fôrma.

Mas aí já estávamos na metade do século XIX, e Flaubert era o resultado de uma reação à literatura lacrimejante já sugerida por Balzac algumas décadas antes. (E olhem que essa literatura tinha conseguido atravessar, sem perda de uma só lágrima, a Revolução Francesa, entre 1789 e 1792.) Nos romances de Balzac, como *Pai Goriot* e *A mulher de 30 anos*, chorar tinha se tornado uma atitude tão *démodée* que, quando um personagem caía em pranto convulso (o que acontecia com frequência), era logo recriminado por outro. Nos romances de Stendhal, acontecia o mesmo. Sob a influência do evolucionismo de Darwin, começou-se a acreditar que chorar era uma manifestação de povos primitivos e, com isso, as lágrimas escassearam na literatura francesa. Os leitores se tocaram, penduraram as lágrimas para secar e, ali por volta de 1880, mais ou menos por toda parte, os romances já estavam tão úmidos quanto um osso seco.

Quase tanto quanto hoje.

* * *

O século XX parece ter uma particular assinatura contra as lágrimas. Os primeiros a evaporá-las parecem ter sido a pintura, o teatro e o romance. O cinema, talvez por ser mais jovem, andou flertando com o canal lacrimal das plateias na década de 1930, em filmes como *Stella Dallas* (1937), com Barbara Stanwyck, ou *Primavera* (1937), com Jeanette MacDonald, antes que os críticos, com seu coração de pedra, os varressem das telas como dramalhões. Aliás, não pouparam nem o próprio Chaplin: a sequência final de *Luzes da cidade* (1931), em que a garota, curada da cegueira, descobre que seu benfeitor é um vagabundo, é de abrir as torneiras de qualquer pessoa normal, mas houve quem torcesse o nariz ao sentimentalismo de Carlitos.

Certas reações humanas, perfeitamente compreensíveis, costumam ser classificadas como próprias de um "dramalhão mexicano". Ser chamado de piegas é um dos piores insultos que se podem receber; e o simples fato de comover-se ficou cafona. Não que as pessoas não estejam prontas a chorar quando solicitadas: Steven Spielberg, que é tudo, menos trouxa, não dispensa esse recurso em seus filmes. Quantas vezes você não chorou em *E.T. — O extraterrestre* e *O império do sol*?

A suposta cafonice de chorar diante de um filme ou de uma música é condenada, porque seus emblemas são dirigidos àquelas camadas populares que mais rapidamente se identificam com eles. "Coração materno", por exemplo, arrancava lágrimas de verdade na versão de Vicente Celestino, nos anos 1930, e como tal dificilmente passaria à história da música brasileira. Mas, quando Caetano Veloso a gravou, numa versão-crocodilo, em 1968, ela passou a ser nobre. A novela *O direito de nascer*, que ensopou lenços no rádio, nos anos 1950, e na televisão, nos anos 1960, foi aparentemente arquivada quando as novelas se *sofisticaram* a partir de *Véu de noiva*, em 1970. Mas basta perguntar a Daniel Filho, e ele responderá: "Não houve sofisticação nenhuma. Continuamos a fazer o mesmo novelão cubano de sempre, só que com linguagem e cenários modernos".

Emoções, ultimamente, só na vida real — como no suicídio de Getulio, na morte de Tancredo e, por incrível que pareça, até na renúncia de Jânio Quadros. Aliás, foi mais ou menos a partir desta última que chorar ficou definitivamente cafona.

Três mulheres do balacobaco

Gertrude Stein — O búfalo da Rive Gauche

Hemingway acertou-lhe um cruzado no queixo, que a deixou meio zonza

[novembro de 1975 - 5/7/1989]

O sobrado no nº 27 da rue de Fleurus, uma ruinha a poucos metros do portão principal dos jardins de Luxemburgo, no 6º *arrondissement* de Paris, está lá até hoje. Mas é duvidoso que hordas de turistas brasileiros de passagem pela cidade se lembrem de visitá-lo. E, mesmo que se lembrem, não poderão entrar porque ali, agora, é uma residência particular. E, mesmo que entrem, já não encontrarão vestígio do que foi um dos endereços mais agitados da história de Paris: a casa que os luminares da *lost generation* americana e da vanguarda francesa frequentaram, nos primeiros trinta anos do século XX, para tomar a bênção à sua moradora — Gertrude Stein.

Há uma placa na porta, informando que, de 1903 a 1939, ali viveram a escritora Gertrude Stein, seu irmão Leo e a *amiga* de Gertrude, Alice B. Toklas, todos americanos. Da calçada pode ver-se um mini-hall, que dava para os aposentos propriamente ditos de Gertrude (quatro quartos pequenos nos dois primeiros andares), e o mais importante, a passagem para o pátio interno, descoberto, que levava ao famoso ateliê onde tudo aconteceu — e sem o qual talvez não existisse o que entendemos por arte moderna nos dias de hoje. Ou seja, a culpada foi Gertrude.

Sim, ela escreveu "Uma rosa é uma rosa é uma rosa", e a frase pegou, embora você não saiba exatamente o que ela quis dizer com isso. Nem eu. Mas, quem se importa? Por causa de Gertrude Stein, Paris era um eterno feriado, pintado por Cézanne, Matisse e Picasso, descrito por Hemingway e Scott Fitzgerald, poetado por Jean Cocteau, Apollinaire e T. S. Eliot, musicado por Erik Satie, fotografado por Steichen e varrido por um furacão de fofocas, envolvendo a reputação artística e pessoal desses deuses que hoje estrelam livros e museus. Em algum momento da década de 1920, você podia chegar à casa da rue de Fleurus (a única de Paris equipada com uma fechadura Yale) e encontrar toda essa turma lá, quase ao mesmo tempo.

Gertrude Stein, que morreu em 1946, aos 72 anos, ajudou a transformá-los em celebridades. E fez isso quase sozinha, com uma das mãos amarrada às costas. Gertrude foi a primeira a chamar a atenção do mundo para eles, e isso numa época em que sua própria voz não ia além da esquina da rue de Fleurus. Mas, de alguma forma, o mundo a escutou. Gertrude só não conseguiu fazer o truque consigo mesma — porque, tantos anos depois, ela continua a ser dura de roer como escritora. Se alguém conseguisse ler os seus livros até o fim, sem antes morrer de velhice, diria que ela *quase* poderia ter sido uma espécie de James Joyce, um Joyce de calças — e você ainda não se livrou do lumbago que contraiu quando tentou ler o autêntico Joyce.

Em compensação, a grande e fascinante vida de Gertrude Stein foi completamente devassada, e não foi nem preciso olhar pelo buraco da fechadura Yale. Não ficou uma única gaveta por revistar, e a dúvida agora é saber a qual das duas, Gertrude ou Alice B. Toklas, pertenciam as cuecas. As duas viveram juntas de 1908 até a morte de Gertrude, num regime de total compatibilidade de gênios.

Gertrude era a intelectual da família; Alice cozinhava e lavava os pratos. E uma não se metia na especialidade da outra. Os frequentadores da rue de Fleurus gostavam muito de Alice, porque ela fazia sala às suas esposas, enquanto eles bebiam *eau-de-vie* e discutiam os destinos do cubismo e do futurismo com Gertrude. Mas não se pode dizer que tivessem muita paciência para com Leo Stein, o que obrigava Gertrude a trancá-lo no armário de vez em quando, sob os seus violentos protestos.

Leo e Gertrude tinham ido para Paris em 1902, na primeiríssima leva de americanos que, fartos de cuspir para o lado e falar pelo canto da boca, decidiram autoexpatriar-se em busca de sofisticação. Gertrude nascera em 1874, em Allegheny, Pensilvânia, de uma família judia, e não perdera muito tempo fazendo pudins de lama no quintal. Quando brincava com as garotinhas da vizinhança, ela só queria ser o médico — seus pais nunca tinham visto uma vocação tão precoce para a medicina. Alguns anos depois, Gertrude quase se diplomou em medicina pela universidade Johns Hopkins, o que só não conseguiu pela ridícula razão de que ainda não havia terminado o ginásio. Foi melhor assim, porque inúmeros pacientes se salvaram. Ela então foi estudar filosofia com William James e George Santayana — uma ciência que, pelo menos, não costuma matar ninguém, apesar da perigosíssima afirmação de Santayana, e que influenciou profundamente Gertrude: a de que o mundo não existe.

Gertrude e Leo estabeleceram-se em Paris e alugaram o sobrado da rue de Fleurus, apenas porque acharam a vizinhança simpática — fora ali que Alexandre Dumas situara os duelos entre D'Artagnan e os três mosqueteiros. Como dois jovens americanos numa Paris que ainda não se acostumara com eles, Leo e Gertrude deviam parecer milionários: o que vissem e gostassem, mesmo sem saber o que era, compravam. Um dólar valia mais francos do que eles conseguiam carregar nos bolsos. E tinham especial fascinação pelas galerias de arte.

Um dia, viram um desconhecido Cézanne numa galeria, acharam o quadro engraçado e o compraram. Claro que, ao chegar em casa, penduraram-no de cabeça para baixo, mas ninguém notou. Exceto o próprio Cézanne, que, finalmente famoso, corrigiu o equívoco (Gertrude e Leo quase morreram de vergonha). Vida que segue, Bernard Berenson — outro americano em Paris, só que ilustre — falou-lhes de um certo Matisse. Eles foram ao ateliê do artista e compraram uns quatro ou cinco. Matisse ficou tão emocionado que até assinou os quadros — era uma de suas primeiras vendas. Viram um Picasso numa galeria, acharam que combinava com a nova gravata azul de Leo, e compraram. Em 1905, por pouco não arremataram o Salão de Outono inteiro daquele ano, o que lhes teria dado o monopólio total dos *fauvistes*. E por aí afora.

Num tempo em que ninguém gostava ainda daqueles quadros, que eram quase vendidos a quilo, Leo e Gertrude forraram suas paredes com eles, embora os silvícolas não entendessem por quê. Em pouco tempo, aquelas seriam as obras-primas do século.

De repente, eles se viram transformados nos campeões da arte moderna em Paris, e as pessoas começaram a frequentá-los na rue de Fleurus. A casa de Gertrude tornou-se um *point* (pronuncie *puan*, à francesa). No começo, nem era preciso convite. Bastava chegar e dizer que vinha da parte de qualquer poeta ou pintor modernista — porque, mesmo que não fosse verdade, Gertrude não se daria ao trabalho de checar. E então começou ali a mais fantástica ciranda plástica, poética e literária do século.

Alguém havia apresentado os poetas Guillaume Apollinaire e Max Jacob ao jovem pintor Pablo Picasso. Este os apresentou à pintora Marie Laurencin, que os apresentou ao também pintor Georges Braque. E foram todos à rue de Fleurus para conhecer Gertrude Stein, que, ninguém sabia por quê, dizia-se que era uma mulher genial.

Gertrude apresentou o pintor Juan Gris a Picasso, que, por sua vez, a apresentou ao poeta William Carlos Williams, que a apresentou à editora e livreira Sylvia Beach, que a apresentou ao contista Ernest Hemingway, que a apresentou ao romancista F. Scott Fitzgerald, que a apresentou à sua esposa, Zelda, e foram todos para a rue de Fleurus. Só que, com a presença de Williams, Hemingway e Fitzgerald, a adega da rue de Fleurus foi rapidamente evaporada.

Então Picasso apresentou Gertrude ao poeta e dramaturgo Jean Cocteau, que a apresentou ao pintor Francis Picabia, que a apresentou ao poeta Ezra Pound, que a apresentou ao também poeta T. S. Eliot, que tentou apresentá-la ao então contista James Joyce, e foram igualmente todos para a rue de Fleurus, onde só não houve uma batalha de egos porque Gertrude deixou Joyce do lado de fora. Ela percebeu que Joyce estava tentando escrever de um jeito muito parecido com o dela — ou seja, de um jeito incompreensível —, só que com muito mais talento, e ela não achava justo que ele fizesse isso.

Mas Eliot conseguiu apresentá-la ao pintor Man Ray, que a apresentou ao romancista Robert Coates, que a apresentou à correspondente da *New Yorker* Janet (Genêt) Flanner, que a apresentou ao compositor Virgil Thomson, o qual só não precisou apresentá-la a Hemingway porque Gertrude e Hemingway já se conheciam desde o outro Carnaval.

Mas foram todos, da mesma forma, para a rue de Fleurus, que, a essa altura, já estava botando gente pelo ladrão.

Claro que tudo isso não aconteceu num único dia ou no mesmo ano — houve até uma guerra mundial no *entr'act*. Mas, durante os longos anos em que essa festa se prolongou, o ateliê de Gertrude era um entra e sai de artistas em três turnos diários. Todos eram jovens, geniais e vanguardistas, o que significa que eram desempregados, disponíveis e sem hora para acordar. Até o dia em que, antes que a coisa ficasse fora de controle, Gertrude resolveu enquadrar aqueles gênios e decidiu que a *open house* se limitaria aos sábados. O único gênio com permissão para funcionar durante a semana na rue de Fleurus seria o dela.

Quem entrava pela primeira vez na casa de Gertrude não podia deixar de notar duas figuras estranhas, que se comportavam como se fizessem parte dos móveis. Talvez porque fizessem mesmo. A primeira era uma garota extraviada em Paris, chamada Alice B. Toklas, que Gertrude recolhera em seu seio em 1908. Alice era muito simpática. Depois de algum tempo de convívio com ela, você se acostumava e nem notava o pronunciado buço, quase um bigode, que lhe emoldurava os lábios. O outro era um sujeito esquisito, que alternava momentos de grande loquacidade com horas de profundo silêncio. (As visitas preferiam quando ele não falava.) Era o irmão de Gertrude, Leo.

Às vezes, Leo tinha um faniquito, saía de seu mutismo e começava a falar como se uma mão invisível lhe tivesse dado corda. Nessas ocasiões, Leo insistia em contar como havia descoberto o pragmatismo antes de William James e a psicanálise antes de Freud. No começo, as pessoas ficavam vivamente interessadas. Depois começaram a olhá-lo como se ele fosse algo que o gato tivesse trazido da rua. Um dia, Leo cansou-se de ser mandado passear por Gertrude enquanto ela brilhava nas reuniões, e foi embora —

para sempre — da rue de Fleurus. Ninguém notou sua ausência.

O que era uma injustiça porque, mais do que Gertrude, ele tinha sido o verdadeiro patrocinador daqueles jovens pintores desconhecidos. Era ele que vasculhava as galerias obscuras de Montmartre, descobria as obras-primas mais insuspeitas e explicava aos próprios autores dos quadros o que eles queriam dizer com aquilo. Subitamente iluminados, esses jovens pintores faziam os maiores abatimentos no preço dos quadros e não havia dia em que Leo não voltasse para casa abarrotado de obras-primas. Daí a ingratidão de Gertrude em desfazer-se dele, como quem se desfaz de um chinelo velho.

Os termos do rompimento entre Gertrude e Leo foram dramáticos. Ele fez as malas, despediu-se de Alice e deixou uma carta patética para a irmã, propondo uma divisão justa da coleção de quadros — não havia um único centímetro vago nas paredes. "Fique com os picassos, se quiser, mas mande-me os renoirs", ele escreveu. "Os cézannes terão de ser divididos. Venda uma meia dúzia de matisses para pagar as contas de luz. Recuso-me a arcar com essa despesa. Perdi a conta das vezes em que mandei Alice apagar as luzes antes de deitar-se e em que encontrei tudo aceso na manhã seguinte."

Assim, Leo se foi e Alice pôde finalmente dar vazão ao seu inocente deleite de dormir com as luzes acesas. As reuniões de sábado ficaram ainda mais animadas e quase todas as ideias que abalaram a arte e a literatura dos primeiros anos do século xx nasceram ali.

Picasso, por exemplo. Foi Gertrude quem lhe deu apoio espiritual durante a sua dramática transição entre a fase azul e a fase rosa, na qual Picasso aproveitou para trocar também de mulher. Foi também Gertrude quem viciou Picasso na leitura de *Os sobrinhos do Capitão*, a tira de histórias em quadrinhos que saía nos jornais americanos.

Em retribuição, Picasso pediu a Gertrude, em 1907, que posasse para ele. Gertrude aceitou. Passou 54 dias posando e, quando o retrato ficou pronto, Gertrude se queixou: "Pablo, esse retrato não se parece comigo". Ele respondeu: "Não se preocupe. Um dia, você é que se parecerá com ele". Essa história é conhecida. Mas, enquanto essa metamorfose não acontecia, houve gente que chegou à rue de Fleurus, olhou para o retrato de Gertrude e perguntou-lhe por que ela pendurara o retrato daquele búfalo. Se bem que a melhor definição de Gertrude tenha sido dada por Alice: "Quando se aprontava para sair, Gertrude ficava igualzinha a um general da Guerra Civil americana".

Não que a convivência de todos aqueles gênios na rue de Fleurus fosse um piquenique. Matisse, por exemplo, teve um surto de ciúme quando Gertrude conheceu Picasso, o qual, por seu turno, olhou feio para Gertrude quando ela começou a dar muita confiança a Juan Gris. Hélène, a cozinheira de Gertrude, por sua vez não gostava de Matisse: servia sua insuperável omelete a todos os convidados e, a Matisse, reles ovos fritos. E os bigodes de Alice se eriçavam por causa da jornalista Janet Flanner — achava que ela queria tomar-lhe Gertrude. Mas o mais frequente eram as brigas entre Gertrude e Picasso. Sendo ele espanhol e ela, americana, os dois viviam brigando por causa da guerra hispano-americana, embora esta tivesse acontecido em 1898 — da qual, pensando bem, os dois foram contemporâneos.

Ezra Pound só foi convidado uma vez. Gertrude achou-o muito chato e considerou o seu ambicioso projeto de escrever *Os cantos* uma das façanhas mais desimportantes da história da humanidade. Na vez seguinte em que

Pound bateu à porta da rue de Fleurus, Alice foi atender e deu sua clássica resposta: "Não estamos".

Outro que mantinha uma silente hostilidade pela dona da casa era Jean Cocteau, no que era perfeitamente correspondido. Gertrude e Cocteau tratavam-se bem, mas nenhum dos dois admirava o talento do outro. O que evitou maiores brigas foi o fato de o interesse amoroso deles nunca coincidir. Tudo era muito elegante. Quando Gertrude queria rifar alguém de suas reuniões, mandava Alice à casa do sujeito. Ela entrava, aceitava um *café-au-lait*, conversava por alguns minutos e então dizia: "Fulano, vim despedir-me de você, porque vamos ficar sem vê-lo durante bastante tempo".

Além disso, Gertrude vivia intrigando seus amigos entre si. Atirou Hemingway contra Fitzgerald, dizendo para um que preferia o outro como escritor. Ela não devia ter feito isso. Scott viu naquilo um pretexto para beber mais ainda do que já bebia. Quanto a Hemingway, começou a brochar. Um dia, quando Gertrude e Hemingway lutavam boxe na rue de Fleurus, ela teria comentado: "No fundo, Ernest, você continua noventa por cento rotariano". Hemingway acertou-lhe um cruzado no queixo, que a deixou meio zonza, e os dois nunca mais se falaram.

Gertrude era maravilhosamente cabotina. Tantas vezes sua claque lhe disse que ela era um gênio que Gertrude acabara acreditando, embora ainda não tivesse feito nada para merecer o epíteto. Claro que, antes de autoproclamar-se gênio, ela tinha de olhar para os lados, porque sempre havia um ou dois gênios de verdade em seu *salon*. Mas Gertrude era generosa — não se importava de repartir com os amigos a sua poltrona no Olimpo. Costumava dizer: "Pablo e Matisse têm uma masculinidade própria dos gênios. Eu também". Ou: "Os maiores gênios que os judeus já produziram foram Cristo, Spinoza e eu". Ou ainda: "Leva muito tempo para uma pessoa tornar-se um gênio. Ela tem de ficar sozinha, sentada, durante horas, não fazendo absolutamente nada".

Mas Gertrude não seguiu o próprio conselho. Longe disso. Depois que o último gênio se retirava, ela ia para sua escrivaninha e enchia resmas de papel, esperando um reconhecimento literário que, embora para ela inevitável, estava custando muito a chegar. Começou a incomodar-se com o fato de viver cercada por uma pequena multidão de admiradores, sendo citada, repetida, copiada — e, paradoxalmente, inédita e desconhecida das grandes massas. Os editores fugiam dela como se Gertrude fosse portadora de beribéri.

Um dia, num de seus poemas, ela escreveu: "Uma rosa é uma rosa é uma rosa". Todo mundo achou o verso engraçadinho. Gertrude então começou a usar a fórmula em todos os seus poemas, romances e ensaios: a mesma frase repetida 38 vezes no mesmo parágrafo. O qual, por coincidência, era igualzinho ao parágrafo anterior. E tudo interminável, aos borbotões, como se ela achasse que o estoque universal de tinta fosse acabar no dia seguinte. Ler seus originais era como pedir uma transfusão de sangue a um hemofílico. Além disso, Gertrude parecia ter algo pessoal contra vírgulas. Seu romance de mil páginas, *The making of Americans*, não tinha uma única vírgula, nem para remédio. Quando lhe disseram que as vírgulas eram importantes como pausas, para permitir ao leitor respirar, ela não se convenceu. "Quem tem de saber quando precisa respirar é o leitor", disse. "Não descansarei enquanto não sepultar a última vírgula do mundo."

Felizmente, as vírgulas sobreviveram a Gertrude e, até hoje, andam lampeiras por aí, em milhares de textos. Mas, como não se pode garantir que a humanidade esteja respirando melhor, talvez houvesse algum sentido no que Gertrude dizia.

Gertrude apenas escrevia daquele jeito. Falando, era uma pessoa normal, e de grande clareza e precisão. O pintor Georges Braque impressionou-se com a extrema concisão com que ela certa vez elogiou uma torta de cerejas feita por Alice. Gertrude teria dito: "Deliciosa" — e, com isso, esgotou o assunto. E todos ficaram de boca aberta ao ouvi-la dizer que o século XX tinha começado não em 1901, mas em 1865, quando terminara a Guerra Civil americana. "Ali", ela disse, "os Estados Unidos inventaram o século XX."

Apesar de morar em Paris havia séculos, Gertrude continuava uma americana ao pé da letra. Falava francês, mas não lia os jornais locais e não tinha a menor curiosidade sobre o que se passava na cidade, exceto no que envolvesse seu círculo de pintores, poetas e romancistas de vanguarda. Era tão desinformada do que estava acontecendo que, em 1914, só ficou sabendo que havia uma guerra mundial às portas da rue de Fleurus porque leu sobre isso no *New York Times* e no *Daily Mail*, que circulavam em Paris.

Mas, aí, agiu rápido. Alistou-se no Exército francês como soldado, tirou carteira de motorista e lhe deram um jipe Ford para dirigir. Não se sabe direito o que Gertrude fez na Grande Guerra, exceto dirigir para lá e para cá pelo país, tendo Alice como copiloto. Seu grande problema era a falta de gasolina — nunca se lembrava de encher o tanque. Seja como for, os franceses ficaram orgulhosos dela, porque, quando veio o armistício, em 1918, espetaram-lhe várias medalhas (até Alice ganhou algumas), e as duas voltaram para a rue de Fleurus.

Não foi uma volta das mais felizes. Alice teve de vender o último Matisse para pagar a conta de luz (deixara tudo aceso quando as duas partiram para a guerra), os pratos estavam sujos e Leo andava dizendo pela cidade que havia descoberto a matemática antes de Bertrand Russell.

A guerra, no entanto, trouxe um benefício para a turma de Gertrude. "De repente, a crise mundial fez de todos nós contemporâneos", ela disse. "O cubismo deixou de ser a arte do futuro, contra a qual se batiam os passadistas, e se tornou a arte do presente. Os passadistas também tiveram de pôr o pé no presente. Picasso e os outros deixaram de ser revolucionários e passaram a fazer parte do Sistema."

Foi isso mesmo. Mas alguém daquela turma tinha de continuar maldito — e adivinhe quem: Gertrude Stein. Mas sempre sem perder a pose. Em 1920, ela encontrou na rua o escultor Jacques Lipchitz e lhe perguntou: "Jacques, reconheço que você não entende muito de literatura, mas, além de Shakespeare e de mim, quem você acha que sobra?".

A guerra virou a cabeça de muita gente. Picasso resolveu que era poeta, começou a escrever e obrigou todo mundo na rue de Fleurus a ler os seus poemas. "Agora que me descobri poeta, nunca mais pintarei", ele proclamou, do alto de seus 155 centímetros. O jovem dramaturgo Thornton Wilder, que também estava por ali, deu uma gargalhada. Gertrude quase engasgou. "Pablo, de onde você tirou essa ideia de que qualquer um pode escrever poesia?", ela perguntou. "Lendo os seus poemas", respondeu Picasso.

Se não estivesse acostumada a essas respostas, Gertrude teria se ofendido. O outro momento de total consternação foi quando Juan Gris, espanhol louco por saias, estranhou Gertrude e quase ia tomando o bonde errado com ela — tentou agarrá-la, beijá-la, sabe-se mais o quê. Ninguém lhe contara que Gertrude era de impecável fidelidade a Alice? Gris morreu em 1927, aos quarenta anos — não por isso, claro, mas de asma, uremia e alergia ao amarelo.

* * *

Em 1930, Gertrude olhou-se ao espelho e descobriu que tinha 56 anos. Finalmente chegara à idade que sempre tivera. Com o cabelo muito curtinho, aderente ao coco, e com a compleição física de um lenhador, ela se transformara num perfeito homem. Constatou com tristeza que Paris nunca havia abrigado uma desconhecida mais ilustre. Gertrude começou a perguntar-se o que lhe aconteceria primeiro: a morte ou a eternidade.

De todos os seus amigos, os que não haviam morrido já tinham alcançado o merecido reconhecimento. Hemingway era *O* Romancista; Picasso, *O* Pintor; Cocteau, *O* Dramaturgo; T. S. Eliot, *O* Poeta. Para seu suplício, Joyce não apenas escrevera *Ulysses* como a cretina da Sylvia Beach, dona de uma livraria furreca na rue de l'Odion, a Shakespeare & Co., atrevera-se a publicá-lo. O pior de tudo é que só ela, Gertrude, permanecia absurdamente inédita, sendo que os jovens que ela havia descoberto e promovido já pertenciam a academias. E outros, como Scott Fitzgerald, já estavam até decadentes!

O que lhe restara? Seus antigos cézannes e matisses valiam agora milhões — quem mandara vendê-los? Tinha de contentar-se com uns dez ou doze picassos nas paredes. Suas gavetas estavam abarrotadas de originais que ninguém queria editar. A própria rue de Fleurus já vivera melhores dias. Picasso ficara de mal com ela, esquecendo-se de como os dois tinham inventado o Modernismo em 1905; os outros apenas se afastaram. Bem, ela sempre teria a implacável fidelidade de Alice B. Toklas. Foi então, em 1933, que Gertrude escreveu *A autobiografia de Alice B. Toklas*.

A princípio, Gertrude insistia em que ficaria mais autêntico se Alice fosse a autora de sua própria autobiografia. Mas Alice argumentou que não sabia nada sobre si mesma e que preferia escrever um livro de receitas culinárias. Por isso, Gertrude arregaçou as mangas e escreveu-o ela mesma. Mas manteve o título de *A autobiografia de Alice B. Toklas*, para que o livro pudesse ser narrado do ponto de vista de Alice e, se possível, no estilo de Alice, se é que Alice tinha estilo, exceto nas tortas e suflês.

E escreveu. Nada daquelas frases repetidas, que muitos leitores menos familiarizados com a revolução modernista atribuíam a um erro da gráfica. *Au contraire*. Dessa vez, Gertrude construiu uma narrativa sumária, ginasiana, quase tatibitate, e, de vez em quando, até aspergida com algumas vírgulas. A vantagem de Alice estar na primeira pessoa era que Gertrude — aliás, Gertrude Stein, sempre com nome e sobrenome, como num cartão de visitas — podia ser o personagem principal, ocupando uns modestos 95 por cento do livro. E, para que não pairasse dúvida, "Alice" já diz, logo nas primeiras páginas: "Só conheci três gênios na vida: Gertrude Stein, Pablo Picasso e Alfred North Whitehead".

Ao ler isso, Picasso achou normal (era chamado de gênio pelo menos 38 vezes por dia). Mas Whithead, o grande filósofo inglês, ficou encantado: tirou todos os seus próprios livros da estante e os releu um por um, para deliciar-se com a própria genialidade. O compositor Virgil Thomson fez beicinho por não ser um desses três gênios — e justamente numa fase em que Virgil estava cogitando suicídio porque, nos Estados Unidos, só se falava de outro compositor semiclássico e de quem ele andava verde de inveja: um certo Gershwin.

Gertrude não esperava que *A autobiografia de Alice B. Toklas* fizesse tanto sucesso. Nos Estados Unidos, o Clube do Livro do Mês recomendou-o aos seus associados; a primeira-dama Eleanor Roosevelt disse que o estava lendo; e ele só faltou sair condensado no *Reader's Digest*. Muito justo: era a melhor coisa que Gertrude já escrevera, talvez a única. Fofocas e mais fofocas sobre os antigos frequentadores da rue de Fleurus, e para que mais? Afinal, cada um daqueles personagens já era famoso o bastante para merecer uma biografia — e alguns já a tinham tido.

Gertrude foi caprichosa nos detalhes e pichou Hemingway à vontade (chamou-o, entre outras coisas, de covarde). Hemingway esperou o prato esfriar e, 27 anos depois, em 1960, vingou-se dela, escrevendo horrores a seu respeito em *Paris é uma festa*. Mas *A autobiografia...* sobreviveu até ao comentário de Leo Stein — lembra-se dele? Vivendo na Itália, ele mandou dizer por várias pessoas: "Meu Deus, como ela mente!".

Ora, ora. Quando a lenda se torna realidade, publica-se a lenda. E Gertrude passara a vida fazendo de sua lenda uma realidade. Com *A autobiografia*, sua fama passara do antigo estado gasoso para o estado sólido: as pessoas a paravam na rua em Paris e ficavam olhando-a, tentando absorver por osmose um pouco da sua grandeza. No café Deux Magots, em Saint-Germain-des-Prés, não se falava em outra coisa. Dançando nas nuvens, Gertrude resolveu ir curtir sua glória nos Estados Unidos, onde não punha os pés havia 32 anos, desde 1902. No fundo, ela nunca deixara de ser a garota de Allengheny, Pensilvânia, que sonhava com Paris — ou vice-versa.

Gertrude fez as malas, assoviou para Alice e lá se foram as duas para a América. Em seu país, deu conferências e entrevistas sobre literatura, poesia, pintura e outros assuntos nos quais era autoridade. Ofereceram-lhe um jantar em Nova York e lhe perguntaram quem ela gostaria de convidar. Gertrude mencionou os três artistas mais requisitados do momento: Charles Chaplin, Dashiell Hammett e Dorothy Parker. Os organizadores do jantar acharam graça na sua pretensão, mas expediram os convites assim mesmo — e os três foram!

Mas o sucesso fácil também cansa. Gertrude voltou para Paris e se escondeu no último refúgio das vanguardas: ser incompreendida. Quando via seus escritos sendo elogiados pelos críticos, dizia: "Não entendo como eles entendem o que escrevo. Depois de algum tempo, nem eu mesma sei o que estava querendo dizer!".

Mas, agora que convencera o mundo da sua genialidade, Gertrude podia resignar-se a envelhecer em paz. Zelda Fitzgerald, já louca, internada em hospício e agora protestante fanática, escreveu-lhe uma carta propondo salvar sua alma. Gertrude preferiu deixar sua alma também envelhecer em paz.

Veio a Segunda Guerra, mas, dessa vez, Gertrude não combateu. Nem tinha mais idade para isso. Os alemães entraram em Paris e ela resistiu bravamente à Ocupação — passava o dia falando mal deles com seu cachorro. Apesar de judia, não a incomodaram. E só esperou acabar a guerra para morrer tranquilamente, de um prosaico câncer, em outubro de 1946. Estava com 72 anos — e, francamente, não parecia muito diferente do tempo em que tinha 27.

Alice assumiu irremediavelmente sua viuvez, mesmo porque também era tarde para casar-se de novo. Os parentes americanos de Gertrude aproveitaram uma época em que Alice tinha ido passear em Roma, foram a Paris e confiscaram-lhe os quadros que restavam — e que Gertrude havia deixado para ela. Alice sofreu com a ingratidão. Mesmo assim, cuidou direitinho dos originais inéditos de sua amiga e até lhes encontrou editor. Só não devia ter rasgado as cartas de amor que Gertrude vivia recebendo de outras mulheres. Morreu em 1967, aos noventa anos, mas, nesse interregno, finalmente publicou aquele famoso livro de receitas, *The Alice B. Toklas cook book.*

Pena que Hollywood nunca tivesse cogitado filmar a vida de Gertrude Stein. E agora essa chance perdeu-se para sempre — porque a estrela perfeita para interpretá-la também já morreu há muito tempo: Spencer Tracy. Se francês, Jean Gabin.

A grande vida de (quem mesmo?) Colette

Esses prazeres a que, levianamente, chamamos físicos

[4/6/1989]

Colette. Esse nome lhe diz alguma coisa? Provavelmente não, se você for um brasileiro ou brasileira menor de trinta anos. Em 1960 os romances de Colette deixaram de ser publicados por aqui e, desde então, uma geração inteira andou ocupada demais com Simone de Beauvoir para ouvir falar dela. Mesmo assim, é estranho, porque, quando Colette morreu, em 1954, aos 81 anos, era universalmente reconhecida como a maior escritora francesa do século, e sua popularidade, tão espantosa que seus livros eram sofregamente lidos até no Brasil. Um eco mínimo dessa popularidade deveria ter chegado até hoje — mas Colette foi esquecida entre nós, e não duvido que, com esse nome, que rima com *coquette*, deve haver quem a confunda com uma das suspirantes autoras da "Biblioteca das Moças".

Outros países, que não se pautam pelos nossos descritérios editoriais, teimam em continuar lendo a escritora e admirando a mulher Colette, o que explica que, em toda parte, vivam escrevendo livros a seu respeito. O último deles é *Colette — Uma biografia*, do escocês Allan Massie, e, surpreendentemente, acaba de sair no Brasil, pela Casa-

-Maria Editorial. Pelo inusitado, seria quase para se dizer *ouh-là-là* — se o leitor brasileiro pudesse ter acesso aos romances que ela escreveu no decorrer de uma das vidas mais loucas e originais da literatura. Mas, como eles não existem mais na inculta e bela, ou o leitor recorre ao *parlez-vous* ou fica com água na boca — principalmente ao descobrir que a ficção de Colette é, quase toda, uma honesta e atrevida autobiografia.

É verdade, ela é autora de *Gigi*, que a MGM açucarou num delicioso musical de 1958 com Leslie Caron, mas que, na versão de Colette, era — como toda a sua obra — muito mais um conto de bruxas que de fadas. Foi o seu último romance, escrito em 1945, quando, aos 72 anos e já entrevada numa cadeira de rodas, ela tinha se tornado a primeira mulher a ser eleita para a Academia Goncourt, colecionara todas as medalhas no catálogo das honrarias governamentais francesas e adquirira uma incômoda respeitabilidade. Respeitabilidade, aliás, nada condizente com os assuntos de seus livros: adultério, *ménage à trois*, paixão de rapazes por mulheres com o triplo de sua idade, sedução de velhos por garotas adolescentes, androginia, lesbianismo e outros escândalos pré-1914 — e que ela, aparentemente sem esforço, transformava em literatura e ternura.

Talvez porque, para Colette, essas coisas fossem mesmo trivialidades em sua vida. Vamos a uma espiada na biografia escrita por Allan Massie. Ela nasceu em 1873, na Borgonha, e se chamava Sidonie Gabrielle Claudine Colette. Naquela família de marido, mulher e quatro filhos, um dos quais Colette, só uma pessoa importava: Sido, a mãe. Marido e filhos ignoravam-se uns aos outros, porque viviam prostrados em adoração a ela. Esta, por sua vez, ignorava os demais e só tinha olhos para a pequena Colette. Nem a mãe de Proust igualou Sido em dedicação a um filho, com o que Colette nunca se libertou direito da infância. Com o pai dado de saída como um zero à esquerda, ela custou um pouco a aprender sobre homens e errou feio nos dois primeiros de seus três casamentos.

Qualquer praticante de psicologia selvagem diria que, como o modelo de afeto de Colette era sua mãe, era normal que ela fosse procurar consolo no meio lésbico de Paris — no qual, de fato, parece ter encontrado uma ou duas ligações profundas e estáveis que a ajudaram a sobreviver de um casamento para o outro. Mas Colette era *mesmo* bissexual e uma incurável romântica, porque, com todos aqueles desapontamentos com os maridos, nunca deixou de dar uma chance aos homens.

Infelizmente, sempre escolhia mal. Seu primeiro marido, um certo Henri Gauthier-Villars, o infame Willy, era uma das figuras mais temidas na Paris de 1893, por sua insuperável falta de caráter. Willy era um misto de jornalista e achacador — usava a pena de ganso para arrancar dinheiro dos poderosos, cuja vida particular conhecia de sobra. Para isso, mantinha uma *fábrica* de artigos, "reportagens" e folhetins, todos montados em escândalos, os quais eram escritos por jovens beletristas aspirantes — Willy dava-lhes o tom do que deveria ser escrito, acrescentava os insultos e os assinava. Colette, com quem ele se casara quando ela tinha vinte anos — no que deve ter sido o único gesto desinteressado que ele praticou na vida —, acabou se tornando um de seus *ghost-writers*.

A ideia de que Colette começasse a escrever foi de Willy, mas já por interesse. Precisava de dinheiro, e um folhetim erótico era tiro certo. Colette criou a personagem Claudine, uma jovem da província que vai para Paris e se mete nas maiores esbórnias com rapazes — e moças. (O que é curioso, porque, parece que, enquanto foi casada com Willy, Colette não teve experiências homossexuais, embora ele a atirasse constantemente para suas amantes.)

As histórias de Claudine, assinadas apenas por Willy, renderam quatro livros que, entre 1900 e 1904, fizeram tanto furor em Paris que chegaram a pôr na sombra até o caso Dreyfus — tudo, de roupas e perfumes até cortes de cabelo, se tornou *à la Claudine*. Isso se deveu não às infâmias que Willy acrescentava aos manuscritos de Colette, mas à tremenda carga de observação física e humana que ela punha nas histórias — aliás, sua marca como escritora. E, no caso de Claudine, Colette nem precisava sair à rua para observar: bastava descrever sua infernal vida com Willy.

Aconteceu que, muito a contragosto, ele acabou tendo de dar-lhe coautoria nas histórias de Claudine e, com isso, nasceu a Colette romancista. Quando se separaram, em 1905, ela expurgou os romances das *contribuições* de Willy, conquistou o direito de assiná-los sozinha, e foram essas as versões que correram mundo, inclusive o Brasil — *Claudine na escola, Claudine em Paris, Claudine no lar* e *O adeus de Claudine*. Nenhum desses é a melhor Colette, e ela também achava.

A melhor Colette está, por exemplo, em *La vagabonde*, de 1910, em que ela descreve suas experiências de dançarina de *music hall* (o que se tornou ao acabar seu casamento com Willy e antes de se assumir como escritora profissional) e nos dois romances da série Chéri, de 1920 e 1926 (publicados no Brasil como *Chéri* e *O fim de Chéri*). Chéri é um rapaz de extraordinária beleza que se apaixona por Lea, uma mulher com idade para ser sua mãe. As cenas de amor são tórridas. Como Colette tirava de sua vida tudo que escrevia, não faltou quem visse em Chéri a representação de um *affaire* da escritora, já aos 47 anos, com Bertrand, de dezoito, filho de seu segundo marido, o também jornalista e depois político Henri de Jouvenel — e, portanto, seu enteado.

Só que, nesse caso, não foi bem assim. Quando escreveu o primeiro *Chéri,* Colette não conhecia Bertrand. Mas a vida imitou a arte e, nos seis anos entre os dois romances, Colette foi levada aos braços do enteado pela galinhagem obsessiva do marido e pelo terceiro ou quarto plano a que ele a relegara em seu carreirismo político. E, por estranho que pareça, exatamente como nos livros, não foi ela quem seduziu Bertrand, mas o contrário. Puro *Fedra* de Racine, mas, seja como for, *O fim de Chéri* ficou mesmo autobiográfico. O romance com o garoto durou ainda dois anos depois que ela se separou de Jouvenel.

Colette só sossegou a partir de 1925, ao conhecer outro jornalista, Maurice de Goudeket, dezesseis anos mais jovem e com quem passou o resto da vida. Sossegou em termos: nesse período firmou-se como escritora; abriu um salão de beleza; descobriu as delícias selvagens de Saint-Tropez (trinta anos antes de Brigitte Bardot); foi repórter do *France-Soir*; transmitiu propaganda de guerra para os Estados Unidos; teve o marido preso pelos alemães; ficou famosa por amar os gatos; escreveu *Gigi*; e morreu amada por homens e mulheres sensíveis, e por ter descrito como ninguém a complicada condição da mulher num planeta masculino.

Colette sabia do que falava porque, na França em que viveu (1873-1954), boa parte desse tempo foi regida pelo Código Napoleônico, segundo o qual as mulheres eram cidadãs de segunda classe. O adultério podia custar-lhes de três meses a dois anos de prisão — não que elas não o praticassem, mas, ao homem, era permitido prevaricar publicamente e à vontade, desde que conservasse intacto o sacrossanto recesso. As mulheres podiam (e eram estimuladas a) trabalhar fora, mas só encontravam emprego como operárias, garçonetes, dançarinas de *music hall* e professoras de escolas femininas. O marido administrava por lei os bens do casal. As mulheres não tinham acesso à vida pública, e o próprio direito de voto só lhes seria garantido em 1945.

Pois foi nesse contexto que Colette (nome de família e, apesar da doce sonoridade, equivalente aqui a se chamar uma mulher de Arruda) colecionou amantes de ambos os sexos e de todas as idades; desfilou por Paris vestida de dândi; posou para cartões-postais eróticos; protagonizou uma cena de lesbianismo explícito num palco de teatro (isso depois de famosa como escritora e já casada com Jouvenel); impôs-se numa profissão *masculina*, como a de repórter; e, principalmente, desafiou e dobrou os maridos para garantir seus direitos.

Colette não foi a única mulher de seu tempo a fazer tudo isso, mas ninguém escreveu melhor do que ela a respeito. Dito assim, pode-se pensar que se tratava de uma machona hidrófoba e pornô, com algum pendor literário. O *pendor* literário atendia pelo nome de talento, mas ela não preenchia nenhuma das outras características. E é por isso que nunca se permitiu ser adotada como porta-bandeira das lésbicas e das feministas — não que elas não tenham tentado. As lésbicas a atraíram, segundo escreveu, por serem a coisa mais próxima que conseguira encontrar da figura materna, só que sem as cobranças e restrições que esta lhe impunha. "Com elas, Colette sentia-se menos obrigada a fingir que era feliz", diz Massie na biografia. E machice era a última coisa que ela admitiria em qualquer mulher — e menos ainda em si própria.

As feministas também não conseguiram nada com Colette, exceto incluí-la no seu panteão de bravas mulheres, e isso porque toda a revolta de Colette era individual, voltada contra alvos específicos. Assim como ela, suas personagens femininas não tinham nada de vítimas, e ela não permitia que uma mulher se visse como tal. Além disso, Colette tinha horror a movimentos organizados de qualquer espécie, e sua única preocupação era com o ser humano, o que fazia com que, apesar de coadjuvante em sua obra, a alma do homem também fosse esquadrinhada pelo avesso — vide *A ingênua libertina*, de 1909.

É verdade que seus livros têm sexo a granel (a grande maioria, por sinal, entre homem e mulher) — *ces plaisirs qu'on nomme, à la légère, physiques*, esses prazeres a que, levianamente, chamamos físicos, segundo ela. Mas há muito o sexo já deixou de ser escândalo e, se, hoje, ele pode até ser chamado de lirismo, isso se deveu em boa parte à coragem de Colette.

Viagem ao cérebro das louras com Anita Loos

O livro que oxigenou o sexo nos anos 1920

[25/8/1989 - 26/8/2000]

Uma garota baixinha (1,50 metro) e morena estava indo de Hollywood a Nova York de trem, pelo Super Chief, em 1925. A seu lado, no vagão-restaurante, John Gilbert, Richard Dix e Douglas Fairbanks mesmerizavam os demais presentes e faziam valer a sua condição de galãs do cinema, então ainda mudo. A garota estava de olho num dos três — qualquer um — para um programa em Nova York, longe do provincianismo hollywoodiano. Mas, embora não fosse absolutamente de se jogar fora, nenhum deles estava interessado nela. Preferiam flertar com uma loura pneumática, decotada e que falava alto, no mesmo vagão. Quando a loura deixava cair acidentalmente o livro que fingia ler — o que acontecia com suspeitosa frequência —, os cavalheiros disputavam em velocidade quem o apanhava primeiro. No final, *os três* levaram a loura. Anita

Loos, a morena baixinha, ficou uma fera. Assim que desembarcou em Nova York e se instalou no Ritz, desencapou a Royal e escreveu *Os homens preferem as louras*, uma das sátiras mais cruéis à estupidez feminina. E masculina.

Bem, foi quase assim. O episódio do trem aconteceu, mas Anita Loos (pronuncia-se Lôus, não Lúus), na realidade, não era essa *ingénue*. Já estava na praça havia anos e era famosa em Hollywood, escrevendo roteiros para os filmes de, justamente, John Gilbert, Richard Dix e Douglas Fairbanks. Mas eles, que a admiravam como roteirista, nunca reparavam nela como mulher, porque viviam muito ocupados com as louras que abundavam nos estúdios. H. L. Mencken, o terrível jornalista que era a maior admiração intelectual de Anita e de quem ela também não tirava os olhos, igualmente preferia as louras — e, de preferência, bem tapadas. Era nele que Anita Loos estava pensando ao escrever as histórias em forma de diário de Lorelei Lee, a loura que se fazia de desmiolada à caça de um marido rico, publicadas na revista *Vanity Fair* e que, logo em seguida, se tornaram um fenômeno da indústria editorial americana, ao sair em livro com o título de *Gentlemen prefer blondes*.

Os números são esmagadores. Apenas nos Estados Unidos, *Prefer blondes* já tirou mais de cem edições diferentes em capa dura e outras tantas em livro de bolso — não estão contadas as reimpressões. Foi editado em todas as línguas vigentes, inclusive russo, português e zulu, e criou uma personagem com a qual nunca mais deixamos de conviver: a loura burra, mas esperta. E Lorelei, a loura do título, sempre deu sorte a quem a interpretou. Quando o livro foi filmado pela primeira vez, em 1928, Lorelei foi Alice White, uma jovem atriz que só não ficou famosa porque, assim que o filme estreou, ela seguiu o conselho da personagem: arranjou um casamento rico e largou o cinema. Em 1949, o livro foi para a Broadway, transformado num musical (música de Jule Syne, letras de Leo Robin), e revelou Carol Channing, desde então uma instituição do teatro americano. Em 1953, a Fox filmou a peça, com a novata Marilyn Monroe, que, com esse filme, enterrou as outras louras da Fox e dos demais estúdios. Em 1974, *Preferem as louras* voltou à Broadway, com o título de *Lorelei,* e mais uma vez com Carol Channing. Anita Loos ficou tão rica que, eventualmente, pôde largar o cinema e deixar que seu marido, o também roteirista John Emerson (com quem mantinha um casamento "aberto"), a explorasse à vontade. E nem por isso ficou pobre. "Lorelei é mais difícil de matar do que Rasputin", ela disse.

E é mesmo. H. L. Mencken, apesar de míope para os encantos morenos de Anita, comentou com ela em 1925: "Minha filha, você certamente compreende que seu livro é uma terrível galhofa com o sexo. Isso nunca aconteceu na América". O respeitado filósofo americano George Santayana (1863-1952) classificou-o (a sério) como "o melhor livro de filosofia já escrito neste país". Edith Wharton chamou-o de "o grande romance americano". E, acreditem ou não, *Os homens preferem as louras* foi o livro de cabeceira de James Joyce por algum tempo. É verdade. A lenda conta que, cinco minutos antes de ficar cego, Joyce atracou-se à história de Lorelei e nunca mais a largou. Ou não deixou que sua secretária a largasse: obrigava-a a ler-lhe um ou dois capítulos toda noite. E olhe que o livro conta uma história aparentemente boba, de duas *demi-mondaines* americanas que circulam pelas grandes capitais da Europa às expensas de "um senhor que as ajuda" (a tradução mais adequada para "*gentleman friend*").

Os homens preferem as louras foi escrito numa época em que as mulheres ainda esperavam que os homens as sustentassem. (Não queriam um homem só por amor, como hoje.) Como elas ainda não tinham resolvido lançar-se àquela fascinante aventura que lhes foi inculcada pelas feministas, de "conquistar o mercado de trabalho", *alguém* tinha de pagar por seus vestidos, joias, carros, viagens e perfumes — e quem seria? "Um homem beijar sua mão pode ser muito bom, mas um bracelete de diamantes dura para sempre", disse Lorelei/Loos, na frase que ficou famosa e que os mal informados atribuem a Mae West. E foi também Lorelei quem disse que "os diamantes são os melhores amigos da mulher". É verdade que, depois disso, tivemos o feminismo e o pós-feminismo, que aparentemente mudaram esse panorama, mas não resolveram a questão — as diferenças entre homens e mulheres continuam profundas, e não serão eliminadas por reles equiparações salariais ou por já haver mulheres jogando bom futebol. Na cabeça de Lorelei Lee, há mais verdades sobre essas diferenças do que suas falas no livro deixam entender.

Apesar de Mencken ter dito que *Os homens preferem as louras* era "o mais acurado estudo até então do que se passa na cabeça do homem americano", o livro não tem nada de sério. Talvez por isso. Ao contrário, é um dos romances mais divertidos do século e contém situações que só a grande contemporânea de Anita, Dorothy Parker, seria capaz de imaginar — se Parker um dia tivesse se animado a encher a caneta com tinta suficiente para escrever um romance. Incidentalmente, a amiga de Lorelei, que a acompanha no seu garimpo de luxo, no livro e no filme (no qual é interpretada por Jane Russell), tem o humor seco e letal de Dorothy Parker — e chama-se Dorothy. Esta, por sinal, foi o assunto de uma carta que um jovem escritor entusiasmado, chamado William Faulkner, escreveu a Anita em 1926, recriminando-se: "Por que não pensei em Dorothy primeiro?". Pois é, por que não? Se todos os escritores que admiravam Anita Loos tivessem procurado escrever como ela, teríamos sido mais felizes.

Os homens preferem as louras é uma saga do capitalismo. Foi o primeiro romance americano a relacionar explicitamente sexo com dinheiro e a detonar a aura de pureza que envolvia as heroínas de ficção nos Estados Unidos. Sem trocadilho, o cabelo louro de Lorelei ajudou a oxigenar a visão que se tinha do sexo até então. Foi assim que o mundo inteiro o interpretou, exceto a URSS. Ao traduzi-lo para o russo nos anos 1950, seus editores soviéticos tomaram as liberdades de praxe e "corrigiram" a heroína. Da predadora e falsa ingênua do original, Lorelei Lee tornou-se uma vítima dos tubarões capitalistas. E sua capacidade de sedução foi eliminada para que ela se tornasse uma vítima de cantadas, assédios e estupros. Com tais "correções", o livro vendeu milhões em Moscou. Ao ser informada disso, Anita apenas achou graça — de que adiantava espernear? Mas, assim que pôde, mandou um recado ao premiê Kruchev: "Cadê meus direitos autorais, továrich?".

Anita Loos já tinha 32 anos (embora aparentasse dezesseis) quando escreveu *Os homens preferem as louras* e talvez fosse a única mulher em seu país capaz de conceber e executar tal livro. Nascera de uma família rica e excêntrica de San Francisco, que não só estimulava as vocações artísticas de suas filhas como até torcia para que fizessem teatro. Anita não se interessava em ser atriz, mas gostava de escrever. Gostava também de cinema e, ainda usando tranças — aliás, o cinema também ainda usava tranças —, deduziu que, se os filmes contavam histórias, alguém tinha de escrevê-las. Em 1912, aos dezenove anos, mandou um conto intitulado "The New York hat" para o estúdio Biograph (que, como todos os estúdios pré-1914, ficava em Nova York). A Biograph comprou sua história e Anita viu seu conto transformado em filme por ninguém menos que D. W. Griffith, que, logo depois, com *Nascimento de uma nação* (1914) e *Intolerância* (1916), assentaria as bases gramaticais do cinema.

O resto veio fácil. Griffith pediu-lhe mais histórias; a indústria cinematográfica mudou-se para Hollywood (ótimo, porque bem mais perto de sua casa); e Anita tornou-se uma das roteiristas mais requisitadas da cidade. Em 1925, quando mudou temporariamente de veículo e escreveu *Os homens preferem as louras,* Anita já tinha seu nome nos créditos de 131 filmes. E, mais importante do que isso, uma bagagem de vida nem sonhada pela maioria das mulheres em parte alguma. Na verdade, Anita era mais fascinante que qualquer uma de suas personagens, inclusive Lorelei.

É só listar algumas pessoas com quem ela privava, social ou profissionalmente. Anita conheceu e admirou muita gente — ricos, artistas e pobres —, mas nunca se deslumbrou com ninguém. Foi também contemporânea da vida livre e airosa das mulheres mais desejadas de seu tempo, razão pela qual, quando escreveu *Os homens preferem as louras,* sabia muito bem do que estava falando.

Um de seus melhores amigos era Wilson Mizner (1876-1933), que poderia ter sido um brilhante empresário, economista ou escritor, mas que preferiu ser um sofisticado vigarista — caça-dotes, falsificador de quadros, subornador de *boxeurs,* especulador imobiliário, *restaurateur,* fumante de ópio, contista, dramaturgo, roteirista de cinema e frasista (Algumas dele: "Seja gentil com as pessoas quando estiver subindo. São as mesmas que você encontrará quando estiver descendo"; "Quando se rouba de um autor, é plágio; quando se rouba de dois autores, é pesquisa"). Outros amigos íntimos de Anita eram Charles Chaplin, Cole Porter, Noël Coward, Orson Welles, o astrônomo Edwin Hubble, as francesas Chanel e Colette, a *stripper* Gypsy Rose Lee e romancistas como Aldous Huxley, Erich Maria Remarque e H. G. Wells, apenas entre os famosos. Scott Fitzgerald? Anita o evitava, porque ele ficava chato quando bêbado. Foi apresentada a Freud, mas não gostava dele, porque o via como indiretamente culpado pela morte de muita gente que estava organicamente doente e precisava de um médico, não de um psicanalista — entre eles, seu amigo George Gershwin, que perdeu meses tratando sua dor de cabeça num divã, quando o problema era um tumor no cérebro.

O filme de *Os homens preferem as louras*, com Marilyn, dirigido por Howard Hawks, é bom, mas, como sempre, o livro continua melhor. O filme concentra quase toda a ação no navio, enquanto, no livro, Anita leva Lorelei a Londres, Paris, Budapeste, Munique e Viena (sempre hospedando-a no Ritz) e promove uma arrasadora descrição do choque cultural europeu-americano. Um choque que a própria Anita protagonizou na vida real, ao passar os últimos 55 anos de sua vida gastando o dinheiro do livro (morreu em 1981, aos 88), em viagens por toda parte e conhecendo gente importante — como se ela própria não fosse uma.

Numa dessas viagens, por volta de 1930, ela estava em Roma, e uma aristocrata inglesa residente na Itália perguntou-lhe se não gostaria de conversar com Mussolini. Loos, adepta da teoria de que é preciso experimentar de tudo pelo menos uma vez, disse que sim, e a inglesa ficou de acertar o encontro. Este efetivamente aconteceu alguns dias depois. Mas, com poucos minutos de conversação, Anita decidiu que não achava Mussolini tão divertido. Ao contrário, achou-o um suíno. Na saída, a inglesa cobrou-lhe cem dólares (bom dinheiro então) pela apresentação. Mas Anita foi rápida:

"Tenho uma ideia melhor. Eu lhe vendo de volta a apresentação por cinquenta dólares."

Penas em álcool

Várias doses acima

Uma tradição de bebuns na literatura americana

[18/2/1989]

F. Scott Fitzgerald, Ernest Hemingway, William Faulkner, Eugene O'Neill, Dorothy Parker, Dashiell Hammett, Raymond Chandler, John Steinbeck, Sinclair Lewis, John O'Hara, James Thurber, Truman Capote, Tennessee Williams, William Inge, James Jones, Elizabeth Bishop, Wallace Stevens, Edmund Wilson, Robert Benchley, Ring Lardner, Philip Barry, Thomas Wolfe, e. e. cummings, Jack Kerouac, Malcolm Lowry, Conrad Aiken, William Saroyan, Irwin Shaw, Robert Lowell, James Agee, John Cheever, O. Henry, Ambrose Bierce, Theodore Dreiser, Hart Crane, Edna St. Vincent Millay, Stephen Crane, Jack London e Edgar Allan Poe. Aí você tem 39 escritores americanos de diversos gêneros, épocas e estilos. E todos com um traço em comum: alcoolismo. Não eram apenas bons de copo, como se diz. Eram ótimos de copo — eram alcoólatras. No começo, dedicavam-se por igual à caneta e à garrafa, mas, depois de algum tempo, a garrafa engoliu a caneta. Todos tiveram a produção, a saúde e a vida afetadas pelo enorme consumo de álcool, e a maioria bebeu até morrer.

Você poderá argumentar que a bebida não impediu que eles fossem geniais — supondo que todos o tivessem sido. Mas isso é discutível. Sem o álcool, é provável que fossem *mais* geniais. Teriam perdido menos tempo em internações para "desintoxicação" ou para tratamento de órgãos destruídos pelo álcool. Seu fim de vida poderia ter sido fisicamente menos doloroso — a morte do querido humorista Robert Benchley, por exemplo, foi horrível, vertendo sangue por todos os orifícios. E, claro, teriam evitado os problemas financeiros que, em maior ou menor escala, afligiram quase todos e os obrigaram a trabalhar no que não gostavam para sobreviver — como escrever contos para revistas femininas, em detrimento dos romances que sonhavam produzir.

Um cientista chamado Donald W. Goodwin, diretor do Departamento de Psiquiatria da Universidade de Kansas, nos Estados Unidos, e estudioso do alcoolismo, decidiu variar suas leituras, mergulhando em biografias de escritores, e quase acabou precisando de Engov. Descobriu que, dos sete americanos que ganharam o Nobel de Literatura, quatro eram alcoólatras por qualquer definição: Sinclair Lewis, Eugene O'Neill, Ernest Hemingway e William Faulkner — não que isso fosse novidade. O quinto, John Steinbeck, bebia hectolitros suficientes para ser incluído na categoria. E apenas dois, Saul Bellow e Pearl S. Buck, estariam livres de qualquer suspeita — mas Bellow é judeu e, historicamente, os judeus bebem pouco; quanto a Pearl, só ganhou o Nobel porque os suecos é que deviam estar de porre quando a elegeram.

Cinco alcoólatras em sete premiados fazem uma percentagem de 71 por cento, a maior já encontrada em qualquer grupo pesquisado nos Estados Unidos — ou, no mínimo, revela que o júri do Nobel bebe mal. Goodwin descontou o que pode ter havido de coincidência nessas premiações e, ao fazer de cabeça uma lista de outros escritores americanos, constatou uma enorme incidência de alcoolismo — vide acima. Muito mais difícil, segundo ele, seria fazer uma lista de grandes nomes da literatura dos Estados Unidos que não fossem reputados como alcoólatras por seus biógrafos ou contemporâneos.

Goodwin resolveu investigar por que tantos escritores americanos da primeira metade do século XX beberam como se todo o uísque do mundo fosse acabar no dia seguinte e, secundariamente, se isso interferiu para melhor ou para pior na criatividade de cada um. O resultado é o livro *Alcohol and the writer* (Andrews and McMeel, Kansas City, 1988), no qual ele se esforça em 210 páginas para confirmar sua discutível suspeita: a de que essa onda lítero-etílica foi uma epidemia, em parte favorecida pela natureza do trabalho do escritor, e só contaminou tantos escritores porque eles eram propensos a ela.

A tese da epidemia é polêmica. Significa que o alcoolismo é algo que vem em ondas ou que se pega no ar, como a gripe espanhola? Ao mesmo tempo, sua incidência parece de fato ter diminuído entre os escritores americanos da segunda metade do século XX — ou talvez eles já não se vangloriem da sua condição de intelectuais românticos e decadentes no figurino de Hemingway e Fitzgerald. Goodwin também não ignora que, desde então, o álcool pode apenas ter sido substituído por outras drogas, digamos, mais modernas, embora, em sua opinião, continue a ser o aditivo mais *apropriado* ao trabalho penoso, doméstico e solitário de juntar palavras com ideias. Esta última teoria, por mais zureta, não é difícil de provar, além de mais cômoda para uma *morning after*.

"Escrever é uma forma de exibicionismo", diz Goodwin. "O álcool diminui as inibições e ativa o exibicionismo na maioria das pessoas. Escrever requer um interesse pelas pessoas; o álcool aumenta a sociabilidade e torna as pessoas mais interessantes. Escrever envolve fantasia; o álcool libera a fantasia. Escrever exige autoconfiança; o álcool estimula a autoconfiança. Escrever é um trabalho solitário; o álcool diminui a solidão. Escrever exige intensa concentração; o álcool relaxa."

Bem, vejamos. Se esse coquetel de conexões fosse verdade absoluta, todos os escritores seriam alcoólatras — o que não acontece. Mas, como houve tantos que o foram em dado período, então é porque se tratou de uma epidemia. Daí, tendo decidido que ela atingiu a muitos, mas não todos, Goodwin arma-se da visão psiquiátrica e parte para estudar cada caso dos cinco Nobel alcoólatras, reservando capítulos especiais para os não premiados Edgar Allan Poe, Scott Fitzgerald, Malcolm Lowry e o belga, residente nos Estados Unidos, Georges Simenon, todos incapazes de ver uma garrafa cheia.

Cada caso é único, mas Goodwin enxergou personalidades divididas em Fitzgerald e Hemingway; esquizofrenia em Lowry; psicose maníaco-depressiva em O'Neill, Fitzgerald, Hemingway e Steinbeck; e um pouco de tudo isso em Poe, Faulkner e O'Neill, os quais tinham de lidar ainda com pesadas heranças de alcoolismo em suas famílias. De uma forma ou de outra, todos eram suicidas (concretos ou potenciais), insones, anoréxicos e, exceto Simenon, tinham mulheres "compreensivas" quanto ao alcoolismo do marido — a de Faulkner era, inclusive, alcoólatra. Goodwin ficaria surpreso se soubesse que essas são características comuns entre alcoólatras, escritores ou não. Na verdade, depois que o alcoolismo se estabelece, é quase inevitável que elas apareçam.

E, para se ver como componentes psicológicos desempenham um papel no mínimo duvidoso em alcoolismo, se Poe, Fitzgerald e Lowry bebiam porque se sentiam fracassados, então Faulkner, Hemingway e Steinbeck deviam beber porque eram um sucesso. E, se hoje se sabe que o alcoolismo é uma doença, progressiva e sem cura, continua-se sem saber exatamente o que o provoca — se o ambiente, os genes ou as duas coisas. Donde os vastos horrores emocionais fermentados por Goodwin em seu livro podem explicar por que esses homens se tornaram escritores, mas não por que se tornaram alcoólatras.

Exceto, talvez, no caso de Simenon, que teve a duvidosa distinção de ser alcoólatra nos dois estilos: o francês e o americano. Na França, Simenon bebia três ou quatro garrafas de vinho por dia — "como se fosse água", dizia —, além de um aperitivo antes de cada refeição e de um conhaque para começar a escrever. Pelos padrões europeus, isso não basta para classificar alguém como alcoólatra, donde Simenon não tinha o menor sentimento de culpa e, ingenuamente, como ele mesmo admitiu, não se achava alcoólatra. Quando se mudou para os Estados Unidos, manteve a média, só que com sentimento de culpa, e, daí, apareceram os sinais de que o álcool iria matá-lo. Teve um estalo, parou de beber (em 1949) e hoje passa muito bem, a seco, aos 85 anos. Entendi mal ou, para Goodwin, é o sentimento de culpa que provoca alcoolismo?

Certas mazelas íntimas dos grandes escritores americanos enquanto alcoólatras, levantadas por Goodwin, são também comuns a qualquer pessoa nessa condição. A diferença é que os escritores as embebem de mais charme, mas não de menos tragédia.

Fitzgerald, por exemplo. As pessoas comuns tentam esconder que bebem, mas, desde cedo, quando ainda estudava em Princeton, Scott costumava apresentar-se às pessoas, dizendo, "Prazer. Sou Scott Fitzgerald, o conhecido alcoólatra". Nessa época, ainda havia mais exibicionismo do que dependência na sua euforia: "Não consigo ficar sóbrio o tempo suficiente para achar graça em estar sóbrio", ele dizia. Mas, em pouquíssimos anos, a bebedeira extravagante e quase infanto-juvenil dos tempos de *O grande Gatsby* (1924) já se tornara bárbara e destrutiva. No fim dos anos 1920, o massacre diário do álcool fizera declinar a confiança de Scott em seu poder verbal. Empacou ao escrever *Suave é a noite*, levou anos para terminá-lo, e o resultado final é um livro com momentos brilhantes, mas que parece ter passado do ponto. Enquanto isso, sua mulher, Zelda, estava enlouquecendo e, em 1937, Scott, falido e também com a saúde em cacos, foi esmolar roteiros em Hollywood. Quando morreu de um ataque do coração, em 1940, aos 44 anos, estava tão esquecido como escritor que, para alguns, "F. Scott Fitzgerald" era um personagem de um romance da *jazz age*.

Seu principal colega de geração, Hemingway, gostava de touradas, lutas de boxe, brigas de galo e de atirar em pombos, leões e elefantes. Queria ser o grande macho até o fim. Por isso, ninguém entendeu quando, em 1960, deu um tiro na cabeça, aos 61 anos. Mas o Hemingway do fim da vida estava apenas representando o próprio papel. Seus últimos grandes livros tinham saído quase duas décadas antes e poucos sabiam que sua saúde já não era compatível com a pose do *He-man* que ele ainda tentava ostentar. Em seu último ano, Hemingway fora internado duas vezes numa clínica por depressão, onde o trataram com sessões de eletrochoque. Além disso, tinha alucinose alcoólica crônica, uma hepatite mal curada e persistente, pressão alta, diabetes, seu fígado era visível a distância — proeminente sob a gordura da barriga — e estava impotente. Se as quantidades industriais de álcool que tomava influíram negativamente na sua literatura pós-1940, ele seria o último a admitir — pelo simples motivo de que nunca admitiu seu declínio, nem seu alcoolismo.

Quanto a William Faulkner (1897-1962), a única coisa que ele dizia incomodá-lo no álcool eram suas longas crises de soluços, que se faziam ouvir até no imaginário condado de Yaknopatawpha, onde se passavam suas histórias. As outras mazelas que o acometiam, como os acidentes quase fatais, as quedas de cavalos e de escadas, os vômitos de sangue, os constantes estupores (num deles, segundo a lenda, estava em São Paulo, certo de estar em Chicago) e os períodos forçados de "enxugamento" (quando trocava o uísque por cerveja e Seconal), não pareciam perturbá-lo. Quando lhe diziam que seu melhor livro, *Luz em agosto* (1932), fora escrito num raro período de sobriedade, respondia que o que mais vendeu, *Santuário* (1931), saíra de um porre prolongado. O insuspeito Hemingway observou que, nos últimos livros, Faulkner estava perdendo o controle sobre seu material, insistindo em frases que não terminavam nunca, nem levavam a lugar nenhum. Não se sabe como, mas, clinicamente, é um milagre que Faulkner tenha chegado aos 65 anos.

E há o caso do teatrólogo Eugene O'Neill. Quando o menino Eugene tinha pesadelos ou dor de cabeça, seu pai lhe dava algumas colheres de uísque — um velho costume irlandês. Com esse estímulo para beber, O'Neill nunca se fez de rogado e, a partir da adolescência, já tinha de ser trancado periodicamente num quarto pela família para ser mantido sóbrio — o que não evitava as tremedeiras, as alucinações e os delírios, nem impedia seus amigos de lhe contrabandear bebida. Durante décadas, O'Neill concentrou-se em beber e escrever, "sem misturar as duas coisas" — disse Goodwin, sem explicar como O'Neill conseguia fazer isso. Goodwin afirma também que, "muitas vezes, O'Neill tinha um motivo forte para interromper a bebida e sentar-se para escrever: falta de dinheiro". Se isso é verdade, significa que O'Neill era um sem-vergonha, bebia porque queria e conseguia ficar sem beber se lhe faltasse dinheiro, e sem passar pelas síndromes de abstinência que acometem os alcoólatras. De qualquer maneira, aos 37 anos, em 1925, O'Neill teria sido "curado" por um tratamento psiquiátrico de seis semanas e nunca mais beberia (de fato, morreu enxuto, aos 65). A verdade é que suas peças definitivas, *O luto assenta em Electra* (1931), *Longa jornada noite adentro* (1935) e *The iceman cometh* (1940), foram escritas na fase sóbria. Goodwin dá a entender que O'Neill preencheu o "vazio" de sua sobriedade com outro aditivo que tinha para dar e vender: talento. Mas, se talento cura alcoolismo, por que a maior parte dos escritores citados acima não se livrou do problema?

E, se assim fosse, o multipremiado John Steinbeck, autor de *As vinhas da ira* e *A leste do Éden*, poderia perder as esperanças. Steinbeck era ciosíssimo de manter seu alcoolismo em segredo. Exceto quando bêbado. Então ameaçava atirar as pessoas pela janela, cortá-las com seu canivete, esganá-las e outros esportes do gênero. É difícil dizer se a literatura de Steinbeck decaiu com o álcool — porque, em minha opinião, com ou sem o Nobel na prateleira, não havia muito que decair.

Belos e malditos na Riviera

A vida e a morte no outro lado do paraíso

[15/9/1996]

Em 1925, F. Scott e Zelda Fitzgerald jantavam com o casal Gerald e Sara Murphy no terraço de um pequeno restaurante em St.-Paul-de-Vence, no Sul da França. O terraço pendia sobre um precipício invisível na noite fechada. Gerald, sentado de frente para Zelda e de costas para o parapeito, viu Isadora Duncan numa mesa próxima, com os amigos, e mostrou-a para Scott. Este, que não a conhecia, foi até a mesa da lendária bailarina e, com divertido exagero, ajoelhou-se aos seus pés. Isadora gostou da homenagem e dedicou-se a fazer cafuné nos anéis dourados de Fitzgerald, chamando-o de seu centurião. Zelda disparou faquinhas com os olhos para ela — e, para manifestar seu desagrado, subiu à mesa, saltou sobre a cabeça de Gerald e atirou-se pelo parapeito, despencando na noite escura da Provença.

Não, Zelda não morreu. Antes que Scott, Gerald e Sara se refizessem, ela ressurgiu na porta do restaurante, com os joelhos escalavrados e o vestido sujo de sangue. Caíra numa espécie de sacada sob o restaurante. E, então, você perguntará: ela sabia da existência dessa sacada? Bem, mesmo que soubesse, era preciso ser muito corajosa para ter feito aquilo. Ou louca. A veracidade da história não se discute — foi contada por Gerald Murphy a Nancy Milford, autora de *Zelda*, a definitiva biografia da mulher de Scott. E a palavra de Gerald Murphy não era para ser posta em dúvida.

Os Murphy podem não ter descoberto a Riviera Francesa, mas fizeram mais — eles a inventaram. Em 1920, Gerald e Sara eram um casal de jovens milionários de Nova York, desgostosos com o que consideravam a grosseria da vida nos Estados Unidos. Gerald via com horror a hipótese de ter de assumir os negócios de seu pai — a célebre loja Mark Cross, de artigos de couro, já então uma das mais finas do mundo... Com o dinheiro das duas famílias, ele e Sara foram com os três filhos naquele ano para Paris e, a conselho de um amigo — o desconhecido mas já viajado e também milionário Cole Porter —, mudaram-se para Cap d'Antibes, na Riviera. Ali construíram sua casa, a Villa America, que se tornaria o centro de um grupo de americanos talentosos e expatriados: o próprio Cole, o poeta Archibald MacLeish, o jovem Ernest Hemingway, Fitzgerald e muitos outros. Seus amigos europeus eram Picasso, Miró, Juan Gris, Braque, Léger e Stravinski.

Gerald e Sara eram interessados em pintura, literatura, dança moderna, jazz e, principalmente, na arte de viver. Tudo o que os cercava era simples e, ao mesmo tempo, refinado. Um piquenique na praia de La Garoupe, organizado por Sara, tornava-se um evento inesquecível. Detestavam ostentações e eram de uma generosidade a toda prova, mas também sabiam ser duros com quem lhes desagradasse. Durante muito tempo, eles foram os melhores amigos de Scott e Zelda — e exatamente seus antípodas.

Scott e Zelda mudaram-se para a Europa em 1924. Entre Paris e a Riviera (com casa em Juan-les-Pins, a poucos minutos de Cap d'Antibes), ficaram dois anos e meio. Ali Scott terminou de escrever *O grande Gatsby* e começou o que seria *Suave é a noite*, com os personagens de Dick e Nicole Diver inicialmente inspirados nos Murphy. Gerald e Sara eram o que Scott gostaria que ele e Zelda fossem — pessoas em quem o charme e o dinheiro assentavam com tal naturalidade que todos os prazeres devidos ao ser humano parecessem mera decorrência. Mas, se Scott tinha o perfeito entendimento disso ao escrever, tal compreensão lhe faltava na vida real. Nessa sua primeira temporada europeia (haveria outras três ou quatro), ele e Zelda levaram ao extremo o deslumbramento e a dissipação que haviam apenas ensaiado em Nova York. Foi um milagre que Scott tivesse terminado *Gatsby*.

Com um único dólar comprando um caminhão de francos e com seus milhares de dólares em direitos autorais sendo depositados regularmente na Riviera, dinheiro não era problema para eles. Os próprios Scott e Zelda é que eram o problema: em sua adoração por Zelda, Scott se sentia casado com uma das heroínas de suas histórias (e não é por coincidência que tantas dessas heroínas se pareçam com Zelda). Às vezes, de madrugada, ela se atirava ao mar, do alto dos rochedos de Cap, indiferente às pedras lá embaixo, e convencia Scott a acompanhá-la. Zelda era grande nadadora; Scott não. Os Murphy temiam pela vida deles. Em outras ocasiões, para impressionar Zelda, Scott soltava o volante nas curvas da mortífera Corniche d'Or. Numa dessas, quando Sara os repreendeu, Zelda fingiu surpresa: "Mas, Sara, nós não acreditamos em envelhecer. Você não sabia?".

Zelda também bebia, mas apenas para acompanhar Scott. Na verdade, não se dava bem com álcool e havia um limite para seu consumo. Em seus momentos mais lúcidos, alertava os amigos para os estragos que a bebida de Scott estava provocando em seu casamento — Scott sumia por dias seguidos e depois reaparecia, cheio de culpa e jurando emendar-se. Talvez conseguisse ficar algumas horas sem beber, mas a abstinência a que se forçava o tornava distante e deprimido. O inevitável aconteceu, na forma de um breve mas intenso *affaire* de Zelda com um aviador francês. Scott sofreu com o caso, mas, depois que ele foi encerrado, a história seria contada nas festas pelos próprios Scott e Zelda como se estivessem se referindo a personagens da literatura — e cada vez de forma diferente.

Enquanto durou, não era apenas Paris — toda a Riviera era uma festa. Mas, como se os deuses quisessem cobrá--los por todo o dinheiro, charme, beleza e talento que lhes tinham dispensado, a festa estava destinada a acabar e não iria poupar nem os adorados Murphy — dois de seus filhos ficaram tuberculosos e morreram no fim da década. A sombra do nazismo já começava a cobrir a Europa e os expatriados começaram a voltar para casa. Mas, desde 1929, os Estados Unidos já eram um país em ruínas, pela derrocada de Wall Street. Scott e Zelda também eram ruínas de si mesmos. Em 1932, ela publicaria seu único romance, *Esta valsa é minha*, e alguns contos, mas a esquizofrenia iria condená-la aos sanatórios, num dos quais morreria, em 1945, durante um incêndio. E Scott não viveria para ver seus belos e malditos comoverem as gerações que se seguiriam.

O último cheque de direitos autorais que Fitzgerald recebeu em vida foi de treze dólares, em 1940. Isso equivalia a um semestre de vendas de *Suave é a noite*, lançado seis anos antes. Era seu único romance disponível (e encalhado) nas livrarias. Ou seja: Fitzgerald já não existia como escritor. E o homem envelhecido, trêmulo e disposto a humilhar-se, que usava seu nome e suas roupas, era uma falsificação do Scott Fitzgerald que um dia fora sinônimo de tudo o que os anos 1920, a "era do jazz", representavam.

Os psiquiatras — uma das categorias ironicamente menos equipadas para tratar de alcoolismo — estabeleceram teorias a respeito de Fitzgerald. A jornalista Sheilah Graham, com quem Scott viveu nos últimos anos, procurou vários deles e ouviu explicações típicas sobre seu alcoolismo. Eis algumas. Scott fora um sucesso, era agora um fracasso e, por não se conformar com isso, bebia. Ou: Scott perdera sua capacidade de escrever e, para sentir-se mais confiante, bebia. Ou ainda: Scott bebia porque sua mulher, Zelda, enlouquecera e estava num manicômio. Todas elas, teorias arrogantes de quem prefere trabalhar com clichês em vez de apurar direito os fatos.

Fitzgerald não começou a beber quando se tornou um fracasso. Já bebia alucinadamente quando era um sucesso, entre 1920 e 1929, e mesmo antes, quando ainda não era ninguém. Na verdade, seus biógrafos estabeleceram como sendo aos quinze anos, em 1911, a época em que ele trocou a limonada pelo uísque. E, em criança, antes mesmo de ter tomado sua primeira dose, Scott já gostava de se passar por embriagado em festas infantis. Alcoolismo e exibicionismo costumam andar juntos, e essa combinação o acompanharia por quase toda a vida. Na universidade de Princeton, em cujo campus ninguém tinha permissão para beber, ele chegava para a primeira aula da manhã, estendia a mão e fingia se denunciar: "Desculpe a tremedeira. Ontem tomei um litro de vinho e não sei quantos coquetéis". Dorothy Parker também fazia esse comentário autodepreciativo, só que com humor. Estendia o braço trêmulo na mesa do Algonquin e dizia: "Olhe minha mão. Firme como um beija-flor". É um velho truque: construa um folclore engraçado a seu respeito e desarme os que tentarem criticá-lo.

Essas brincadeiras induziram alguns biógrafos a acreditar que a pouca resistência de Fitzgerald o levava a embriagar-se com facilidade. Naturalmente, era o contrário: como todo alcoólatra, Scott tinha uma resistência fenomenal, dobrada apenas pelas quantidades absurdas que ingeria. Mas se, a princípio, os porres eram de faz de conta, anos depois começariam a tornar-se reais, sem prejuízo do estilo histriônico pelo qual Fitzgerald queria ficar famoso. Em 1920, um ano depois de instituída a Lei Seca, já casado com Zelda e célebre pela recente publicação de *Este lado do paraíso*, seu primeiro livro, os porres a dois construíram a sua fama de o casal mais louco de Nova York — numa época e cidade em que a competição era dura nesse terreno.

Certa noite, Scott e Zelda atiraram-se vestidos na fonte do hotel Plaza; desfilavam sobre o capô de carros em movimento; Scott exibia naipes de notas de cinquenta dólares no bolso externo do paletó; de madrugada, rolavam garrafas de champanhe vazias pela Quinta Avenida; suas festas começavam na sexta-feira à noite e prolongavam-se até segunda de manhã; nas festas, Scott enfiava-se embaixo das mesas para levantar a saia das convidadas ou saía de tesoura em riste cortando as gravatas dos amigos. E, enquanto seu marido dava seu show na sala, Zelda, em quem alguns já viam traços de desequilíbrio, arrastava desconhecidos para beijos e carícias nos cantos escuros. Era tudo muito divertido, parte integrante dos "anos loucos" que Scott descreveu com delicadeza e fúria em *O grande Gatsby*, *Os belos e os malditos* e *Seis contos da era do jazz*.

A ostentação e o desvario de Scott e Zelda não passavam em branco. Os jornais os criticavam como arrivistas, e alguns restaurantes recusavam-se a recebê-los como clientes, mas, e daí? Eles eram jovens, louros e talentosos, e sua única diferença para com os ricos era que estes tinham mais dinheiro. E, pela velocidade com que o dinheiro entrava e saía dos bolsos de Scott, era como se a era do jazz fosse durar para sempre e, todos os dias, ele desse a Zelda um diamante maior que o Ritz. Não admira que, no futuro, se pensasse que Fitzgerald era um personagem de ficção. De certa forma, é o que ele foi: um homem com uma tremenda urgência vital — para caminhar em direção à morte. Como tantos de seus personagens.

Como foi, então, que, com tudo isso, Scott conseguiu construir uma obra tão reflexiva e em que o trato da palavra parecia um trabalho de ourives chinês? Porque, por mais que propagasse o contrário, ele sabia que precisava estar relativamente sóbrio para escrever. A história de sua vida durante toda a década de 1920 — em Nova York, em Paris e no Sul da França — foi a das inúmeras vezes em que teve de forçar-se a ficar uma semana sem beber para ver o trabalho avançar. "Posso escrever um conto no decorrer de uma garrafa", ele disse a seu editor Max Perkins, "mas um romance exige concentração." Como os porres de três dias seguidos impediam essa concentração, está explicado por que, em vinte anos como ficcionista, Scott produziu apenas quatro romances e mais um, *O último magnata* [*The last tycoon*], que ele morreu sem terminar. Em compensação, escreveu dezenas de contos e, o mais incrível: quase todos magníficos.

O quarto desses romances, *Suave é a noite*, foi começado em 1925, logo depois da publicação de *Gatsby*, mas Scott levou nove anos para terminá-lo. Parte da demora deveu-se à loucura de Zelda, que começou a revelar-se em 1930, e à própria condição de Scott, dependente de álcool desde pelo menos 1928. Se, antes, ele tinha de permanecer sóbrio para escrever, agora não conseguia mais escrever — nem fazer nada — sem beber. *Suave é a noite*, que poderia ter sido seu maior livro (e, nos detalhes, talvez seja), saiu numa época em que os Estados Unidos, mergulhados na Depressão, culpavam os irresponsáveis anos 1920 por todas as agruras que estavam passando. E ninguém simbolizava mais aquele passado a ser esquecido do que Fitzgerald.

Sua ida para Hollywood, em 1937, para tentar tornar-se roteirista, foi vista como um gesto final de desespero. Na realidade, como não tinha escolha, Fitzgerald tentou convencer-se de que escrever filmes era sua verdadeira vocação. Mas, mesmo que conseguisse adaptar a riqueza de sua prosa à simplicidade visual do cinema, tinha pela frente um inimigo pior do que os produtores que ele vivia acusando de persegui-lo: a garrafa.

Em seus últimos anos, a dupla personalidade que acaba aflorando em todo alcoólatra chegara a um ponto extremo em Fitzgerald: sóbrio ou quase, era o homem sensível e delicado que escrevia cartas fabulosas a Zelda e à filha de ambos, Scottie, interna num colégio na Suíça; bêbado, tornava-se uma fera descontrolada, cuja violência física podia voltar-se contra sua companheira Sheilah Graham ou contra ele mesmo — como numa viagem a Havana, em que se intrometeu numa briga de galos (para salvar o galo que estava sendo feito em tiras pelo outro) e quase foi linchado pelos apostadores.

No final, em Hollywood, Scott já não estava dependente apenas de álcool, mas também de Nembutal (que tomava à noite em quantidade suficiente para fazer desmaiar um cavalo) e, na manhã seguinte, de digitalina (para manter o coração funcionando). Em muitas ocasiões, não conseguia conservar nada sólido no estômago e, finalmente, começara a perder o controle sobre as funções intestinais. Numa das vezes em que jurou a Sheilah que estava sem beber e passou o dia bebericando água, ela provou o conteúdo do copo e descobriu: era gim puro. Ele tinha plena consciência de seu alcoolismo e de como este provocara a sua ruína e, talvez, a de Zelda. Mas era altivo demais para procurar ajuda.

Quando Scott morreu, do segundo enfarte em poucas semanas, Dorothy Parker foi vê-lo no caixão e, para não chorar, repetiu a frase que ele fizera um personagem de seu maior romance dizer diante do corpo de Jay Gatsby:

"Pobre filho da puta."

O escritor que despertava esse tipo de piedade e que, em 1940, ninguém mais estava lendo já vendeu, de sua morte até hoje, mais de 10 milhões de exemplares. E, ao contrário de seu contemporâneo Ernest Hemingway, que só diminui, Scott Fitzgerald não para de crescer.

A turma do Algonquin

Ao redor da mesa

Trocando possíveis obras-primas pela conversa fiada

[22/8/1993]

Grande década, a de 1920, para turmas que se dedicavam à conversa fiada e à literatura. Em Paris, estavam os "expatriados" americanos — Ezra Pound, William Carlos Williams, Ernest Hemingway, F. Scott Fitzgerald, E. E. Cummings (ele preferia assinar-se e. e. cummings), Elliot Paul —, enfim, a turma que Gertrude Stein, não sem alguma inveja, chamou de "geração perdida". Em Londres havia o "círculo de Bloomsbury", em torno de Virginia Woolf e Lytton Strachey. Em São Paulo, mal comparando, os rapazes que fariam a Semana de Arte Moderna saçaricavam nos salões da aristocracia. Pois, em Nova York, também havia um grupo de jovens, com uma queda infecciosa para o humor, que se reunia todos os dias em volta de uma mesa redonda no Algonquin (pronuncia-se "algôn-kwin"), um caprichado hotelzinho da rua 44 Oeste, entre a Quinta e a Sexta Avenida. O problema da turma do Algonquin é que, entre a literatura e o papo furado, eles preferiam este último.

Os algonquinos eram, quase todos, jornalistas competentes e potencialmente brilhantes como poetas, romancistas ou dramaturgos, mas recalcitrantes como criadores —

capazes de inventar qualquer pretexto, como o de falta de lápis, para não ter de escrever. Um dia, eles acabariam desovando todos os romances, contos, artigos, poemas, peças de teatro e roteiros de cinema que deviam a seus fãs — mas só depois que, premidos pelas circunstâncias, se desfizeram como turma e cada qual seguiu seu caminho. Enquanto isso não aconteceu, eles se divertiram (e fascinaram Nova York) durante dez anos, com a saraivada diária de frases maldosas, sagazes e engraçadas com que se espetavam uns aos outros — frases que saíam nos jornais, publicadas por eles mesmos, e eram repetidas pela cidade. E nem precisaram esperar pela posteridade para que a mesa redonda em que se reuniam fosse considerada, como a do rei Artur, uma espécie de Camelot, só que gaiata e irresponsável. Mesmo em seu tempo, ela já era vista assim. As pessoas telegrafavam dos mais remotos grotões americanos reservando lugar no Algonquin e iam a Nova York apenas para vê-los almoçar e, se possível, ouvi-los digerir e conversar.

Os membros da mesa-redonda eram muitos, mas o núcleo inicial se compunha de Alexander Woollcott, crítico de teatro, cronista, radialista, íntimo das grandes damas da Broadway e talvez o primeiro sujeito na história a ficar famoso apenas por ser famoso; Robert Benchley, no futuro o humorista mais lido e amado da América; Robert Sherwood, que se firmaria como teatrólogo, autor de *A floresta petrificada* (estouro de Humphrey Bogart no palco em 1935) e, depois, confidente do presidente Roosevelt na Segunda Guerra; e Dorothy Parker, que carregaria pela vida uma reputação muito maior como *witty* (frasista sofisticada) do que como a magnífica poeta e contista que ela era.

Mas, em junho de 1919, Parker e Sherwood ainda não eram nada disso. Eram apenas redatores da *Vanity Fair* e tinham acabado de ser demitidos por insistir em introduzir opiniões pessoais no material mais ou menos neutro que a revista exigia que eles escrevessem. Benchley, que trabalhava com eles e era tão obscuro quanto, pediu demissão em solidariedade. Os três foram convidados por Woollcott, a quem mal conheciam, a almoçar defronte, no Algonquin, um hotel fundado em 1902 e batizado em homenagem a uma tribo de índios habituados a abater ursos para o almoço. O gerente do hotel, Frank Case, não servia ursos no Algonquin, mas o gordo Woollcott adorava a torta de maçã preparada pela pasteleira do hotel. É ridículo imaginar que toda uma onda cultural foi desencadeada pela tal torta, mas a literatura às vezes é assim. E o motivo para Woollcott tê-los convidado a almoçar foi, prosaicamente, porque não queria almoçar sozinho.

Foi o primeiro encontro informal na mesa-redonda, ainda sem esse nome e com notáveis diferenças sobre o que ela logo viria a ser. Entre outras, Dorothy Parker e Robert Benchley não tomaram nem uma gota de álcool naquele almoço — nenhum dos dois bebia na época, e o então conservador Benchley até torcia fervorosamente pela aprovação da Lei Seca (a qual viria pouco depois). Além disso, o almoço não se deu na mesa redonda do Salão Rosa, onde ela ficaria famosa, mas numa mesa comum do outro restaurante do hotel, o Salão de Carvalho. A partir dali, por inspiração de Woollcott, os almoços foram ficando diários e ganhando a adesão de jovens jornalistas e artistas com quem eles partilhavam certas características: todos eram mais cultos do que aparentavam, tinham o dom da frase inteligente e exerciam um jeito maníaco para enxergar o lado cômico de qualquer coisa. O tiroteio verbal era permanente e, embora todos fossem amigos entre si, era raro um deles levantar-se e deixar dois sobreviventes à mesa para fuzilá-lo com palavras pelas costas — razão pela qual os almoços eram intermináveis e, com frequência, emendassem com o jantar.

Embora Woollcott desse a palavra final sobre quem poderia sentar-se com eles, a turma começou a crescer. Frank Case achava-os divertidos e, quando viu que as cadeiras viviam sendo puxadas das mesas próximas para comportar os aderentes, mudou-os para o Salão Rosa, que era maior. Mas a população da mesa continuou a crescer e a atravancar as passagens. Então, instalou-os de vez numa grande mesa redonda, arturiana, nos fundos do restaurante. Deu-lhes um garçom exclusivo e passou a servir-lhes tira-gostos grátis. E, não raro, lhes servia fiado. Por que não? Por causa deles, o Algonquin estava ficando famoso. Um caricaturista, Edmund Duffy, passou por lá, desenhou-os e os crismou "A mesa redonda do Algonquin". Mesa em que eles foram ficando e da qual só se levantaram quase dez anos depois, já no fim da década, para injetar veneno e ácido nos diversos departamentos da cultura americana: jornalismo, poesia, conto, teatro, cinema, música popular e, às vezes, em todos esses departamentos ao mesmo tempo.

Está bem, mas quem eram eles? Além de Woollcott, Parker, Benchley e Sherwood, um almoço típico da mesa-redonda original poderia incluir os futuros dramaturgos George S. Kaufman, Edna Ferber e Marc Connelly; o contista Ring Lardner; os jornalistas Franklin P. Adams, Heywood Broun e Harold Ross; os futuros roteiristas Herman J. Manckiewicz, Ben Hecht, Charles MacArthur e Donald Ogden Stewart; os atores Harpo Marx e Tallulah Bankhead; os compositores Irving Berlin e, sempre que de visita a Nova York, o inglês Noël Coward; a artista plástica Neysa MacMein; o crítico musical Deems Taylor; e até o *boxeur* Gene Tunney, que chegou a ser campeão mundial dos pesados, mas nunca passou de uma espécie de mascote dos intelectuais do Algonquin. Esses nomes, celebérrimos na época e hoje razoavelmente esquecidos, foram responsáveis por boa parte da cultura norte-americana da primeira metade do século XX. Vários deles merecem ressurreição.

O próprio Woollcott, que começou tudo, era o único sem talento no grupo. Certa vez, alguém o classificou de "o pior escritor da América". Num radical exercício de autocrítica, ele respondeu: "Ao contrário, sou o melhor escritor da América. O problema é que não tenho nada para dizer!". Woollcott parecia uma coruja despenteada, falava fino e, para todos os efeitos, era assexuado, talvez virgem. Os íntimos sabiam que, na verdade, ele era homossexual reprimido, com uma discreta mas intensa paixão por Harpo Marx. E, mesmo sem nada a dizer, Woollcott era um homem interessante: poucos entenderam tão bem o gosto do americano médio e o alimentaram com críticas tão benevolentes de dramalhões do teatro e da literatura, histórias de superação individual tipo *Reader's Digest* e crônicas benignas e nostálgicas para revistas femininas — tudo que ele escrevia poderia começar com "Era uma vez...".

Woollcott tinha também um talento inato para a autopromoção, a ponto de ser tão famoso quanto Helen Hayes, Lynn Fontanne, Ethel Barrymore e as outras grandes atrizes que ele adorava e que o amavam em troca. Era tão popular que, durante a Segunda Guerra, quando a editora Viking Press iniciou sua coleção de *portables* — livros contendo o melhor de um escritor em um volume, num formato prático e portátil —, o *Portable Woollcott* foi o de número 17, perdendo em primazia para Oscar Wilde, Shakespeare e Hemingway, mas saindo na frente de Faulkner, Mark Twain e James Joyce. Hoje isso parece ridículo, porque ninguém mais lê Woollcott, e não se pode dizer que a humanidade esteja perdendo muito. Mas o mesmo se aplica a noventa por cento das pessoas que escreveram em todos os tempos e lugares. Quantos, porém, juntaram tantos talentos à sua volta como Woollcott?

Um deles, George S. Kaufman, escreveria (em parceria com o jovem Moss Hart) as melhores comédias teatrais de seu tempo, entre as quais *You can't take it with you* [*Do mundo nada se leva*], de 1936, logo filmada por Frank Capra, e *The man who came to dinner* [*O homem que veio para jantar*], de 1939, cujo protagonista, o radialista Sheridan Whiteside, era uma paródia declarada de Woollcott. Kaufman seria também o libretista das principais empreitadas dos Irmãos Marx na Broadway, antes que eles fossem para Hollywood, e ajudou a construir o personagem de Groucho como o malandro cínico, intelectualizado e mal-humorado, sempre com uma frase ácida ou um trocadilho na agulha. Donde o Groucho que o mundo admira pode ter sido, em boa parte, criação de Kaufman — e um incisivo exemplo disso está em *Uma noite na Ópera*, de que Kaufman escreveu o roteiro, em parceria com Morris Ryskind.

Houve época em que, exceto por Eugene O'Neill, não se dava um passo no teatro americano sem a participação de George Kaufman, fosse como dramaturgo, como diretor (de suas próprias peças ou de outros) ou mesmo como *play doctor*, um médico de peças — alguém a quem os produtores recorriam em desespero para salvar um texto com problemas ou uma direção equivocada. E a prova de que ele era quase infalível está em três peças alheias que dirigiu e que entraram para a história: *The front page*, de Ben Hecht e Charlie MacArthur (1928), *Of mice and men*, de John Steinbeck (1939), e *Guys and dolls*, de Abe Burrows (1950). Aliás, de sua estreia como autor, em 1920, até a última peça que dirigiu, em 1958, nunca houve um ano na Broadway em que Kaufman não tivesse seu nome em pelo menos uma marquise, em alguma das capacidades citadas — façanha que nem Neil Simon conseguiria igualar. E, claro, assim como Eugene O'Neill, Kaufman também ganhou dois prêmios Pulitzer de teatro. Daí você perguntará: então como se explica que ninguém mais fale nele? E a resposta será simples: porque ele fazia comédia.

Dois antigos parceiros de Kaufman em teatro também brilhariam em carreiras próprias: Edna Ferber e Marc Connelly. Ferber se consagraria em 1925 como a autora do romance *Show boat*, logo transformado (por Jerome Kern e Oscar Hammerstein) num musical tão importante — aliás, o primeiro musical "sério" da Broadway — que pareceu eclipsar o próprio romance em que se baseara. E Marc Connelly, em 1931, também ficaria célebre por uma peça negra, *Green pastures*.

Aliás, a turma do Algonquin — toda ela branca; quase todos judeus — seria uma grande defensora dos direitos dos negros, numa época em que, nos Estados Unidos, essa não era uma causa fácil de abraçar. Pode ter ajudado o fato de que algumas moças da mesa (Dorothy Parker, principalmente) eram loucas pelo cantor Paul Robeson, o primeiro a interpretar "Ol' man river" — ele é que não quis muita coisa com elas. Já Harold Ross só faltou fundar *The New Yorker* na mesa redonda em 1925 — na verdade, fez isso a menos de duzentos metros dela e, nos anos seguintes, muitos dos membros da mesa iriam colaborar na revista.

O cinema falado seria o grande culpado pelo fim da mesa-redonda. Quando os filmes ficaram sonoros, os produtores descobriram que precisavam de quem lhes escrevesse diálogos inteligentes ou articulados. E onde foram recrutar esses roteiristas? Exatamente entre os homens que tinham criado uma reputação de dizer as frases que todo mundo repetia. Herman J. Manckiewicz seria o primeiro da mesa a se deixar tentar por Hollywood e ir embora de Nova York, em 1927. Treze anos depois, ficaria famoso como o verdadeiro autor do roteiro de *Cidadão Kane*, apesar de Orson Welles ter tentado de tudo para escondê-lo (Orson só dividiu o crédito pelo roteiro com Manckiewicz porque foi obrigado a isso judicialmente).

A dupla Ben Hecht & Charlie MacArthur também se

revelaria com uma peça, *A primeira página* [*The front page*], de 1928, talvez a sátira mais devastadora já escrita sobre a imprensa, e que seria filmada várias vezes. Os dois igualmente iriam para Hollywood pouco depois, e Ben Hecht se tornaria talvez o roteirista mais bem pago do cinema. E Donald Ogden Stewart, que era um rapaz fino e chique, também seria um dos roteiristas mais respeitados do cinema (em *Núpcias de escândalo*, *...E o vento levou* e muitos outros), antes de ser esmagado pelo macarthismo em fins dos anos 1940, por suas supostas ligações comunistas.

Dito assim, parece que eram todos rapazes sérios e rigorosos, não? Mas, para muitos, eles eram exatamente o contrário. H. L. Mencken não simpatizava com eles (achava-os um bando de *poseurs*) e, na hora do almoço, fazia questão de passar longe do Algonquin. Por extensão, sua discípula Anita Loos, futura autora do romance *Os homens preferem as louras*, também não se interessava por eles. E, talvez por despeito (ou por suas brigas com Dorothy Parker), Clare Booth Luce, mulher do magnata Henry Luce (dono da revista *Time*) e futura autora da peça *As mulheres* [*The women*], também não ia ao Algonquin. Por que essa aversão?

O humor da mesa-redonda não perdoava ninguém. Dorothy Parker dizia de Gertrude, mulher de seu amigo Robert Benchley, que ela tinha sempre o aspecto de estar "saindo de um edifício em chamas". De seu próprio ex-marido, Eddie Parker, Dorothy contou que ele era tão incompetente que "quebrara o braço ao fazer ponta no lápis". Quando Dorothy tentou o suicídio pela primeira vez, cortando os pulsos, em 1922, pôs a culpa em Eddie pelo fracasso da tentativa: "Ele não consegue nem manter as giletes amoladas". Dorothy tentou se matar pela segunda vez, em 1926, tomando uma superdose de Veronal — Benchley foi visitá-la no hospital e a advertiu: "Dottie, pare com essa mania de suicídio, ou vai acabar ficando doente".

Durante anos, os titulares da mesa-redonda não se desgrudaram uns dos outros. Os almoços no Algonquin começaram a invadir o expediente da tarde. À noitinha, era obrigatória uma esticada no estúdio de Neysa MacMein, sem hora para terminar. Mais tarde, iam para o apartamento de Dorothy, que morava no próprio Algonquin, e, muitos uísques depois, sentiam-se calibrados para desbravar os *speakeasies*, como o Tony Soma's ou o Puncheon Club — tudo isso em plena vigência da Lei Seca. Às sextas-feiras, à noite, o gerente Frank Case lhes emprestava um apartamento vago no hotel para sua roda de pôquer, que não raro se estendia até a manhã de segunda-feira — Kaufman e Harpo invariavelmente ganhavam, Woollcott invariavelmente perdia.

Não admira que quase todos os casamentos da turma tenham morrido pelo caminho, inclusive o de Dorothy. Ela teve um caso com Charles MacArthur, de quem ficou grávida e fez um aborto muito além do tempo regulamentar; transou também com Ring Lardner, e quase se casou com Deems Taylor. O alcoolismo fez estragos na mesa-redonda, devastando a vida de Robert Benchley, Charles MacArthur, Ring Lardner, Heywood Broun, Franklin P. Adams, Herman J. Manckiewicz e dela própria, Dorothy. O estouro da Bolsa em 1929 pegou-os de calças curtas — nenhum deles imaginava que a leveza e loucura dos anos 1920 pudesse acabar um dia. O fato é que Nova York quase quebrou, ficou incapaz de rir e a maioria deles foi obrigada a pensar em Hollywood, onde o novo cinema falado lhes acenava com uma montanha de dinheiro e uma proposta irresistível: trabalhar como roteiristas de filmes. Eles aceitaram e partiram quase em massa para a Califórnia, e foi o fim da mesa-redonda.

Fim da mesa, mas não do Algonquin, porque eles foram substituídos — até hoje — por sucessivas gerações de escritores, jornalistas, dramaturgos, atores, compositores e gente de outras categorias profissionais, tendo em comum o talento, a excentricidade e certa tradição de beber muito. Um desses, o compositor Alec Wilder, autor de "I'll be around" e de algumas das canções mais sofisticadas da música americana, foi hóspede fixo do hotel nas décadas de 1950, 1960 e 1970 — com a característica de que, quando lhe dava na telha, se dirigia para a Grand Central Station, entrava no primeiro trem que estivesse saindo e ia embora, sem saber para onde. Numa parada mais longa, em qualquer cidade, descia do trem, comprava uma camisa e algumas cuecas na própria estação — apenas para ter uma troca de roupa pelos dias seguintes — e seguia seu caminho, de trem em trem. Depois, fazia o percurso de volta. O pessoal do Algonquin estava treinado para não estranhar as ausências de Wilder. Uma ou duas semanas depois, ele reaparecia e reassumia seu apartamento no hotel, como se estivesse voltando da esquina aonde fora comprar cigarros. Ninguém lhe perguntava para onde tinha ido. Mesmo porque ele também não saberia responder.

Wilder, que morreu em 1980, aos 73 anos, deixaria um livro clássico: *American popular song — 1900-1950* (Oxford Press, 1972), o tratado definitivo, por um musicólogo, do grande legado da canção americana na primeira metade do século XX (na verdade, a única metade que valeu). Em 536 páginas, analisou musicalmente e definiu os méritos de dezenas de canções de Irving Berlin, Jerome Kern, Vincent Youmans, os irmãos Gershwin, as duplas Rodgers & Hart e Rodgers & Hammerstein, Cole Porter, Harold Arlen, Arthur Schwartz, Burton Lane, Vernon Duke, Hoagy Carmichael, Jule Styne, Jimmy Van Heusen, enfim, de todos os compositores americanos importantes do período.

Todos — menos as dele próprio. E, como seu livro se tornou o tratado definitivo sobre o assunto, foi como se ele se autoexcluísse para sempre da história. Algonquin na veia.

Venenos com ternura de Robert Benchley

Um humor atento à fragilidade e ao ridículo humanos

[19/9/1989]

Um homem baixote, gorducho e de bigodinho, desses que você não consegue imaginar sem guarda-chuva, chamado Robert Benchley, entrou com um amigo no 21, o famoso restaurante de Nova York, e viu Humphrey Bogart sozinho no balcão, tomando seu uísque. Era um pouco antes de 1940, e Bogart ainda não tinha feito *Relíquia macabra* ou *Casablanca*, mas já ficara conhecido por aparecer em pelo menos dez filmes de gângsteres por ano, nos quais invariavelmente morria a tiros, na cadeira elétrica ou jogado pela janela, depois de uma carreira de crimes. Havia quem pensasse que ele era um gângster de verdade e que às vezes fazia uns biscates no cinema.

Benchley pediu licença ao amigo, aproximou-se de Bogart pelas costas e cutucou-o dizendo: "O.k., rapaz. Termine seu drinque e dê o fora. Não queremos gente da sua laia por aqui". Bogart virou-se devagar e olhou para o homenzinho. Segundo testemunhas, deixou cair estudadamente o cigarro no chão, pisou na guimba e, só então, uma eternidade depois, expeliu uma lenta baforada de fumaça. Daí começou a levar a mão ao bolso do paletó. Os fregueses por perto ficaram inquietos. O barman pareceu procurar uma arma por baixo do balcão. "*Quem* vai me fazer dar o fora?", perguntou Bogart. "Eu", respondeu Benchley. "Vá andando." E espetou-lhe um dedo no peito, dando-lhe um pequeno empurrão.

"Bem, foi você que começou", disse Bogart, mostrando as presas. Imediatamente houve um corre-corre entre os fregueses; duas mulheres começaram a gritar. Bogart encarou Benchley e, quando todos esperavam pelo pior, apontou para o rosto do homenzinho e começou a rir. "Essa cara", gargalhava Bogart, "não consigo olhar para essa cara sem morrer de rir!" Benchley também começou a rir, e os dois se abraçaram e se sentaram para beber juntos, falar mal de Hollywood e continuar rindo. Ninguém entendeu nada.

Na época, 1938 ou 39, Bogart era pouco mais que um coadjuvante de luxo, mas o rosto de Robert Benchley já era familiar para milhões de americanos, pelos curtas de oito minutos que ele escrevia e estrelava na MGM e que eram exibidos como complementos do filme principal. Apesar de sua timidez, Benchley se tornara o comediante mais sofisticado de Hollywood, e muitos dos que rolavam de rir com aqueles filmes não sabiam que ele deixara para trás uma cintilante carreira como escritor e humorista em Nova York. Hoje é o contrário: enquanto os seus filmes ainda esperam para ressuscitar em vídeo, as antologias de suas histórias não saem de catálogo (a mais recente é *Benchley lost and found*, lançada pela editora Dover) e suas frases e tiradas são repetidas até por gente que nunca suspeitou que ele existiu. Aos cem anos, que teria completado esta semana, Robert Benchley tornou-se um patrimônio do humor universal.

Um patrimônio que ele construiu nas páginas das revistas *Vanity Fair* e *The New Yorker* e na célebre mesa redonda do hotel Algonquin, onde passava as tardes esgrimindo frases com a contista e poeta Dorothy Parker, os teatrólogos George S. Kaufman e Robert Sherwood, o crítico Alexander Woollcott, o jornalista Franklin P. Adams e outras línguas temidas pela facilidade com que construíam ou destruíam reputações na Nova York dos anos 1920. O humor americano ainda não encontrou substitutos para essa turma — da qual Benchley, por seu temperamento, foi talvez o membro mais querido, mas não o menos engraçado. Ele podia ser venenoso como Dorothy Parker, que foi sua grande amiga, mas sem ser maldoso como ela, e cheio de autopiedade, como Woody Allen, que é o seu melhor discípulo, mas sem despertar compaixão. Nos dois casos, ria-se *com* Benchley, o que é muito mais difícil — e não *de* Benchley, o que costuma ser o recurso dos outros dois. Se você acha que essa não é uma importante diferença, pergunte a quem no Brasil pratica esse tipo de humor e à altura do original: Luis Fernando Verissimo.

A história que resume à perfeição o seu estilo aconteceu quando alguém lhe fez a clássica advertência por beber demais: "Não sabe que isso é morte lenta?". Ele respondeu: "E quem está com pressa?". (O que já se tornou até um enunciado clássico do universo bebum, mas quantos sabem que foi Benchley quem o formulou?) Ou quando ele tentou acalmar um amigo à beira de uma crise nervosa: "Se você me disser suas fobias, eu te direi do que você tem medo".

Era o humor de um homem terno, permanentemente atento à fragilidade e ao ridículo humano, mas que não conseguia deixar de ser ou parecer compreensivo. Seu sucesso no cinema podia explicar-se pelo fato de que, nos curtas, ele sempre representava um homem comum, atrapalhado com situações banais: como treinar um cachorro, como preencher o imposto de renda, como votar, como tirar férias, como dormir e até como digerir — ou seja, ele mesmo. (Benchley era realmente incompetente para lidar com a vida prática e julgava-se perseguido por tudo que fosse elétrico ou mecânico — uma ideia que Woody Allen lhe tomou emprestada e nunca se lembrou de devolver.) Esse mesmo personagem incapaz e assustado era o narrador de suas crônicas e conseguia agradar a todos os públicos, do pior cínico às mais pias donas de casa.

Como Dorothy Parker, ele era capaz de qualquer pretexto para fugir à máquina de escrever. Mas no seu caso, havia um bom motivo: em seu apogeu, Benchley tinha de ser engraçado *full time* em três colunas diárias para jornais, um programa de rádio semanal, uma crítica de teatro idem para a *New Yorker* e os curtas de cinema — só em 1938 rodou nove. Vivia de Hollywood para Nova York, e vice-versa, num tempo em que essa viagem era feita no Super-Chief e no Twentieth Century, os trens das estrelas, que levavam quase três dias através do deserto e faziam baldeação em Chicago. É verdade que, com essa produção intensa, Benchley faturava 100 mil dólares por ano, mas esse dinheiro, enorme para a época, não parava no seu bolso: ou se dissipava na mesa dos bares (Benchley nunca deixou ninguém pagar uma conta se ele estivesse por perto) ou se evaporava nas confusões com o Fisco americano, que vivia nos seus calcanhares.

Apesar da agenda cheia, Benchley era famoso também como um dos mais devotados boêmios de seu tempo. A única maneira de flagrá-lo sem um copo na mão era quando estava dormindo e, mesmo assim, nem sempre — porque ele poderia estar dormindo, devidamente equipado, na sua mesa no 21, em Nova York — a de número 3, sobre a qual há hoje uma placa indicando o Benchley's Corner. (O 21 continua no número 21 da rua 52 Oeste e, se querem saber, a mesa de Humphrey Bogart era a de número 30.) O outro templo boêmio presidido por Benchley, este em Hollywood, era o Garden of Allah, na Sunset Boulevard — um conjunto de 25 bangalôs em estilo espanhol, tendo no centro do terreno uma piscina na forma do mar Negro, para atender a um capricho de sua proprietária, a atriz russa Alla Nazimova. Transformado em hotel no fim dos anos 1920, o Garden of Allah tornou-se o refúgio dos escritores nova-iorquinos que trabalhavam para o cinema e odiavam a Califórnia, como Benchley, Dorothy Parker, Scott Fitzgerald, Nathanael West e outros. Juntos, eles se empenharam em beber em uísque o equivalente à água da piscina de Nazimova. *Quase* conseguiram. (E o Garden of Allah foi posto abaixo nos anos 1950 para se tornar um estacionamento.)

Em seus últimos anos, Benchley foi picado pela mesma mosca que mordeu Fitzgerald: começou a se lamentar por ter desperdiçado seu talento ganhando (e torrando) dinheiro em Hollywood, quando poderia ter se *realizado* como escritor em Nova York. Morreu em 1945, aos 56 anos, simbolicamente afogado nessa frustração. Mas só simbolicamente. Na verdade, morreu de uma saraivada de hemorragias internas, provocadas pelo álcool.

Benchley não podia adivinhar que tudo que escreveu, inclusive os curtas, era tão engraçado, duradouro e universal que ficaria clássico. Até então, ele achava que só era famoso por ser famoso, e citava como exemplo a noite em que perdeu muito dinheiro nos dados, num cassino na Califórnia, e um jogador ao seu lado ofereceu-se para pagar o prejuízo em troca dos dados com que ele havia jogado. *Isso* é ser famoso.

A vida dura

O dia do gafanhoto — Nathanael West

Pessoas que iam a Hollywood para morrer

[26/10/1974]

Nathanael West morreu em 1940, aos 37 anos, de um acidente de automóvel, depois de ter escrito quatro romances que quase ninguém lera e de ter tentado a sorte, sem nenhum sucesso, como roteirista em Hollywood. Pelos anos seguintes à sua morte, continuou tão sepultado quanto em vida, ou quase, e só voltou a ser — timidamente — reeditado em 1957. Mas, de algum tempo para cá, ao procurar uma explicação para o Purgatório que hoje habitam — Guerra do Vietnã, escândalo de Watergate, crise do petróleo, balas perdidas em Nova York, estúdios de Hollywood em concordata e Charles Bronson como o maior galã do cinema —, os americanos depararam-se com a obra de West e viram nela uma espécie de profecia descalabro.

Seus livros começaram a se vender aos milhares, e o último deles, *O dia do gafanhoto* [*The day of the locust*], de 1939, passou a ser considerado um dos três grandes romances produzidos nos Estados Unidos na primeira metade do século — os outros dois sendo, possivelmente, *O grande Gatsby*, de F. Scott Fitzgerald (1925), e *O sol também se levanta*, de Ernest Hemingway (1926). O que me leva a perguntar:

para onde vão os escritores depois que morrem? Seja para onde for, Hemingway e Fitzgerald desta vez não podem se queixar da companhia.

Os quatro romances de West, empilhados, não somam quatrocentas páginas. São *A vida alucinada de Balso Snell* [*The dream life of Balso Snell*, 1931], *Corações solitários* [*Miss Lonelyhearts*, 1933], *Um milhão de dólares* [*A cool million*, 1934] e *O dia do gafanhoto*. Todos são meio curtos para ser tecnicamente classificados de romances, e muito longos para ser, idem, de contos — na realidade, são novelas. De 1931 a 1939, eles venderam, juntos, menos de mil exemplares, e só foram publicados porque Edmund Wilson, Dorothy Parker e Scott Fitzgerald, amigos de West, lhe haviam arranjado editores ricos (ou pobres) o bastante para aguentar os prejuízos. Meia dúzia de pessoas, se tanto, sabiam que ele era um grande escritor. O próprio West era um deles, mas, depois de tantos fracassos, até ele passou a duvidar de seus poderes, reduzindo para cinco o número de seus admiradores.

A exemplo de Kafka — judeu checo que escrevia em alemão — e muitos outros das primeiras décadas do século XX, West era uma *displaced person*, alguém difícil de classificar. Seus pais emigraram da Rússia em fins do século XIX e enriqueceram nos Estados Unidos, na indústria de construção civil. Mas, como sói acontecer, West não tinha nenhum interesse no negócio da família e supõe-se que nunca tenha visto um tijolo ou fio de prumo na vida real. Seu negócio era a literatura e, nos anos 1920, havia uma brilhante geração de escritores em ação, e muitos modelos a imitar. Mas West preferiu não imitar ninguém e insistiu em ser original. Nada de mais nisso quando se tem uma família por trás, bancando as despesas. Mas, em 1929, seu pai perdeu tudo no *crack* da Bolsa e ficou a zero, deixando-o ainda inédito, sem perspectivas e sem dinheiro nem para o bonde.

Para sobreviver, West arranjou um emprego de gerente no chiquérrimo Sutton Hotel, na rua 56 Leste, em Nova York. E por que não? Para um romancista em potencial, existe melhor posto de observação da vida humana que um hotel? Com a vantagem de que, se você for o gerente, como West, e tiver tantos escrúpulos quanto ele, pode abrir as cartas dos hóspedes e espiar pelo buraco das fechaduras sem despertar suspeitas — como ele fazia. O problema é que, na Depressão, a indústria turística estava tão ruim quanto hoje, e havia quartos vazios de sobra. Sem chance de fazer carreira no ramo hoteleiro, West decidiu prestigiar seus amigos escritores, deixando-os ocupar de graça os quartos vazios, desde que não botassem fogo nas cortinas. Nessa condição, os ainda quase anônimos Dashiell Hammett, Lillian Hellman, Edmund Wilson, S. J. Perelman, James T. Farrell, Robert Coates e Erskine Caldwell, todos duros, foram hóspedes do quase inacessível Sutton.

West chegou atrasado para o nascimento da *lost generation*, embora a tempo para o enterro dela. O qual não foi dos mais concorridos — talvez porque, com milhões de pessoas desempregadas e na fila do pão, arrivistas fúteis como Jay Gatsby, Daisy Buchanan e outros personagens típicos do período tivessem sido quase que expulsos da literatura. West pertencia à fase de transição: a dos escritores que haviam conhecido o sonho americano, mas só podiam relatar seu pesadelo — como Farrell, Caldwell, John O'Hara. O problema é que, ao contrário daqueles outros escritores, que sabiam manipular o leitor para fazê-lo "emocionar-se" nos capítulos certos, West não tinha medidas — queria escrever tudo, de uma vez só. Sua incapacidade para perceber a diferença entre a ficção e a realidade era quase física. Um biógrafo, Jay Martin, em *Nathanael West — The art of his life*, afirma que "para West, a vida era a ficção, quase uma ilusão; a dura realidade estava em seus livros".

Isso pode ser constatado em todos eles, a começar por *A vida alucinada de Balso Snell*. É a história de um homem que sonha ter encontrado um grande cavalo de madeira às portas de Troia, na velha Grécia, e entrado nele — adivinhe por onde. Lá dentro, ele tropeça a cada passo nos sargaços da sensibilidade coletiva, à medida que os personagens que encontra também sonham e contam suas histórias de frustração, insegurança e ansiedade. (Jorge Luis Borges deve ter lido e adorado *Balso Snell*, porque, em 1944, escreveu um conto parecido, "As ruínas circulares", em *Ficções*.) Os sonhos dentro dos sonhos, cada qual mais grotesco e escatológico, conduzem Balso Snell a um orgasmo. Naturalmente, será um orgasmo estéril, de que nada resultará, a não ser a vã ilusão de ter viajado pelas entranhas de um cavalo de glorioso passado, o que, por sua vez, só será capaz de produzir novas e também estéreis ilusões.

No fundo, West estava apenas iludindo a si próprio, em seus sonhos de se tornar um escritor famoso: será que ele realmente acreditava que um possível leitor, sem dinheiro para comer, iria gastar os três dólares que o livro custava, quando podia ir para casa dormir e sonhar aquilo tudo de graça? *Balso Snell* foi um brutal fracasso de livraria. Satirizava as ilusões num momento em que os americanos mais precisavam delas. Além disso, sua história não continha um começo, meio e fim, e isso era tão chocante naquele tempo como é hoje uma história que *contenha* começo, meio e fim.

Em *Corações solitários*, seu livro seguinte, West não se emendou: continuou brincando com as ilusões alheias, só que, dessa vez, aparentemente com boas intenções. Um homem é contratado por um jornal para escrever a seção de conselhos aos leitores, sob um pseudônimo feminino — Miss Lonelyhearts. A coluna visa apenas aumentar a circulação do jornal, e toda a redação a vê como uma piada.

Ele aceita a função porque imagina que, em pouco tempo, será promovido a colunista social e poderá tomar dinheiro dos grã-finos que gostam de ter sua foto no jornal. Ele também vê Miss Lonelyhearts como uma piada, mas, depois de alguns meses, deixa de achar graça nela. Descobre que muitas cartas que recebe são expressões confusas de legítimo sofrimento e apelos profundos e humildes de apoio moral. Seus correspondentes acreditam no que a coluna diz. Pela primeira vez, é obrigado a reexaminar os valores sob os quais tem vivido. E essa análise lhe prova que é ele a vítima da piada.

A diferença entre a figura de Miss Lonelyhearts e os conselheiros sentimentais na vida real é que, enquanto estes têm todas as certezas para oferecer aos leitores, Miss Lonelyhearts só podia lhes acrescentar mais dúvidas — as suas próprias. Em certo momento, Miss Lonelyhearts começa a se imaginar Jesus Cristo. West, por sua vez, passando por um processo de deterioração mental naquela fase, começou a se imaginar Miss Lonelyhearts. Certos personagens são mesmo altamente contagiosos: West acreditava que seu livro poderia prestar um serviço aos corações solitários que precisam contar seus problemas a colunistas de jornal. E nem com isso se deu bem. Todas as cartas que "transcrevera" em *Corações solitários* eram, naturalmente, fictícias, mas os poucos compradores do livro começaram a enxergar mais que mera coincidência na semelhança entre elas e seus próprios casos. Alguns mais paranoicos chegaram a ameaçar West de processo, acusando-o de ter, de alguma forma, se apoderado de cartas que haviam escrito para colunistas do gênero.

Corações solitários, apesar, ou por causa disso, tinha grandes possibilidades de ser um sucesso de vendas. Todos os críticos, que receberam os primeiros exemplares, assim que eles começaram a sair, escreveram a favor. Com o acaso, no entanto, não se brinca. Antes de o livro ser distribuído, a editora, Liveright Publishing Co., faliu. A gráfica na qual ele fora impresso (um dos credores da editora) segurou, na boca da máquina, 2 mil dos 2200 exemplares. A procura nas livrarias era grande, por causa das críticas favoráveis, mas o livro, na prática, não existia. Meses depois, West conseguiu que a Justiça lhe liberasse os exemplares, mas aí era tarde — seus hipotéticos fregueses já haviam gastado a mesada. Devo acrescentar — ou será crueldade demais? — que, por um desses milagres, em 1933, a United comprou os direitos de filmagem de *Miss Lonelyhearts*. O filme foi feito — *Conselhos de amor* [*Advice to the lovelorn*], dirigido por Alfred Werker e estrelado pelo então popularíssimo Lee Tracy —, mas a história foi tão alterada (transformada numa comédia sobre jornalismo) que acabou sendo lançado em programa duplo com um desenho animado de Walt Disney, *A oficina de Papai Noel*. (Depois disso, para mim, West só *tinha* de escrever *O dia do gafanhoto*. Considerem-no legítima defesa.)

"John D. Rockefeller daria 1 milhão de dólares, livres, para ter um estômago como o seu", disse alguém a propósito de outro alguém que a história não registra. (Certamente porque o estômago dele não devia valer tanto.) Alguém repetiu a frase para West e ele considerou durante algum tempo a ideia de vender o estômago para Rockefeller, a fim de pagar suas contas. No fim, a frase acabou sendo usada como epígrafe e no título de seu livro seguinte, *Um milhão de dólares*.

O ano era 1934. A Depressão estava na sua pior fase, e os americanos fingiam durante hora e meia que não sabiam o que estava acontecendo, indo ouvir Fred Astaire cantar "Isn't this a lovely day [To be caught in the rain]?" para Ginger Rogers, num filme chamado *O picolino*. (O sonho valia o preço do ingresso. Mas, na vida de todos nós, há sempre um lanterninha que nos manda acordar e diz que a fita acabou.) Lá fora, a realidade era tão péssima que, se você saísse dançando no meio da rua, mesmo com coreografia de Fred Astaire, podia ser, no mínimo, internado. *Um milhão de dólares* fazia pior do que despertar o leitor para uma realidade que ele temia — condenava-o a perder o sono.

É a história de Lemuel Pitkin, o típico americaninho de dezessete anos que sai de sua cidadezinha, em Vermont, e parte para Nova York, a fim de enriquecer e resgatar a hipoteca da casa de sua mãe. No caminho para a fortuna, que nunca chegará, Lem vai sendo despojado de todas as ilusões e de mais alguma coisa. Mas, como o kafkiano Joseph K., ele nunca se queixa, nem se entrega — apenas participa, como um sonâmbulo, de fenômenos que não entende.

Para começar, é enganado pelo advogado Slemp, que lhe toma a casa; em seguida, por Shagpoke Whipple, ex-presidente dos Estados Unidos e agora banqueiro, que se apossa de sua vaca; sem justa causa, é preso pela polícia, que lhe extrai todos os dentes e lhe oferece uma dentadura postiça; logo depois, em Nova York, salva um homem de ser atropelado por um cavalo e perde um olho, que substitui por um olho de vidro; junta-se ao Partido Fascista, fundado por Whipple, e é raptado pelos comunistas, no que fica sem um dedo; ao tentar salvar sua namorada de ser estuprada pela segunda ou terceira vez, uma armadilha de urso lhe corta a perna e ele tem de usar uma perna de pau, que os moleques de rua decoram com desenhos pornográficos enquanto ele dorme no banco do parque; mais tarde, será escalpelado pelos índios de uma reserva; e, finalmente, será morto a tiros por um terrorista num teatro, na noite em que os fascistas tomam o poder. Com isso, Lemuel torna-se o mártir da revolução, é enterrado com honras de Estado, e o dia de sua morte passa a ser feriado nacional. Fim.

Um milhão de dólares é uma lição de moral e cívica ao contrário, escrita por um anarquista. Se você gosta de rótulos, pode chamá-lo de "uma fábula invertida". É escrito como uma história para crianças, na qual o narrador acha muito natural tudo que está acontecendo e espera que os leitores se divirtam, entre uma e outra lambida no pirulito. Embora o leitor que se julga adulto e inteligente ria da primeira à última página de *Um milhão de dólares*, o livro não pretende ser humorístico. Portanto, não ria.

Enquanto ele estava sendo escrito, em 1934, uma variante de fascismo nativo brotava entre as ruínas do sonho americano. Centenas de organizações, como a Ku Klux Klan, a Legião Branca do Alabama e os Vigilantes da Califórnia, nasciam ou renasciam, fecundadas por um ódio comum a comunistas, católicos, negros, judeus e imigrantes, a quem as ditas organizações responsabilizavam pela Depressão. Se *Um milhão de dólares* tivesse sido escrito como um livro *sério*, no qual a crescente ameaça do fascismo fosse mostrada como um perigo atrás da porta, e com a inefável *mensagem positiva* no final, talvez as coisas tivessem corrido melhor nas livrarias. Mas West abusou: pegou um livro de Horatio Alger (1832-99), uma espécie de Mark Twain para crianças, e o escreveu pelo avesso. Alger era especialista em histórias sobre adolescentes pobres que, à custa de muito trabalho, sacrifício e otimismo, conseguiam realizar o "sonho americano" da riqueza e da felicidade. Pois West apanhou esse mito e o retalhou com sua machadinha de carniceiro dos sentimentos. Seu herói era honesto, corajoso e empreendedor, mas só conheceu desgraças em vida.

Infelizmente, aquela não era uma época ótima para brincar com os sentimentos dos outros — principalmente com os dos liberais, os únicos prováveis compradores do livro. E, se havia algo a que os liberais americanos podiam se apegar, naqueles dias, era aos mitos. (Como não podia deixar de ser, Deus castigou West. Na noite de lançamento de *Um milhão de dólares*, em que sua presença era indispensável na solenidade, um gigantesco carvalho caiu sobre sua casa em Bucks County, e um temporal destruiu a estrada, impedindo-o de viajar. As vendas do livro também foram por água abaixo.)

Após mais esse fracasso, West sentou-se para fazer as contas: havia abandonado o emprego de gerente de hotel, no que fizera muito mal, e seus três livros lhe haviam rendido um total de 780 dólares em vendas nas livrarias. (Uma miséria, mesmo ao câmbio de 1935.) Suas próprias ilusões já eram coisa do passado — tinham sido enterradas com cada livro. Diante do desespero e pobreza iminentes, só havia uma saída: ir para Hollywood.

Enquanto o cinema era mudo (e, provavelmente, também surdo), até 1927, nenhum filme queria saber se os espectadores eram alfabetizados. A partir do sonoro, no entanto, quando um ator abrisse a boca, era para dizer coisas que os espectadores se interessassem em ouvir. (Misteriosamente, hoje as coisas voltaram ao que eram.) Naquele ano, Herman J. Manckiewicz, um dos primeiros intelectuais de Nova York que tiveram a coragem de trocar a roda literária do Hotel Algonquin pela roda-viva de Hollywood, telegrafou a seu amigo, Ben Hecht, jornalista, que estava morrendo de fome em Nova York: "Aceita trezentos dólares por semana para trabalhar na Paramount? Todas as despesas pagas. Os trezentos dólares são apenas para começar, e você só terá de competir com idiotas. Não espalhe essa informação".

Mas Hecht não era de guardar segredo, e esse telegrama deve ter sido lido por *todos* os escritores e jornalistas de Nova York porque, por volta de 1930, Charlie MacArthur, George S. Kaufman, Marc Connelly, William Faulkner, S. J. Perelman, Preston Sturges, Dorothy Parker, John

O'Hara, Philip Barry, Robert Sherwood, Ring Lardner e, mais tarde, F. Scott Fitzgerald, já haviam vendido seu passe a Hollywood, por empréstimo ou em definitivo. A mesa-redonda do Algonquin, por exemplo, se mudou em peso para lá e só ficou em Nova York o segundo time, para repetir as frases que os supracitados haviam deixado para trás. West, que já ouvira todas aquelas frases, concluiu que nada mais tinha a fazer em Nova York e também arrumou as malas para a cidade do cinema. Digo, a mala.

E é aqui que começa a parte dramática da história. O ano era 1935. Mau para escritores desempregados e roteiristas inexperientes. Os donos dos estúdios viram logo o óbvio em Nathanael West: se seus romances não se vendiam aos milhares, como ele poderia escrever para milhões? Foi por isso que West se ofereceu à riquíssima MGM e acabou na paupérrima Republic Pictures, especialista em faroestes, seriados e filmes classe Z. Em Hollywood, West não foi morar numa daquelas *villas* em estilo mexicano, com banheiros góticos, cozinha barroca e dependências renascentistas, como um dos personagens de *O dia do gafanhoto*. Teve de se contentar em se esconder num conjunto de apartamentos perto de Hollywood Boulevard, na mesma vizinhança violenta que Raymond Chandler escolheu para situar seu detetive Philip Marlowe. West não podia estar na pior.

Não há esperança de que você tenha visto algum filme cujo roteiro tenha sido escrito por Nathanael West. Esses filmes eram tão ruins que nem a televisão quis comprá-los para a sessão da tarde. Não por culpa de West, que, num esforço brutal, estava levando seu trabalho a sério — coisa que nenhum dos escritores que foram transplantados de Nova York para Hollywood fazia. No caso de West, as condições de trabalho simplesmente não ajudavam. Enquanto os filmes médios da MGM nunca custavam menos de 600 mil dólares, um filme em que a Republic *realmente* resolvesse investir não passava dos 150 mil. E, mesmo assim, reciclando sequências inteiras que seus filmes anteriores não tinham conseguido aproveitar e que nunca iam para a lata de lixo da sala de montagem — eram remontadas e usadas nos filmes novos.

Numa época em que os roteiristas que ganhavam mil dólares por semana não eram convidados para as festas dadas por quem ganhava de 1500 para cima, West recebia duzentos dólares por semana na Republic. Uma piada daquele tempo, segundo a qual "qualquer débil mental que conseguisse assinar seu nome num contrato podia ganhar mil dólares por semana num grande estúdio e passar um ano sem escrever uma linha", devia ser verdade para todos, menos para West.

Em 1938, as coisas estavam tão ruins que ele resolveu escrever uma peça contra a guerra que já se desenhava na Europa. Mas, para não fracassar sozinho, escreveu-a em parceria com Joseph Schrank, seu companheiro de infortúnio em Hollywood. A peça, *Good hunting*, uma comédia, tinha tudo para ser um sucesso, a exemplo de outras da época que ainda podiam se dar ao luxo de levar a guerra na brincadeira enquanto ela não havia começado. West e Schrank não se esqueceram nem de pingar a *mensagem do autor* no último ato — a da necessidade de não envolvimento dos Estados Unidos, nem mesmo vendendo armas.

Havia uma grande movimentação pacifista naquele tempo, e todos os fatores pareciam indicar uma recepção favorável ao espetáculo. Mas, nos poucos meses que separaram o início dos ensaios e o dia da estreia em Nova York, os líderes mundiais se reuniram com Hitler em Munique e, sem pedir permissão a West, acertaram o desmembramento da Tchecoslováquia. Isso alterou completamente a situação, pois os intelectuais começaram a ver naquele acordo uma traição e um passo decisivo em direção à guerra. Os Estados Unidos teriam de tomar alguma atitude, não podiam ficar de fora. Assim, quando *Good hunting* estreou, tornara-se tão fora de moda que parecia defender ideais pós-Primeira Guerra, num momento em que só uma peça pró-guerra e pré-Segunda Guerra poderia agradar. Quando West, em seu camarote, notou que ninguém estava rindo, retirou-se discretamente antes que os ovos começassem a chover.

Retirou-se tão discretamente que ninguém deu pela sua falta em Nova York, nem pela sua volta à Califórnia. Aos 35 anos, ele estava no fim. Seus livros haviam tentado destruir mitos e ilusões, mas só conseguiram destruir os seus próprios. Autocomiseração ali era mato. West mudou-se para uma cabana, sem água corrente nem eletricidade, num bosque retirado de Los Angeles no qual, segundo escreveu a um amigo, "tinha de caçar para comer e, nas noites de solidão, dançava com seu cachorro". Parece que, nessa ocasião, West ficou gravemente doente e teve de ser atendido por um veterinário, o único médico da região. Apesar do tratamento, ele sobreviveu. O que lhe restava fazer? Nada, exceto — como vingança — escrever *O dia do gafanhoto*.

É a sátira mais terrível sobre Hollywood e, como toda sátira, sem nada de engraçado. Com ela, ele condenou o cinema ao Dia do Juízo — o do gafanhoto — e a praga pegou. Mas, assim como os gafanhotos devoram os seus, Hollywood devora os cadáveres que enterra. Necrofilia também é cultura.

Os personagens de *O dia do gafanhoto* são, nas palavras do próprio West, "as pessoas que vão à Califórnia para morrer". Dessa vez, nem ilusões ele concedeu a seus personagens. Se havia em Hollywood o *glamour* de que se falava, era só quando West não estava olhando. Scott Fitzgerald, que também estava passando lá os piores anos de sua vida (só que bem remunerados), teve de tirar de revistas tipo

Filmelândia o *glamour* que emprestou aos personagens de *O último magnata* [*The last tycoon*], um livro da mesma época e que ele morreu sem terminar. (Fitzgerald era o melhor amigo de West naquele tempo. Ele costumava frequentar a cabana de West, acompanhado de sua namorada, a jornalista Sheilah Graham, que ficava tricotando enquanto os dois conversavam sobre as brutalidades que seus roteiros sofriam nas mãos de produtores analfabetos.)

West tinha dado de tal forma o adeus às ilusões que, ao escrever *O dia do gafanhoto,* nem se preocupou em tirar os personagens da própria imaginação. Extraiu-os direto da vida real. Ele nunca pretendeu que esse livro fosse uma obra de ficção, embora todas aquelas pessoas neuróticas e torturadas que descreve pareçam absurdas demais para pertencer à realidade. (A realidade, como sempre, querendo tomar o emprego dos ficcionistas.) Mas, para um indivíduo com o olho de West para o absurdo, descobrir tais personagens nas ruas era quase tão fácil quanto tirar doce de criança.

West era tão fascinado pelo material humano da cidade quanto por sua arquitetura, praticamente indiscernível dos cenários de gesso e cartolina dos estúdios. "O papel era feito para se parecer com madeira, a madeira para se parecer com borracha, a borracha para se parecer com aço, e o aço para se parecer com queijo" — não, essa passagem não é de *O dia do gafanhoto,* mas de *Um milhão de dólares,* a não ser que minha memória também esteja virando queijo. Enfim, se aplica. Um filme também é feito para se parecer com a vida. O problema é uma pessoa querer que a vida se pareça com um filme.

A história de *O dia do gafanhoto* é tão simples que nem existe. Tudo o que interessa se passa fora dela, ou dentro da cabeça dos personagens. Tod Hackett, um jovem artista plástico egresso de Yale, é contratado por Hollywood para pintar cenários e desenhar guarda-roupas — para criar ilusões. O estúdio em que ele trabalha, ao qual West faz escassas referências, é tão indefinível quanto o *Castelo* de Kafka, e os personagens que ele encontra foram tão derrotados por suas próprias ilusões que já passaram a confundi-las com a realidade. Eles habitam a fábrica dos pesadelos, não a dos sonhos.

Há Abe Kusich, o anão que vende barbadas sobre cavalos que nunca viu correr, para apostadores que jogam seu dinheiro em corridas a que não assistem. Há Claude Estee, um roteirista que consegue o milagre de levar uma vida mais medíocre que a dos personagens que inventa. Há Harry Greener, que começou como comparsa num ato de *vaudeville*, no qual sua única função era ser espancado pelos astros do show, e agora fatura as próprias mazelas para vender graxa de sapato, de porta em porta. E há Faye Greener, filha de Harry, que tem dezessete anos e quer ser atriz. Ela é deliciosamente burra, maravilhosamente cafona e ambiciosamente vulgar — enfim, a leitora dos sonhos de Louella Parsons. (Nas *Ruínas circulares*, de Borges, o personagem sonha com personagens que sonham, até descobrir que também está sendo sonhado por alguém. Dê uma olhada ao redor e verifique como esse processo continua até hoje, só que não mais em relação ao cinema, mas à televisão.) Faye Greener é o maior personagem de West e um dos maiores da literatura norte-americana. Ah, sim, há também Homer Simpson, que trabalhou vinte anos como guarda-livros de um hotel e foi à Califórnia para morrer — e nem isso conseguiu. Ele também é fascinante, como são, aliás, os demais personagens menores que entram e saem do livro, sem pedir licença, como nos sonhos.

Um ano depois da publicação de *O dia do gafanhoto*, West trocou a Republic pela RKO Radio Pictures. Já foi um passo de gigante. Escreveu um único filme para seu novo estúdio e, finalmente, a MGM lhe fez uma proposta. Pois, exatamente quando as coisas pareciam melhorar tanto que ele já tinha até vontade de viver, West morreu no tal acidente de carro.

Foi no dia 22 de dezembro de 1940, e ele tinha 37 anos. E até nisso não deu sorte: F. Scott Fitzgerald também havia morrido na véspera, do coração, e os jornais ainda estavam tão chocados que não sobrou muito espaço para o necrológio de West. (Não que Fitzgerald fosse tão conhecido naquele tempo — é que, para muitos, ele já estava morto havia séculos.) Outros escritores importantes, como James Joyce, Virginia Woolf e Sherwood Anderson, também morreriam nos dias seguintes, ainda a tempo de pegar a hora de fechamento dos suplementos literários. West teve de se contentar em ser citado como mais uma vítima de fim de semana dos acidentes de estrada. Para completar, sua mulher, Eileen McKenney West, também morta no choque contra o outro carro, foi mencionada em primeiro lugar nos obituários, por causa de um famoso livro de sua irmã, Ruth McKenney, chamado *My sister Eileen*, mais tarde (em 1954) transformado num musical da própria MGM, estrelado sabe por quem? Bob Fosse.

Nathanael West era sensacional. Mas teve de morrer e ressuscitar para que as pessoas descobrissem isso. Alguém disse dele que era um sujeito amável, com um espinho no dedo. Na maior parte do tempo, não doía. Mas a mão que ele usava para escrever era justamente a que tinha o espinho.

No Dia do Juízo em Hollywood, os gafanhotos herdarão a terra, previu ele. Só que, quando isso acontecer, os pobres bichos vão ter que disputá-la com os supermercados e postos de gasolina que hoje se erguem sobre a terra onde ficavam os antigos estúdios. Tudo isso faz parte da praga que ele rogou. É possível que, se tivesse sobrevivido mais um dia depois do acidente, Nathanael West acordaria pela manhã e assistiria à sua própria metamorfose num monstruoso inseto, que Kafka nunca disse qual era, mas que bem podia ser um gafanhoto.

Ah, sim. Os quatro romances de West, que, como eu disse, não venderam nem mil exemplares, enquanto ele viveu, já passaram em muito de 1 milhão, de trinta anos para cá.

Rodolfo Walsh — Triunfo sobre a morte

Qual escritor policial não gostaria de protagonizar sua própria trama?

[20/8/1989]

O ataque do cavalo preto ao rei branco não resultou no esperado xeque e ainda provocou o sacrifício inútil de vários peões. Na noite de 9 de junho de 1956, um escritor chamado Rodolfo Walsh, 29 anos, jogava xadrez num café de La Plata, na província de Buenos Aires, quando ele e os outros enxadristas ouviram um tiroteio lá fora. Torres e bispos foram deixados em seus postos, e os jogadores correram à rua para espiar o que se passava. E o que viram era muito pior do que as batalhas que disputavam em seus tabuleiros: pânico súbito, ruas escuras, carros militares a toda, gente correndo sem direção, estrondos de balas e gritos de medo, ferimento e dor. Como os outros, Walsh achou mais prudente desistir do xadrez e ir para casa.

Não havia transporte. Walsh levou duas horas para

vencer a pé as poucas quadras que o separavam de sua rua, sob o risco de ser sorteado por uma bala perdida. Finalmente chegou à sua casa, na rua 54, mas, quando o deixaram entrar, viu um palco de guerra. Vidraças estilhaçadas, estantes crivadas de balas, um fedor de pólvora no ar. Sua casa fora transformada em quartel: tinha sido ocupada — da sala ao banheiro e, segundo ele, principalmente o banheiro — por soldados da polícia, armados até a última obturação. A chefatura, no outro lado da rua, fora um dos alvos da primeira intentona contra o governo militar instalado na Argentina desde a queda do presidente Juan Domingo Perón, nove meses antes.

Walsh não podia saber que, aquela noite, mais de 100 mil tiros seriam disparados, militares sublevados estariam sendo submetidos a julgamentos sumários dentro de suas próprias unidades e doze civis desarmados teriam sido levados a fuzilamento num depósito de lixo na cidade de José León Suárez, ali perto. Naquele momento, as rádios portenhas transmitiam a música de Haydn. Em frente à sua casa, os soldados metralharam um carro e fizeram voar os miolos do homem dentro dele. Cenas como essa ficavam bem nos livros policiais que ele gostava de ler, não diante de seus olhos.

Walsh não podia saber e, como ele próprio escreveria depois, *não queria* saber daquilo. Perón não o interessava, revoluções não o interessavam. Trabalhava como revisor de provas na editora Hachette e gostava de jogar xadrez nas horas vagas, mas sua grande preocupação era a literatura policial. Anos de leitura tinham feito dele um perito no gênero, cujos clássicos sabia de cor e competentemente emulava, escrevendo histórias que se passavam em Buenos Aires, com vítimas, criminosos e investigadores patrícios. Não estava sozinho nessa pretensão: depois que Jorge Luis Borges e Adolfo Bioy Casares provaram que aquilo podia ser feito, toda uma geração de jovens escritores argentinos dedicava-se a criar uma Buenos Aires *noir* e neodecadente.

Três anos antes, em 1953, Walsh publicara uma pioneira antologia de seus colegas, *Diez cuentos policiales argentinos*, na qual se incluía com méritos, e principalmente um elogiado livro próprio, *Variaciones en rojo*, contendo três novelas em que apresentava seu detetive — um amador cerebral e meticuloso como ele, chamado Daniel Hernández, e, também como ele, revisor de provas numa editora. Nos anos imediatamente seguintes, Hernández continuaria a ser o personagem de vários contos que ele publicaria em revistas locais.

Seis meses depois daquela noite da frustrada intentona peronista, Walsh viu-se casualmente, num bar, diante de um sobrevivente do fuzilamento no depósito de lixo em José León Suárez. O homem se chamava Juan Carlos Livraga, tinha os dentes todos quebrados e um buraco na bochecha. A bala da execução lhe entrara de lado pela boca, devastara os seus dentes e saíra pelo rosto. Ele caíra ao chão e se fingira de morto e, na confusão durante o fuzilamento dos doze condenados, deixaram de dar-lhe o tiro de misericórdia. Ao redor de uma cerveja, Livraga contou a Walsh que havia ainda outro sobrevivente, um homem chamado Giunta.

Walsh não explicou por quê, mas, a partir dali, abandonou durante um ano sua casa e seu trabalho na Hachette, adotou o nome falso de Francisco Freyre (com uma carteira de identidade também falsa), arranjou um revólver e foi morar no cenário dos acontecimentos daquela noite: o bairro operário de Buenos Aires, onde os suspeitos tinham sido presos enquanto ouviam uma luta de boxe pelo rádio. Ali também ficava a unidade policial onde eles foram fichados e de onde foram metidos num caminhão para o local em que seriam sumariamente fuzilados.

Por que Walsh fez isso? Por que trocaria sua confortável posição de escritor publicado e com assento numa grande editora, para meter-se a investigar um assunto num terreno — a política — pelo qual tinha demonstrado até então escasso ou nenhum interesse? E, além disso, não era perigoso demais para quem, até aquela época, a ideia de máximo risco era uma troca de damas numa partida de xadrez? Era. Mas, à falta de outras informações que possam justificar essa radical mudança em seu estilo de vida, só se pode deduzir que a paixão de Walsh pelos escritores policiais levou-o a querer ser não apenas o criador de um detetive de ficção, mas a tornar-se ele próprio esse detetive e poder aplicar à vida real os seus consideráveis talentos dedutivos.

Walsh não descobriu somente dois sobreviventes do fuzilamento. Descobriu sete — todos escondidos da polícia. No curso de suas investigações, escreveu dezenas de relatos sobre a chacina, que ninguém queria editar, com medo dos homens do general Pedro Aramburu, o presidente de plantão. Custou, mas as histórias saíram na revista *Mayoría* e criaram um caso que levou os implicados ao tribunal — em vão, naturalmente. Em 1957, Walsh costurou a história num livro intitulado *Operación masacre*, que só não foi considerado um clássico exclusivo da literatura política em língua espanhola porque tinha também um forte parentesco com a literatura policial. Mais exatamente, com os processos de dedução do advogado Perry Mason, o personagem criado por Erle Stanley Gardner — com ele, Walsh, no papel de Mason.

Mas Walsh não iria pôr-se apenas no lugar do seu detetive fictício. Tornar-se-ia, também aos seus próprios olhos, o grande personagem de si mesmo, ao ingressar na militância peronista nos anos 1960 e na luta armada nos anos 1970. E, num final que ele — como ficcionista — provavelmente acharia fascinante, acabou como vítima na sua própria história, ao se ver emboscado nas ruas de uma Buenos Aires mais *noir* do que nunca e ser dado como *desaparecido*.

No dia 25 de março de 1977, um homem — cinquenta anos, míope, baixinho, magro, vestido com simplicidade, um tipo comum — saiu de sua casa na província para distribuir a certas pessoas, em Buenos Aires, cópias de uma carta dirigida à Junta Militar que, na véspera, completara um ano de poder na Argentina depois de depor Maria Estela Perón. A carta era um balanço provisório dos sequestros, torturas, execuções, assassinatos e *desaparecimentos* de oposicionistas, além de uma análise dos estragos que, em sua opinião, os militares comandados pelo general Jorge Videla estavam fazendo com a economia argentina. No último parágrafo, dizendo-se "sem esperança de ser escutado e com a certeza de ser perseguido", dava, corajosamente, seu nome e número de identidade: Rodolfo Walsh, C. I. 2.845.022.

Ninguém sabe em detalhes o que se passou, mas é certo que, com as cartas já a salvo, Rodolfo Walsh foi cercado numa rua de Buenos Aires, oficialmente por um comando da repressão aos montoneros, o grupo guerrilheiro do qual ele fazia parte. A ideia, parece, era a de prendê-lo vivo, mas Walsh teria reagido a bala, ferindo alguns oponentes antes de ser varado pelas metralhadoras do regime — a velha história. Segundo uma versão, seu corpo sem vida teria sido visto naquele dia, numa *enfermería* do Exército, por outro sequestrado que escapou. Poucos meses depois, uma filha de Walsh morreria nas mesmas circunstâncias.

Era o fim de uma curiosa e fascinante trajetória — ou um novo começo porque, a partir daí, Rodolfo Walsh se tornou uma espécie de paradigma para inúmeros intelectuais argentinos. Uma trajetória iniciada em 1927, quando ele nasceu na província de Rio Negro. Seu pai, descendente de irlandeses, era capataz de uma fazenda. Aos nove anos, em 1936, Rodolfo foi internado num colégio irlandês, "para órfãos e pobres", em Capilla del Señor, onde descobriu a literatura através de *Os miseráveis*, de Victor Hugo. Aos dezessete, em 1944, começou a trabalhar como revisor de provas na editora Hachette, em Buenos Aires, para a qual eventualmente traduziu romances policiais. E, aos 26, em 1953, começou o que parecia ser uma brilhante carreira literária, com as três novelas de *Variaciones en rojo* e com uma série de artigos em revistas sobre a literatura de mistério. Um desses artigos, "2500 años de literatura policial", incluído em seu livro *Cuento para Tahúres*, revela um estudioso capaz de localizar os antepassados dos detetives modernos nos mais remotos cafundós do tempo.

Quando mergulhou nos fuzilamentos da "operação massacre" em 1956 — que, provavelmente, ele viu a princípio apenas como um bom material para uma história —, Walsh não sabia que estava dando uma guinada radical em sua vida. E nem isso, aliás, se fez sentir de imediato. Essa guinada deve até ter sido mais sensível na literatura porque, aos olhos de 1957, *Operación masacre* devia parecer um livro estranho, difícil de classificar. Era um romance, uma reportagem ou o quê? Foi preciso que, em 1966, Truman Capote anunciasse a invenção do "romance de não ficção", com *A sangue frio*, para que pelo menos os argentinos soubessem que Walsh antecipara Capote em quase dez anos — uma façanha literária nada pequena.

Mas, a partir daí, os personagens das histórias de Walsh também mudaram. Deixaram de ser as pessoas comuns que povoam os livros de mistério e passaram a ser gente envolvida, direta ou indiretamente, em política: operários, sindicalistas, militares, pistoleiros, advogados, ministros de Estado. Em sua nova prosa, o falcão maltês batia as asas sobre o Congresso argentino. O ensaísta Ángel Rama, citado por José Emílio Pacheco na introdução da *Obra literária completa* de Walsh, definiu bem sua metamorfose: "A investigação de um crime pessoal transformou-se na investigação do crime social, e a busca da justiça se ampliou até abarcar a sociedade inteira".

E foi então que, em algum momento dos anos 1960, não apenas os personagens, mas o autor também mudou. Algo estalou na cabeça de Rodolfo Walsh para que o pacífico intelectual, enxadrista, estudioso do romance policial e um sublime alienado político, se convertesse num militante ativo do movimento peronista. Pacheco fornece os elementos dessa trajetória, infelizmente sem localizá-la no tempo: Walsh tornou-se, sucessivamente, "um dos fundadores da Prensa Latina e diretor de seu departamento de informações especiais; diretor e fundador da revista *CGT*, órgão da Confederação Geral dos Trabalhadores; já como militante do Partido Montonero, foi o criador do *Semanario Villero* e de uma escola destinada a formar jornalistas populares em uma *villa miseria* ou *ciudad perdida* (favela), assim como no diário *Noticias*, do partido. E, nas fileiras do peronismo revolucionário, Walsh cumpriu outras funções, entre as quais a fundação da Ancla (Agência de Notícias Clandestinas)". Essa trajetória continua no livro *Montoneros — Final de cuentas*, de Juan Gasparini (Puntosur, Buenos Aires, 1988), em que Walsh aparece como militante das FAP (Fuerzas Armadas Peronistas) e, em seguida, como especialista em decifração de códigos secretos no Partido Montonero, no qual chegou a segundo oficial com os codinomes de "Esteban" e "Professor Neurus". Nem Daniel Hernández, seu detetive de ficção, levou uma vida tão agitada.

Em tese, mesmo na ficção, os escritores são cínicos e individualistas demais para se meterem em aventuras como essa (embora alguns se metam, como Paulo, o personagem de Carlos Heitor Cony em seu romance *Pessach — A travessia*, de 1967). Quando um caso desses acontece na vida real, como se deu com Walsh, rende brindes e foguetes para os outros intelectuais de esquerda que ficaram na sombra. A passagem de Walsh à luta armada tornou-o, segundo Victor Pesce no posfácio de *Cuento para Tahúres*, o paradigma do "intelectual burguês" que, aos olhos dos outros, "resolveu" o velho problema entre a palavra e a ação — o que, na prática, equivale a classificar a literatura como uma perda de tempo. O sensato Pesce, que não concorda com essa interpretação, tenta salvar a pele de Walsh, arriscando que ele "trabalhou no interior dessa tensão" e sofreu com ela.

É possível: as novas edições da não ficção política de Walsh parecem a obra de dois escritores completamente diferentes. De um lado, o corpo de cada livro: *Operación masacre*, *Quién mató a Rosendo?*, *Caso Satanowsky* — narrativas vibrantes, que podem ser lidas "como um romance policial", sem perder um pingo de seu impacto como denúncia. — De outro, os copiosos prefácios, introduções, posfácios, notas e outros previsíveis e desnecessários apêndices "históricos" a cada livro, que Walsh ainda teve tempo de escrever. É um outro Rodolfo Walsh o autor daqueles penduricalhos e, de longe, muito inferior ao grande escritor que ele pôs para dormir.

Mas *esse* Walsh escritor, que se presume ter sido o verdadeiro, ao que tudo indica tinha hora para acordar. Sua mulher, Lilia Walsh, num depoimento publicado no México em 1980, fala das últimas divergências de Walsh com os *montoneros* e de como, ao ver suas propostas "cair no vazio", tencionava "afastar-se do território cercado — Buenos Aires —, recuperar sua identidade e, com ela, toda a sua trajetória pessoal e fazê-la valer como uma arma. Deixar de ser um militante a mais, voltar a ser Rodolfo Walsh, triunfar sobre a morte".

Victor Pesce, em seu posfácio a *Cuento para Tahúres*, dá a entender que o "território cercado" a que se referia Walsh não se limitava apenas ao "cerco dos militares", mas não vai mais longe. O que ele queria dizer? Que Walsh pode ter sido morto por outros? Mas que outros? Em Buenos Aires, as pessoas baixam o tom de voz ao insinuar que podem ter sido os próprios *montoneros*.

É um mistério — que precisaria de um Rodolfo Walsh para ser de todo desvendado.

Dashiell Hammett, o autor de *O falcão maltês*, bebeu, entre outras coisas, em sua própria experiência para criar aqueles dois grandes detetives, Sam Spade e o Continental Op. Como todo mundo sabe, Hammett passou uns tempos como detetive na famosa agência de investigação Pinkerton, antes de se tornar escritor. O inglês Leslie Charteris foi outro que se inspirou em si próprio para construir a figura de Simon Templar, o Santo: como seu personagem, ele também falava várias línguas, entendia de vinhos, era um completo gourmet, pilotava aviões e costumava ser fatal com as mulheres. James M. Cain, que era um casca-grossa, tanto na vida quanto escrevendo, trabalhou numa companhia de seguros, de onde tirou informações que aplicou na trama de *Pacto de sangue*, a qual tratava de um crime em torno de um seguro. Nada disso chegava a ser novidade para Rodolfo Walsh, nem o impressionava muito: todos esses escritores tinham apenas feito a arte copiar a vida.

A fascinação de Walsh era reservada a Sir Arthur Conan Doyle, o *pai* de Sherlock Holmes. Ao contrário dos outros, Conan Doyle tivera a oportunidade de copiar em vida a sua própria arte. No ensaio "Vuelve Sherlock Holmes!", contido em seu livro póstumo *Cuento para Tahúres y otros relatos policiales*, Walsh descreve deliciado como Sir Arthur — apenas por ter criado Sherlock — foi convidado a ser consultor de inteligência do governo britânico durante a Primeira Guerra, e como efetivamente solucionou vários mistérios reais que lhe caíram às mãos. (Esses casos quase sempre se referiam a pessoas acusadas de um crime que não haviam cometido e cuja inocência ele provava, usando métodos semelhantes aos que inventara para Holmes.) Que escritor de histórias policiais não gostaria de tentar aplicar na prática os processos infalíveis que descrevia em literatura?

Nas três novelas de *Variaciones en rojo* e nos outros contos que escreveu, Walsh contrapõe o correto mas burocrático comissário de polícia Jiménez ao seu amigo Daniel Hernández, revisor de provas da editora Corsario e detetive amador, com um *penchant* para resolver mistérios usando a observação e a dedução. Pelo que Walsh põe na boca do personagem, Jiménez parece ter sido o primeiro aluno da classe em todos os cursos da polícia. Numa das novelas, "La aventura de las pruebas de imprenta", ele dá uma verdadeira aula sobre armas: os diferentes modelos de pistolas ou revólveres, os complicados processos para determinar com segurança qual delas disparou tal bala, os cálculos que permitem reproduzir a posição exata do atacante e da vítima no momento do tiro etc. Na mesma novela, Jiménez também explica, em minúcias, por que os exames grafológicos da polícia são capazes de dizer se letras aparentemente diferentes pertencem ou não a uma mesma pessoa. Claro que, para efeitos dramáticos, Walsh fará com que, em alguma instância, o comissário deixe de enxergar o óbvio e permitirá que Daniel destrua a sua argumentação tecnicamente perfeita com uma versão completamente diferente, a qual provará ser a verdadeira. Afinal, é nisso que está a graça da literatura policial. Mas onde foi que ele, Walsh, aprendeu aquilo tudo?

Raymond Chandler acusava Agatha Christie de entender tanto de venenos quanto ele de receitas de bolo, e afirmava ser impossível alguém escrever uma história policial a sério sem um mínimo de pesquisa sobre os instrumentos envolvidos na prática do crime — armas, por exemplo — ou da sua solução. Pois de falta de pesquisa é que Walsh não poderia ser acusado. Ele certamente se interessou por criminologia e, não houvesse outros indícios, isso está patente tanto nas suas histórias policiais como nos seus três livros de não ficção política.

Em *Operación masacre,* ele estabeleceu um ponto fundamental para o caso: a hora do dia 9 de junho de 1956, em que os condenados ao fuzilamento foram presos, e o momento em que passou a vigorar a lei marcial que autorizava aquele fuzilamento — com base nos roteiros da programação musical da *Radio del Estado,* a emissora oficial, rubricados pelos locutores. Walsh conseguiu provar que, tendo sido presos antes da divulgação da lei marcial, de modo algum os suspeitos poderiam ter praticado um delito que os tornasse puníveis por ela — donde a ilegalidade do fuzilamento. Mas desde quando a ilegalidade é crime em regimes de exceção?

Em 1957, Walsh ainda parecia acreditar naquela que é a base da pirâmide da literatura policial: a existência da Justiça e o respeito pelas tecnicalidades. Um crime é cometido, apuram-se os fatos dentro dos limites da lei e o culpado é punido. Mas, se existe tortura, para que detetives? A literatura policial precisa também que ocorram poucos crimes, para que, quando se cometa um, ele seja uma coisa excepcional. E, nas ditaduras, o crime (principalmente de Estado) é a regra. Foi por isso que nenhum outro país produziu tanta literatura clássica do gênero quanto a Inglaterra, e que quase toda a produzida nos Estados Unidos mostre o detetive trabalhando à margem da polícia e esta resmungando contra os limites da lei — mas a lei existe. Walsh, ingenuamente, ficou chocado ao ver os fatos da *operação massacre* sendo, primeiro, escamoteados da opinião pública e, em seguida, distorcidos pela Justiça argentina através de falsos testemunhos, omissão de responsabilidades e toda sorte de fraude com aparência legal — com o que ninguém foi condenado.

A ingenuidade de Walsh já está consideravelmente diminuída em *Quién mató a Rosendo?*, embora a operação de encobrimento dos verdadeiros culpados tenha sido, nesse caso, muito mais escandalosa. Num café de Buenos Aires, a *confitería* La Real de Avellaneda, dois grupos de sindicalistas estão sentados em mesas próximas. Na primeira mesa, sentam-se o superpelego peronista Augusto Vandor, ladeado por seu braço direito, o ambicioso e ascendente Rosendo Garcia, e outros, entre guarda-costas, pistoleiros e até metalúrgicos de verdade; na outra mesa, um grupo de sindicalistas também peronistas, mas adversários de Vandor. Uma briga estoura entre eles. Tiros. Caem mortos, de um lado, Rosendo Garcia, baleado pelas costas; de outro, dois antivandoristas. A polícia faz uma rápida perícia no café e conclui que, no tiroteio, a bala que acertou Rosendo fora dirigida a Vandor ou que, em todo caso, fora disparada pelo segundo grupo. Todo o café é lavado em seguida pelos empregados, as mesas mudadas de lugar e os vestígios da luta apagados. O episódio é debitado à conta de alguns uísques a mais nas discussões entre duas facções do próprio peronismo.

Walsh, que já estava ligado à ala esquerda do peronismo, resolveu investigar por conta própria. Com o auxílio de testemunhas, reconstituiu a posição exata dos presentes no café. Checou o calibre de todas as armas presentes. Tendo acesso aos autos, pôde saber aproximadamente quantos tiros foram disparados e quantos se perderam. Conferiu as marcas das cápsulas contra o balcão de chumbo e determinou a origem de cada tiro, coisa que a Polícia Judiciária não tinha conseguido — ou não quisera — estabelecer.

Pelos croquis que fez da situação e pela eliminação, um a um, dos envolvidos na cena como em posição improvável para o tiro, concluiu que a bala que acertou Rosendo pelas costas só poderia ter sido disparada pelo próprio Vandor! Havia outro motivo forte para suspeitar que tudo não passara de uma trama do grupo vandorista: ao contrário do que a investigação oficial tentara provar, nenhum integrante da outra mesa estava armado.

Como sói, nada aconteceu com a denúncia de Walsh, e Vandor tornou-se, cada vez mais, o sorridente homem de Perón entre os sucessivos generais da Casa Rosada. Mas Walsh não foi desmentido. Aliás, já devia estar prevendo esse desfecho ao escrever, logo na introdução de *Quién mató a Rosendo?*: "Se quiser ler este livro como um simples romance policial, é problema seu".

Oscar Wilde — Da desimportância de ser prudente

O talento em sua obra, o gênio em sua vida

[25/8/1988]

Oscar Wilde, por Richard Ellmann, é a biografia do ano, e Wilde (1854-1900), a resposta às preces de qualquer biógrafo: sua vida conteve comédia e tragédia nos graus mais absolutos, sobre o palco da luxuriante e hipócrita Inglaterra vitoriana, com locações em Dublin, onde ele nasceu; nos Estados Unidos, onde passou todo o ano de 1882 fazendo uma atribulada excursão de conferências; e em Paris, de onde saltou dos salões mundanos e afetados para o hotel infecto onde morreu em condições miseráveis.

Os coadjuvantes da vida de Oscar foram Bernard Shaw, Frank Harris, Sarah Bernhardt, Audrey Beardsley e a nata da aristocracia, da inteligência e da riqueza britânicas — mas houve um momento em que todos esses se retiraram de cena e foram substituídos pela legião de rapazes que passaram por seus lençóis e pelos quais ele amargou sozinho um estrado sem colchão na prisão de Reading, juntamente com a humilhação e a ruína.

Ellmann, que faleceu ano passado, não viu seu livro impresso para ser considerado, desde agora, o biógrafo definitivo de Oscar Wilde. Ele era aquela ave rara: um *scholar* que sabia escrever. Em momento algum entulha a vida de Wilde com *interpretações* acadêmicas sobre sua obra, embora seu conhecimento desta seja colossal. Ao contrário, Ellmann parte do homem para o artista, embora às vezes tenha de equilibrar-se numa corda bamba, já que nem o próprio Wilde sabia onde terminava um e começava o outro. Oscar sabia apenas, como dizia, que havia colocado o talento em sua obra e o gênio em sua vida. O copião da vida de Wilde é bem conhecido até por quem nunca leu uma linha de *O retrato de Dorian Gray*, *A balada do cárcere de Reading* e o *De profundis*, ou viu encenada sua peça *A importância de ser prudente*.

Praticamente todo mundo sabe que ele foi um irlandês que virou Oxford de pernas para o ar, como preparativo para o inacreditável fuzuê que viria a aprontar na vida intelectual e boêmia de Londres entre 1880 e 1895; que, apesar de homossexual, foi casado e teve dois filhos; e viu sua carreira e vida arruinadas pelo marquês de Queensberry, pai de seu jovem amante, lord Alfred Douglas, vulgo Bosie, depois de uma das batalhas judiciais mais escandalosas de todos os tempos. Queensberry destruiu Oscar, ao mandá-lo para a cadeia por imoralidade. Tudo isso é verdade, mas não é só.

As biografias anteriores de Wilde são grosseiras: ou o pintam como um mártir da intolerância vitoriana ou como um monstruoso devasso que teve o que merecia. Houve também quem tentasse aplicar-lhe pó de arroz, como seu filho Vyvyan Holland. (Oscar queria uma menina, por isso lhe deu esse nome. Ao escrever sobre o pai, Vyvyan conseguiu o milagre de esconder a homossexualidade dele sob algum tapete persa.) Para o leitor que sempre pensou em Wilde à sombra desses estereótipos, Ellmann despeja uma torrente de informações novas.

Wilde foi heterossexual (ou, pelo menos, homossexualmente virgem) até os 32 anos e pediu várias jovens aristocratas em casamento, mesmo que o que mais o atraísse nelas fosse o dinheiro para resolver sua anêmica situação financeira — e, de quebra, pôr um fim aos mexericos que o davam como sendo de *sèxe douteux*. Não que ele não desse motivo para tais fuxicos: Wilde, naquelas ruas cinzentas de Londres, devia ser um espetáculo em technicolor, com seu casaco de lã angorá, a camisa lilás com gola de babados, a gravata vermelho-violácea e as calças cor de ameixa. Ou com a capa de cavaleiro roxa sobre os calções de pele de cão, as meias de seda amarelas e a bengala com castão de ouro. Era famoso também por seu movimento de quadris. Não admira que, diante de tanto dandismo, uma jovem com quem ele *noivou* por dois anos, Florence Balcombe, o tenha deixado para se casar — e logo com quem! — com Bram Stoker, o futuro autor de *Drácula*. Wilde, provavelmente, a assustava ainda mais.

Wilde devia ser mesmo assustador. Enorme (1,90 metro) e com um *wit* do capeta, era capaz de visitar Proust em Paris e dizer-lhe à queima-roupa: "Como a sua casa é feia". O jovem André Gide ficou apalermado ao conhecê-lo: "*Il rayonnait!*" (Ele irradiava luz!), exclamou. Mallarmé, outro deslumbrado, não tugia nem mugia em sua presença. Constance Lloyd, a garota com quem ele se casou em 1884 e, de estalo, lhe deu dois filhos, Cyrill e Vyvyan, não apenas não se assustou com Wilde, como suportou silenciosamente a sua retirada do leito conjugal, depois de sua esperada conversão ao homossexualismo como prática em 1886 — quando Oscar, docemente constrangido, se deixou seduzir por Robert Ross, de dezessete anos, e nunca mais quis saber de outra vida. A partir daí, o *jusqu'au-boutisme* que Wilde propagava em tudo que escrevia — e que já era bastante chocante para a Londres literária — tornou-se a sua razão de existir. E resultou no fenomenal *Dorian Gray* e na sua desastrosa ligação, em 1891, com o filho do truculento marquês de Queensberry, o homem que sistematizou as regras do boxe. Onde Wilde foi se meter!

Ellmann mostra em detalhes como Oscar entrou naquela perversa relação com Bosie como um tolo, mas não como um ingênuo. Bosie desafiava o pai, para que este lhe cortasse a mesada e Wilde se sentisse obrigado a sustentá-lo. Wilde via tudo e se submetia, porque enxergava em Bosie o próprio Dorian Gray e, na relação entre ambos, o esteticismo satânico que criara em seu romance. Infelizmente, o marquês de Queensberry não acreditava na arte pela arte e já tinha seus próprios problemas: estava sendo abandonado por sua segunda mulher, acusado de impotente, e seu filho mais velho estava tendo um caso, também homossexual, com um importante ministro da rainha. Tudo ao mesmo tempo. Para Queensberry, o caso Bosie/Wilde era o mais fácil de ser resolvido, o que serviria para abafar os outros dois escândalos. Ele acusou Oscar publicamente de homossexual e, quando Wilde o processou, Queensberry sustentou a acusação e produziu em tribunal uma longa lista de rapazes que o artista teria "pervertido".

Esses rapazes eram, na verdade, jovens prostitutos aliciados por Bosie, que costumava presenteá-los com suas roupas, esquecendo-se de tirar dos bolsos as cartas de amor que Wilde lhe escrevia. Wilde, já uma celebridade, vivia sendo chantageado pelos *bofes*, e isso apareceu durante o julgamento para provar que ele era homo. O processo voltou-se contra ele, e Oscar foi julgado e condenado a dois anos de trabalho forçado, de 1895 a 1897, em Reading, onde lhe rasparam a cabeça e cuspiram no rosto. Seus bens foram confiscados e, cumprida a pena, o falido Oscar foi esconder-se em Paris — sempre com Bosie por perto —, onde morreu, oficialmente, de meningite.

Ellmann descobriu que, quando ainda hétero, Wilde contraiu sífilis com uma prostituta em Oxford, em 1878. O tratamento, à base de mercúrio, só serviu para escurecer-lhe completamente os dentes, um golpe cruel em sua vaidade. Segundo Ellmann, é quase certo que Wilde usou o argumento da sífilis mal curada para pedir demissão da cama de Constance quando se assumiu. Ela nunca o abandonou, continuou a sustentá-lo e chegou até a intermediar para que Wilde não rompesse com Bosie. Amélia perde.

No degredo em Paris, Wilde começou a desenvolver sintomas de loucura (um dos possíveis efeitos da sífilis), ao esmolar agressivamente nas ruas, dizendo "Sou Oscar Wilde e estou lhe pedindo dinheiro". A degradação moral e a física vieram de mãos dadas. Grandes manchas vermelhas apareceram-lhe nos braços, peito e costas, seguidas por erupções em todo o corpo, inclusive um abcesso purulento no ouvido — tudo isso, segundo o médico que lhe aplicava morfina e ópio, sequelas de uma "infecção contraída aos vinte anos". Logo depois, Wilde teve meningite, esta sim, atribuída à sífilis na autópsia desencavada por Ellmann. E, finalmente, no dia 30 de novembro de 1900, depois de uma pavorosa agonia, o corpo de Oscar Wilde — literalmente — explodiu, liquefazendo-se por todos os orifícios.

É uma história terrível e fascinante, capaz de provocar, progressivamente, risos, revolta, náusea e piedade. Ellmann, heterossexual e indisfarçavelmente apaixonado por seu biografado, não o condena ou absolve. Não é da sua conta. Wilde, cuja vida tentou imitar a arte, sabia que a sua ia acabar mal. Convencera-se disso ao ler *O retrato de Dorian Gray* assim que acabou de escrevê-lo e decidiu que não era importante, nem adiantava muito, ser prudente.

Retrato do artista quando refém do próprio neto

Nem James Joyce criaria um personagem como Stephen Joyce

[8/7/2006]

No dia 16 de junho último, um homem chamado Stephen Joyce, morador de La Flotte, na costa atlântica da França, ficou atento ao noticiário sobre os pubs irlandeses espalhados pela Europa. Pela data e pelo sobrenome do indigitado, alguns leitores já adivinharam do que se trata: 16 de junho é Bloomsday, Dia de Bloom, as 24 horas em que se passa *Ulisses*, o romance de James Joyce; os joycianos do mundo inteiro o comemoram como se fosse um feriado, dia santo ou coisa assim; e Stephen Joyce é neto do homem e seu único sobrevivente direto vivo. À primeira vista, pode-se pensar que Stephen Joyce estaria apenas se certificando de que, naquele dia tão feliz, o mundo continuaria a cultuar seu avô com as pompas que ele merece. Mas a verdade é o contrário: a missão a que Stephen se atribuiu é impedir que os vagabundos de toda parte continuem usando o nome de vovô em vão. E, por vagabundos, ele entende os biógrafos, ensaístas, críticos, historiadores, professores e todos que se propõem a amar e a estudar a obra de James Joyce. Isso inclui também os bebuns que, todo dia 16 de junho, jogam dardos, enchem a cara e recitam trechos de *Ulisses* nos pés-sujos irlandeses por todo o planeta e que, com essa prática, segundo ele, infringem os seus direitos autorais. O homem é louco.

Stephen Joyce tem 74 anos, belos olhos azuis (puxou ao avô) e uma disposição canina para lutar pelo que considera seus direitos. Há cerca de vinte anos é o titular do espólio de James Joyce, que inclui toda a obra publicada do escritor (os contos de *Dublinenses*, os romances *Retrato do artista quando jovem*, *Ulisses* e *Finnegans wake*, uma peça de teatro, alguns poemas e uma quantidade de cartas — pelo menos 3 mil, na grande maioria ainda inéditas —, manuscritos, bilhetes, róis de roupa da lavanderia, listas de feira ou da quitanda etc.). Qualquer pessoa que se proponha a estudar a obra de Joyce, ou a biografá-lo (a ele ou a qualquer um de seus parentes), e que julgue necessário transcrever um trecho mais extenso escrito por Joyce, precisa da permissão do espólio para fazer essa transcrição. Tal procedimento é corriqueiro (aplica-se a qualquer escritor), e os responsáveis pelos espólios costumam ser lenientes. Eles sabem que nenhuma publicação de alcance acadêmico é capaz de disputar nas livrarias com a obra do parente ilustre. Daí serem liberais nessas autorizações. Menos Stephen Joyce.

Qualquer solicitação nesse sentido que chegue à sua mesa é respondida com um rotundo "NÃO", sem que ele se interesse em saber de quem ou para quê. A comunidade joyciana internacional, que até hoje não desistiu de descobrir o significado da palavra "bababadalgharaghtakamminarronnkonnbronntonnerronntuonnthunntrovarrhounawnskawntoohoohooordenenthurnuk!", que aparece logo na primeira página do *Finnegans wake*, fica triste e decepcionada diante de tanta insensibilidade. Para ela, os estudos sobre Joyce estão paralisados desde que Stephen tomou o poder. Por causa dele, são poucas as chances de que se venha a produzir novos livros tão importantes quanto *James Joyce's "Ulysses"*, de Stuart Gilbert (publicado em 1930!) e *A skeleton key to "Finnegans wake"*, de Joseph Campbell e Henry Morton Robinson, sem os quais seria quase impossível ler o próprio, ou mesmo o *A shorter "Finnegans wake"*, que é o livrão de 628 páginas (na minha edição da Faber, de 1961) reduzido às essências por Anthony (*Laranja mecânica*) Burgess. Na cabeça de Stephen, esses livros levaram o século criando a (segundo ele, falsa) ideia de que James Joyce era complicado, ilegível e ininteligível, o que teria afastado milhões de leitores e causado grandes prejuízos ao espólio.

Mas, na prática, o próprio Stephen (que gosta de ser chamado pelo nome completo: Stephen James Joyce) é a prova de que a leitura de Joyce não é para qualquer um. Não é para ele, pelo menos, que, ao se referir à obra do avô, só fala de *Dublinenses* e *Retrato do artista quando jovem*, que são doces de coco como leitura — duvida-se que tenha atravessado as armadilhas de *Ulisses* ou sequer aberto o *Wake*. Isso não o impede de aceitar propostas para dar palestras sobre Joyce e cobrar por elas quantias que nem o falecido Richard Ellmann, definitivo biógrafo do escritor, sonhou cobrar.

Os organizadores de seminários e ciclos sobre Joyce aprenderam na carne: de tanto ver negados por Stephen seus pedidos de autorização para organizar tais seminários, passaram a convidá-lo a participar deles. Vendo sua vaidade atendida, Stephen começou a autorizar — e a ditar cátedra sobre o assunto, para constrangimento geral. Uma de suas frases lapidares nesses colóquios é: "Eu sou um Joyce, não um joyciano" — como se aqueles velhinhos sinceramente joycianos vissem nisso uma grande vantagem. Outra, muito mais ofensiva, é: "Se meu avô estivesse aqui, estaria morrendo de rir". O que apenas confirma uma descrição de Stephen quando jovem, feita por uma velha amiga da família: "preguiçoso", "intelectualmente medíocre" e cheio de "arrogância injustificada" — vivia arrotando sua condição de neto de James Joyce sem ter feito nada para merecer isso.

Joyce, que morreu em 1941 aos 58 anos, cego e com todos os órgãos arruinados por quarenta sólidos anos de birita, teve dois filhos: Giorgio, que também teve um problema sério de alcoolismo, e Lucia, considerada esquizofrênica e que passou décadas no hospício. Stephen é filho de Giorgio. Nasceu em Zurique, em 1932, e teve os nove anos seguintes para conviver com o avô, principalmente depois que seus pais se separaram e ele foi morar por uns tempos com Joyce e a mulher deste, Nora. Há relatos de que Joyce punha Stephen no colo, contava-lhe histórias e conversava com ele. Mas isso apenas prova que o gênio não é geneticamente transmissível. Em 1948, aos dezesseis anos, Stephen escreveu um "ensaio" sobre o avô, intitulado "O homem que eu mais amei e respeitei neste mundo" — algo assim como uma composição escolar de volta das férias, tipo "Minha visita ao Zoológico".

Essa postura de dificultar a vida dos estudiosos seria apenas lamentável se Stephen, de algum tempo para cá, não estivesse destruindo partes inéditas do espólio. Começou por queimar as cartas de sua tia Lucia, filha de Joyce, dirigidas a ele, Stephen. Ele não quer que os biógrafos falem de

Lucia, e ponto — nem mesmo os que tentam provar que ela talvez não fosse esquizofrênica, e sim genial e incompreendida (é a tese da biógrafa Carol Shloss, que Stephen está tentando bloquear). Nada o impedirá de queimar também as cartas de Joyce que tocam no assunto ou que mencionem outros aspectos menos primorosos da família.

Mas quem pode dizer que esses aspectos sejam desprimorosos? E por que um descendente maníaco teria o poder de negar aos biógrafos do futuro a possibilidade de reconstruir a vida de uma pessoa ilustre? Tudo bem — há sempre o argumento de que tal material é particular, e que o responsável pode decidir se quer ou não que ele venha à tona. Mas quem disse que James Joyce (ou qualquer outro defunto equivalente) é uma pessoa privada?

O escritor D. T. Max, que levantou essas e outras informações sobre o neto de Joyce num importante artigo na revista *The New Yorker* de 19 de junho último, pode ter puxado a ponta de um fio que interessa a todos que ainda tentam escrever a história. E, sem querer, comprovou uma tese que, um dia, todo biógrafo aprende na prática: com as exceções de praxe, o biografado ideal não deveria ter filhos, nem sobrinhos, nem netos, nem irmãos e nem mesmo cunhados. Para isso, precisaria ser órfão, filho único, solteirão, estéril e brocha.

O biógrafo vê estrelas

Sua certidão pode valer 1 milhão

[fevereiro de 1997]

Se você é aspirante a biógrafo de alguma personalidade da história recente brasileira, prepare-se para encarar os diversos abacaxis inerentes à profissão. Além do trabalho de investigar a vida do seu biografado — ler uma montanha de documentos, localizar e entrevistar pelo menos duzentas pessoas que conviveram com ele, cruzar depoimentos e informações, checar datas e lugares, varejar todo o universo no qual o fulano gravitou, organizar os milhões de partículas de informação que você recolheu ao longo do caminho e dar uma forma coerente, clara, verdadeira e, se possível, inteligente ao texto, e de ter feito tudo isso e ver o seu livro afinal impresso e nas livrarias — aí é que os seus problemas podem realmente começar: com os herdeiros do biografado. E com os advogados deles.

A indústria do herdeiro está em plena expansão. Para praticá-la, o cidadão precisa apenas nascer — claro que de um pai (ou mãe, tio ou avô) ilustre que, um dia, venha a merecer uma biografia. Nada mais é exigido do herdeiro. Não precisa ter feito nada pela memória de seu antepassado. Ao contrário, pode ter passado a vida alheio à figura deste. Mas, se um biógrafo resolve retratar aquela figura, o herdeiro sai do limbo e salta no centro do palco, valendo-se de sua certidão de nascimento. Que, segundo ele, lhe confere direitos sobre a "imagem" do fulano. Quer um conselho? Dê uma conferida na sua certidão — ela pode valer 1 milhão.

Devo saber o que estou dizendo. Sou o autor de *Estrela solitária — Um brasileiro chamado Garrincha*, um livro publicado em fins de outubro de 1995 e que passou os dezessete meses seguintes lutando pelo direito de circular. O livro mal chegara às livrarias quando onze filhas de Garrincha, por intermédio de seus advogados, entraram com uma liminar de busca e apreensão alegando "danos morais e materiais", porque o livro atentaria contra a "imagem e a honra" de seu pai, morto em 1982. Para piorar, eu não lhes "pedira autorização" para biografar Garrincha. Derrotada nas duas primeiras instâncias, a liminar foi surpreendentemente acatada pela Justiça carioca um mês depois. Para começo de conversa, algumas centenas de exemplares foram apreendidas logo nesse dia, em livrarias do centro da cidade, ao redor do Fórum. Houve uma corrida às lojas das Zonas Sul e Norte, a primeira edição esgotou-se a jato, o livro foi impedido de ser reimpresso enquanto o mérito da questão não fosse julgado. E, com isso, *Estrela solitária* desapareceu das prateleiras.

O ano de 1996 nasceu e morreu, e esse mérito (que é a questão principal) não foi julgado. Mas a medida acessória, secundária — a liminar que impedia o livro de ser lido pelo público — vigorou por todos aqueles meses, ameaçando eternizar-se e provocando uma reação preocupada da inteligência brasileira.

Todos os grandes jornais deram editoriais a respeito e não houve um colunista importante, de jornal, rádio ou tevê, que não defendesse o livro (Paulo Francis martelou quase que semanalmente no *Estado*, e Carlos Heitor Cony escreveu colunas inesquecíveis na *Folha*). A querida Rachel de Queiroz assinou uma carta de protesto, em papel timbrado da Academia. Um manifesto com duzentos nomes de peso da cultura nacional protestou contra a decisão judicial. Internautas de todo o país trocaram mensagens a respeito. No estande da Companhia das Letras, na Bienal do livro de São Paulo, um abaixo-assinado contra a proibição recolheu 3200 assinaturas. Por telefone, carta, fax, pombo-correio ou ao vivo, tive toda espécie de solidariedade. Mas, para que não se diga que foi uma unanimidade, alguém de quem eu talvez esperasse essa solidariedade não deu um pio — embora, como escritor progressista, o assunto devesse interessá-lo: o ministro da Cultura, Francisco Weffort. Pensando bem, seu silêncio veio preencher uma lacuna.

Em todo o decorrer do processo (e mesmo antes), um fator não tão nobre quanto a honra ou a imagem de Garrincha esgueirou-se por telefonemas, recados e sussurros, caídos de um escritório de advocacia no Rio e endereçados à editora em São Paulo: dinheiro. A princípio, tais recados ameaçavam com uma ação e falavam na "possibilidade de acordo". Ao sentir a pouca receptividade para com essa proposta, os advogados das filhas de Garrincha cumpriram a ameaça, mas em diversas ocasiões voltaram a insinuar que poderiam "retirar a ação", sempre na eventualidade de um "acordo". De novo esbarraram na porta fechada da editora. Sob a máscara dos nobres propósitos, o caráter argentário, grosseiro e manipulativo do processo era tão ostensivo que foi denunciado como tal por vários editorialistas. Mas a Justiça não julga intenções, julga tecnicalidades.

Infelizmente, os advogados da outra parte não ensaiaram bem suas clientes. Uma das humildes filhas de Garrincha, ao ser perguntada pela repórter Sandra Moreyra, no *Jornal Nacional*, sobre o que havia no livro que tanto desagradara a ela e suas irmãs, respondeu: "Não sei. Nós não lemos o livro!". Na mesma época, essa mesma filha declarou ao *Jornal do Brasil*: "Todo mundo ganha dinheiro com nosso pai. Por que não podemos ganhar também?". De fato, por que não? Mas, nesse caso, o que seria mais importante para as filhas de Garrincha? A honra de seu pai ou o dinheiro? Este pode comprar aquela?

Durante esse tempo, duas coisas me foram perguntadas com insistência por pessoas na rua: "Por que vocês não pagam logo o que elas querem e liberam o livro?". São as perguntas que lhe farão no caso de você se meter a biografar algum brasileiro morto e ilustre, com uma penca de filhas vivas (e há vários na praça). A outra era: "Por que você não pediu autorização para fazer o livro?". Ou seja, uma biografia autorizada está a salvo de riscos. Tudo bem, mas, primeiro, precisamos entender o que é uma biografia autorizada.

Uma biografia autorizada é aquela que costuma ser encomendada pelo próprio biografado ou, no caso de ele já estar morto, por sua família. O escritor será apenas um sujeito contratado para pôr em letra de fôrma o que interessa à família revelar sobre o seu formidável parente. Suas fontes serão essa mesma família, os amigos mais chegados do morto e quem mais a família indicar. Terminado o trabalho, alguém da família (ou, mais provavelmente, o advogado dela) fará uma leitura do material e dará a aprovação final para publicação. O escritor terá sido apenas um taquígrafo, possivelmente bem pago, mas que se sujeita à censura prévia. Se fosse rigoroso, nem deveria intitular-se autor da obra.

Há também o caso do escritor que tem uma ideia para uma biografia, mas, ao planejar seu trabalho, calcula que ele não poderá ser feito sem o apoio (material ou logístico) da família do biografado. Então se apresenta a ela, oferecendo-se, e, em troca da ajuda que receber (revelações, documentos, fotos), compromete-se a entregar-lhe o texto para aprovação final. A família lerá esse texto, cortará o que não lhe interessa e dará sua autorização para publicação. Conhecendo as famílias brasileiras, não creio que livros como esses tenham um enorme compromisso com a verdade. Donde, ao ler na capa de um livro a garbosa menção "Biografia autorizada", eu recomendaria que você o deixasse onde ele merece ficar: na prateleira.

Em contrapartida, temos a biografia não autorizada — aquela em que o autor escolhe o biografado, escala suas fontes e é o único responsável pelo texto final. Em condições normais, esse autor deverá até aproximar-se da família do biografado e buscar informações e apoio, mas sem oferecer nada em troca. Se descobrir coisas que a família preferiria não ver divulgadas, o único critério para usá-las ou não no livro será o seu. Mas, se se tratar de um autor sério, esse critério será, sempre e exclusivamente, o da verdade. Se a família não gostar, que o processe — mas que processe o autor, não a obra. O público é que não pode ser privado do seu direito de ter acesso ao livro e decidir se concorda ou não com o que há ali. Caso contrário, você sabe o nome infamante que isso leva: censura.

Os anos 1990 têm sido pródigos em biografias brasileiras não autorizadas, feitas com o máximo de empenho e respeito pelos fatos. Algumas delas são: *Noel Rosa — Uma biografia*, por João Máximo e Carlos Didier; *Chatô, o rei do Brasil*, por Fernando Morais; *Mauá, um empresário do Império*, por Jorge Caldeira; *O velho Graça*, por Dênis de Moraes; e, ora vejam só, *O anjo pornográfico — A vida de Nelson Rodrigues*, por mim mesmo. Esses livros desencadearam outros e, por causa deles, boa parte de nossa história recente tem vindo à luz para gerações ansiosas por conhecê-la.

Foi esse risco que corremos com a proibição de *Estrela solitária*. Durante doze meses, o direito do brasileiro de aprender mais sobre sua história e sobre si mesmo correu perigo. Aberto um precedente, os herdeiros de homens como, digamos, o ex-presidente Juscelino Kubitschek ou o escritor Euclides da Cunha, poderiam tentar barrar a publicação de suas biografias — não por acaso, ambos viveram episódios polêmicos. Ou só poderíamos ter a versão oficial e autorizada de suas vidas. O que seria da liberdade de pesquisar e contar a história do Brasil?

Quanto à outra pergunta — "Por que não pagar às filhas do homem e acabar logo com o problema?" —, nem deveria merecer resposta. Suponha que, aberto o precedente por *Estrela solitária*, isso também se tornasse uma norma. Alguém consegue imaginar as filhas de Juscelino estabelecendo valores para que um escritor pudesse biografar seu pai? Ou a viúva de Graciliano Ramos? Não. Mas, de fato, isso parece quase natural quando se trata de um punhado de mulheres que, apesar de filhas de um ídolo como Garrincha, nunca puderam libertar-se das condições primitivas em que cresceram, apesar das várias oportunidades que tiveram. E que, curiosamente, sempre tiveram um ou mais advogados à porta de seus casebres para... "protegê-las".

Em novembro passado, a Justiça devolveu a *Estrela solitária* o direito de circular. Sem a tutela que o cerceou durante um ano, o público agora poderá ler o livro e concluir por conta própria. Mas o processo ainda não está encerrado.* Pense nisso antes de se meter a biógrafo — e candidatar-se a golpes baixos que o farão ver estrelas.

* Em 2006, as filhas de Garrincha e a Companhia das Letras entraram num acordo que encerrou o processo de onze anos.

Em busca da calandra

Afinal, Moby Dick é o homem ou a baleia?

Zero em literatura; dez como o criador da New Yorker

[24/3/2001]

Na Nova York dos anos 1920 e 1930, ninguém podia considerar-se a salvo das frases e gozações da turma que compunha a famosa "mesa-redonda" reunida diariamente no hotel Algonquin. Entre os alvos favoritos daqueles escritores e jornalistas, estava um amigo e colega deles: Harold W. Ross, fundador e editor da revista *The New Yorker*, na qual quase todos trabalhavam ou colaboravam. Ou seja, Ross era o patrão (e generoso nos pagamentos), mas nem assim o poupavam. E, sabendo muito bem como ele era estouvado e cômico, faziam questão de que soubesse das piadas. Com isso, o que chegou até nós foi a figura de um homem cheio de manias, sujeito a fúrias que ninguém levava a sério e um permanente motivo de ridículo. Mas um livro recém-lançado, *Letters from the editor — The New Yorker's Harold Ross* (Thomas Kunkel, org., Modern Library, 428 páginas), com centenas de cartas e memorandos que ele escreveu de 1917 a 1951, faz finalmente justiça ao homem. Harold Ross era um gênio como editor de revista.

Ross tinha 33 anos quando lançou a *New Yorker*, em fevereiro de 1925. A revista, previamente anunciada como a publicação "mais sofisticada que os Estados Unidos jamais veriam", foi um retumbante fracasso nos primeiros meses — chegou a ser considerada "um dos maiores fiascos de 1925". Entre outros motivos, porque era ruim mesmo. Ross ainda não acertara o ponto e, no começo, seus amigos do Algonquin — Robert Benchley, Dorothy Parker, Alexander Woollcott, Ring Lardner, Herman J. Manckiewicz, Robert Sherwood, George S. Kaufman, Franklin P. Adams, a nata do humor americano e com quem ele contava — não tinham a menor intenção de colaborar regularmente.

Sem anúncios, sem circulação e reduzida a menos de cinquenta páginas, *The New Yorker* só não fechou pela obstinação de Ross, que vendeu os móveis e empenhou as joias de sua mulher, Jane Grant, para manter a revista respirando. Foi salvo à beira do precipício pelo dinheiro injetado por seu sócio, Raoul Fleischmann, herdeiro da célebre marca de fermento e que, com isso, se tornou acionista majoritário. Daí que, em 1927, como se estivesse sendo engrossada com maisena, *The New Yorker* aprumou-se e começou a crescer. No fim da década, já era um sucesso editorial e comercial, e não seria abalada nem pela Depressão pós-estouro da Bolsa, em 1929.

As piadas que se faziam com Ross no Algonquin tinham a ver com sua aparência e ignorância. Ross era desajeitado, muito feio (ostentava um espaço entre os dentes frontais no qual caberia, fácil, outro dente) e frenético — exceto em emergências, não conseguia ficar sentado (ou de pé) por mais de dois minutos. Quanto a seus conhecimentos, as paredes do Algonquin quase desabaram quando ele perguntou (a sério) na mesa-redonda: "Afinal, Moby Dick é o homem ou a baleia?". Ross podia não saber nada de literatura, de música ou de artes plásticas, mas tinha uma qualidade já então rara em jornalistas: sabia ler — no sentido de que, se sobrevivesse a seu lápis, qualquer texto alheio sairia enxuto, coerente, perfeito.

Esse perfeccionismo no detalhe era estendido à sua ideia do que uma revista precisava conter: rigoroso equilíbrio e ritmo entre as matérias (artigos, reportagens, cartuns, serviço), as quais deveriam ter em mente o interesse do leitor e o interesse público. Quando se tratava de fazer revista, Ross enxergava a floresta, a árvore e a folha: em poucos anos, *The New Yorker* deixou de ser uma revista apenas "sofisticada" para dar shows de reportagem, análise e criatividade no resto da imprensa americana, nisso incluindo sua arquirrival *Time*, de Henry Luce.

Vários livros anteriores sobre a revista têm ressaltado a importância de Ross: *Here at The New Yorker*, de Brendan Gill; *The years with Ross*, de James Thurber; e até *Ross, The New Yorker and me*, de Jane Grant (de quem ele se separou sem ser correspondido — porque, ela nunca se separou dele). Mas mesmo esses livros não conseguem ignorar o folclore que o cercava: seu permanente desespero com o fechamento da edição, com a "incompetência" de sua equipe e com a preguiça dos colaboradores — tudo levado a um exagero caricatural e compensado logo depois com cargas de elogios à "competência" da mesma equipe e com reajustes e gratificações salariais. Esse folclore tem turvado as importantes realizações de Ross como editor, muitas das quais se tornariam padrão na melhor imprensa mundial. O livro de suas cartas (para funcionários, amigos ou inimigos) mostra, pela primeira vez, o próprio Ross falando. É nelas (não importa o destinatário) que se percebe o que ele fez.

Ross cuidava de tudo na redação: contratava e demitia, criava pautas, aliciava colaboradores e, nas emergências, juntava-se à redação nos fechamentos. Apesar de fazer-se cercar por editores tão exigentes quanto ele (Katherine e E. B. White, Wolcott Gibbs, Rogers Whitaker, William Shawn), lia cada original (dando palpite até nas vírgulas), discutia a precisão das informações e sugeria fontes quentes para os repórteres. Era um jornalista completo, mas não se contentava com isso: interferia também na publicidade e na administração. Mesmo nos tempos de penúria financeira, estabeleceu a regra de recusar anúncios obviamente mentirosos ou de mau gosto, e vetou textos sobre hotéis ou resorts "restritos" (ou seja, que não aceitavam judeus). Num memorando de 1932, deu um exemplar puxão de orelhas em seu patrão Raoul Fleischmann, por este ter pedido, por intermédio da redação, ingressos para a estreia de um show — Ross insistia em que a revista não pedisse ou aceitasse nada de graça. E, isso, apesar da mudança de seu status em relação a Fleischmann: ao ver que a revista se viabilizara, Ross vendera-lhe suas ações, reduzindo-se a funcionário da empresa que criara — para não perder o "ponto de vista dos empregados".

Foi Ross, ao contratar a jovem Janet ("Genêt") Flanner como correspondente em Paris, em 1925, quem estabeleceu a máxima que deveria ser seguida por todos os correspondentes: "Não quero saber o que você pensa sobre o que acontece em Paris. Quero saber o que os franceses pensam", disse a ela. Falando em correspondentes, Ross recusava-se a ter um fixo em Hollywood, embora o cinema e suas fofocas fossem a diversão maciça dos americanos nos anos 1920 e 1930 (e, em várias épocas, ele fosse amigo pessoal de James Cagney, Ginger Rogers e Orson Welles). Pelo mesmo motivo, vetou a ideia de uma coluna permanente sobre rádio, cuja força era então equivalente à da televisão hoje. Não era bem um preconceito contra o cinema e o rádio — porque, para Ross, Wall Street também não merecia uma coluna fixa. Segundo ele, os assuntos deviam valer pela notícia, não pela importância que seus militantes se autoatribuíam.

Foi também Ross quem inventou Dorothy Parker como crítica de livros e, depois dela, entregou a coluna literária a Edmund Wilson (o que equivalia então a contratar J. Edgar Hoover, diretor do FBI, como chefe de segurança do prédio). Ross ajudou a fazer muita gente, mas gostava também de atrair os pesos-pesados para a revista, desde que os admirasse — Hemingway, H. L. Mencken, S. J. Perelman, John O'Hara, Rebecca West —, e dava um jeito de que eles fossem pagos de acordo. E foi também o responsável pela eternidade das capas da *New Yorker*, ao decidir que elas não teriam personagens reconhecíveis (vetou uma capa com Hitler no apogeu da Segunda Guerra, alegando que ninguém podia garantir que Hitler durasse até a semana seguinte). O fato de que, hoje, livros com as capas da *New Yorker* (algumas datando de 75 anos!) vivem sendo publicados é a prova de que ele estava certo.

Ross inventou até o cartum moderno. Foi o primeiro a fazer com que as falas dos personagens se reduzissem a uma linha (uma única fala, e não mais a pergunta e resposta tradicionais). Para ele, o cartum ideal era aquele que integrava o desenho e a palavra, e que não podia ser entendido sem um desses elementos. (No Brasil, temos um exemplo clássico, da autoria de Jaguar: Cristo pregado na cruz, dizendo para uma invisível Maria Madalena, "Hoje não dá, Madalena. Estou pregado". Desenho e fala não querem dizer nada isoladamente, mas juntos desfecham o riso. Viva Ross.) Outra sacada de Ross: se há mais de um personagem no desenho, o que fala deve estar com a boca aberta, para que não haja dúvida. Daí a piada que corria no Algonquin: Ross brandindo um cartum pela redação e perguntando, desvairado, "Qual dos elefantes está falando???". E sabe quais eram os cartunistas com quem ele falava grosso na *New Yorker*? James Thurber, Peter Arno, Charles Addams (futuro criador da Família Addams), Otto Soglow (criador do Reizinho) e um jovem romeno que Ross chamou, em 1942, de "a maior revelação dos últimos cinquenta anos": Saul Steinberg. Vá adivinhar assim.

Quando a *New Yorker* se impôs como o máximo da "sofisticação", seus leitores passaram a reagir como tal, mas Ross era contrário a adulá-los. O único critério sobre se um artigo sairia ou não era a sua qualidade — ele não queria saber se o tal artigo se adequava ou não ao "perfil" do leitor. Da mesma forma, proibiu campanhas publicitárias sobre a *New Yorker* em outros veículos — acreditava que o melhor comercial de uma revista era a sua excelência editorial, e não frases ocas dizendo que ela era ótima. E sugeria que o dinheiro poupado nessa publicidade fosse dirigido à redação, para que ele pudesse pagar melhor aos colaboradores.

Um desses colaboradores era o repórter John Hersey, que ele mandara para cobrir a guerra na costa do Pacífico. Quando os Estados Unidos arrasaram Hiroshima, Ross pediu a Hersey um relato (do tamanho de que precisasse) do que significava uma cidade ser atingida por uma bomba atômica. A matéria, intitulada "Hiroshima", tomou a edição inteira do dia 31 de agosto de 1946 e marcou a virada decisiva da *New Yorker* como uma revista "séria". Mas ela já era assim desde, pelo menos, Pearl Harbor, em 1941 — nos quatro anos seguintes, Ross despacharia treze repórteres para o *front* e produziria edições "pônei" semanais da *New Yorker* (24 páginas em formato menor, sem anúncios), especialmente para as tropas americanas. O próprio Churchill era leitor da revista. E, muito antes disso, Ross já era tão ciente de sua importância que, certa noite de 1934, quando um amigo o convidou a jantar com a disputada Gertrude Stein, em visita aos Estados Unidos, ele mandou um bilhete de volta: "Caguei para Gertrude Stein. Se quiser jogar gamão esta noite, estou às ordens".

Ross falava chulices e palavrões o tempo todo, mas, até sua morte, em 1951, não admitiu uma única palavra dúbia na revista, nem mesmo a respeito de funções intestinais. E, à sua maneira quase rústica, ele podia ser também elegantíssimo. Certa vez trancou-se no toalete da revista com o original de um longo artigo submetido por um colaborador. Uma hora depois, descobriu que o rolo de papel higiênico estava vazio. No mesmo dia, escreveu uma carta para o colaborador, explicando que o artigo sumira misteriosamente enquanto estava sendo analisado para publicação.

Todo o luxo das capas da *New Yorker*

Até agora, um território que nenhum brasileiro conseguiu desbravar

[25/2/1990]

No máximo, mil pessoas, entre jornalistas, publicitários, artistas gráficos e até alguns leitores de verdade, devem consumir semanalmente a revista *The New Yorker* no Brasil. Mil pessoas num universo de 150 milhões de habitantes — ou mesmo de 500 mil, que é a circulação semanal média da revista nos Estados Unidos — não são uma multidão. Mas é justamente disso que se orgulham os compradores ou assinantes da revista, inclusive americanos — a ilusão de pertencer a uma plêiade de poucos e felizes. Aliás, desde que foi fundada, em 1925, a *New Yorker* pretendeu dirigir-se a essa multidinha.

Há um certo esnobismo inevitável numa pessoa se dizer "leitor da *New Yorker*", mesmo que essa pessoa compre a revista há anos com a maior naturalidade e apenas porque *gosta* sinceramente de ler aqueles amazônicos perfis de gente inusitada, resenhas literárias que são quase sempre melhores do que os livros resenhados e uma ou outra grande reportagem — e não pelo luxo que alguns exemplares casualmente jogados sobre uma mesinha de centro podem emprestar a uma sala. Mas, mesmo que a *New Yorker* não tivesse o que ler (e, às vezes, não tem mesmo, porque a revista, hoje, está longe de ser o que era), há um departamento em que ela não falha nunca: as capas. São as mais charmosas, bonitas e alinhadas da imprensa mundial.

Um livro maravilhoso — daqueles que deviam repousar sobre tampos de mogno, bem à vista das visitas, em vez de ficarem espremidos entre outras lombadas, em estantes da Lundia Willo — acaba de sair: *The complete book of covers from The New Yorker, 1925-1989*. Ou seja, um livro que reproduz todas as 3277 capas em cores da revista, desde o seu primeiro número, o de 21 de fevereiro de 1925, até o do dia 20 de fevereiro do ano passado [1989]. O espaço de quase um ano que o livro levou para sair foi gasto na busca da melhor maneira de concentrar 64 anos de capas em 392 páginas, sem fazer com que elas parecessem um catálogo de selos, e na rigorosa impressão do livro — onde? — no Japão. (É possível também que John Updike tenha hesitado na escolha da pena, entre diversos gansos, para escrever o prefácio.)

Logo na primeira linha, Updike resumiu o dilema de todo leitor da *New Yorker* confrontado com a necessidade de desfazer-se de velhos exemplares, lidos ou não, quando eles começam a tomar espaço: o que fazer com as capas. Tudo bem que as revistas sejam levadas pelo burro sem rabo, junto com as garrafas vazias e os jornais da semana passada, mas dar um destino tão inglório àquelas capas era e é de cortar o coração. E não apenas porque alguns dos capistas fossem estrelas como Saul Steinberg, Charles Addams, André François, Peter Arno, Ronald Searle, Folon, Sempé ou James Thurber. Outros podiam não ser tão conhecidos do público, mas tornaram-se instantaneamente familiares aos leitores da revista, como Edward Koren, com seus personagens felpudos, George Booth, com seus gatos contra a parede, Arthur Getz, com suas moçoilas de Manhattan, ou o enigmático C.E.M. (Charles E. Martin), com seus parques em pastel. Perguntem a qualquer artista plástico do mundo se existe glória maior do que ter uma capa encomendada (e aprovada!) por *The New Yorker*. Nenhum brasileiro teve a honra até agora, mas não foi por falta de um ou dois, dos mais exibidos, terem ido submeter — em vão — seus desenhos na velha redação da rua 43 Oeste, nº 25.

Updike diz tudo no prefácio, ao escrever que "gostaríamos de estar onde a capa está", ou seja, naquele cenário que ela mostra. O interessante é que, em noventa por cento dos casos, as capas da *New Yorker* não querem *dizer* nada. Não se referem visualmente a nenhuma das matérias que a revista está publicando, não admitem *chamadas* destacando este ou aquele texto e, se o artista não fosse, às vezes, Peter Arno, Charles Addams ou Ronald Searle, nenhuma delas conteria uma piada embutida. O que as capas da *New Yorker* têm é um certo clima de estação — podem ser invernais, primaveris etc., mas muito vagamente, e nem isso é obrigatório. Só uma coisa é obrigatória: chova ou faça sol, a capa contém um toque do universo que, espera-se, seja o habitado pelo também hipotético leitor da revista — o qual vem a ser um cidadão (ou cidadã) urbano ao extremo, benignamente de "direita" ou "centro", com classe, dinheiro e um leque de interesses que não se limita aos anúncios (da Brooks Brothers, do Rolex, da Toyota) que vão entre as matérias. Ou seja, que sabe ler também.

E tem sido assim desde 1925, quando Rea (pronuncia-se *rei*) Irvin, seu primeiro editor de arte, criou aquele projeto gráfico que, com poucas alterações (a maioria delas ultimamente), tem se mantido até hoje. Irvin desenhou também a primeira capa, a que mostra um lorde inglês, podre de esnobe, contemplando com insuportável superioridade uma borboleta por um monóculo. Nesses 64 anos, a capa da número 1 foi religiosamente reproduzida todo número de aniversário da *New Yorker*, na terceira semana de fevereiro. É a mais famosa capa da revista e talvez a única que foge ao padrão estabelecido pelo próprio Irvin: o de que o desenho contido nelas deveria ter uma atmosfera de Manhattan, mesmo quando mostrasse uma paisagem de outro lugar. John Updike explica no prefácio: "Pode ser qualquer lugar, desde que um manhattanense *au courant* cogite ir a ele. Por exemplo: Paris pode aparecer numa capa, mas não Filadélfia". A Cidade do México, Roma e até mesmo a Antártica, tudo bem, mas não Chicago. E, muito menos, Los Angeles.

Por uma dessas ironias, a capa mais admirada da história da *New Yorker*, a de 29 de março de 1976, mostra a fabulosa fantasia de Saul Steinberg, na qual ele contempla Manhattan do alto de um arranha-céu na Nona Avenida — um edifício presumivelmente tão alto que dele se pode ver, em direção a oeste, os demais estados americanos, todo o oceano Pacífico e, além dele, como se a Terra fosse chata, os territórios de China, Japão e URSS. Nunca uma capa da *New Yorker* foi para tão longe de Manhattan. Tornou-se o pôster mais plagiado e pirateado em todos os tempos, como sabe qualquer pessoa minimamente viajada. Já o "adaptaram" para não sei quantas cidades do mundo, sem a permissão de Steinberg, e nem por isso uma dessas cidades virou Nova York.

Quando *The New Yorker* publica uma capa com muitos vermelhos ou amarelos, até os jornaleiros devem se espantar. Sua tradição de capas em sóbrios tons intermediários (só quebrada por aquelas predominantemente negras ou transparentemente brancas) é tão marcante que é como se seus diretores de arte tivessem recebido instruções para esnobar o arco-íris. Apesar disso, não há como deixar de *ver* a revista no meio de uma multidão de publicações que parecem inspiradas em araras. A causa da visibilidade de *The New Yorker*: o seu fabuloso logotipo.

Rea Irvin desenhou-o em 1925, junto com a primeira capa, criando do nada aquele Ó bojudo, o R e o K com pernas elegantes e o incisivo W, que tornaram inconfundível a marca *The New Yorker*. As letras de Irvin foram aplicadas a toda a titulagem no miolo da revista e se impuseram com tanta autoridade que hoje são conhecidas como "fonte Irvin" e estão à disposição de qualquer diretor de arte. Mas só gente muito atrevida se dispõe a adotá-la. E somente uma dose ainda maior de atrevimento faria com que alguém brincasse com a perfeição daquele logotipo: em 3277 edições, ele apareceu alterado apenas cinco vezes e, mesmo assim, porque Harold Ross e William Shawn, os dois primeiros e seculares editores da revista, não estavam olhando.

The complete book of covers from The New Yorker é também um achado de solução gráfica. As capas são arranjadas ano a ano, e a melhor capa de cada ano (segundo os critérios dos editores do livro) ganha um tratamento de página inteira, com pequena variação de tamanho original. Outras duas recebem destaque, e as restantes capas do ano se seguem numa arejada galeria, doze em cada página. Todas podem ser vistas e admiradas sem o auxílio de lupa. Examiná-las uma a uma é um piquenique para os olhos e uma aula prática sobre a evolução do grafismo no século xx. E é também a prova de que esse mesmo século teria passado muito bem sem Jackson Pollock, Roy Lichtenstein, Andy Warhol e outros arteiros que não sabiam desenhar.

A cara dos anos 1960 nas capas da *Esquire*

George Lois só não conseguiu mostrar Linda Lovelace escovando os dentes

[26/4/1997]

Andy Warhol afogando-se numa lata de sopa de tomate Campbell's. O mártir do boxe, Muhammad Ali, flechado como são Sebastião. A mão que enxuga uma lágrima numa foto de John Kennedy. Norman Mailer fantasiado como King Kong e segurando em sua manopla a feminista Germaine Greer. A estrela pornô Linda Lovelace de luvinhas brancas e chapéu e vestido de bolinhas, como uma cândida debutante. Essas foram algumas das maiores capas de revista em toda a história da imprensa. Não por coincidência, todas saíram numa única revista e num dado período: a americana *Esquire*, entre outubro de 1962 e maio de 1973. E todas foram criadas por um homem: o designer e publicitário George Lois.

Um livro, *Covering the '60s — George Lois, the Esquire era*, lançado no fim do ano passado, deveria ser consulta obrigatória de todos os revisteiros desta e de outras praças. O título é um trocadilho com "cobrindo" e "encapando" os anos 1960. Contém setenta das 92 capas que Lois criou para *Esquire* durante aqueles onze anos e não haverá profissional que não emita rosnados de inveja diante de sua criatividade. É uma aula de técnica e ousadia gráfica, o que, em si, não quer dizer muito, exceto quando associado a grande jornalismo — e, com Lois, *Esquire* esbanjava tudo isso. Mais impressionante ainda, Lois não era sequer o diretor de arte da revista. Sua única atribuição eram as capas, que ele discutia diretamente com Harold Hayes, diretor de redação. E Hayes bancava todas as suas ideias, por mais zuretas.

É impossível descrever o impacto que cada edição de *Esquire* provocava nos anos 1960. Era uma revista que sabia das coisas, via tudo na frente. E olhe que foi uma década em que, com impactos quase diários, toda a imprensa americana vivia em estado de alerta. A concorrência era brabíssima: apenas entre as revistas comerciais, ela tinha de enfrentar o insuperável texto de *The New Yorker*, a qualidade fotográfica de *Life* e *Look*, o peso jornalístico de *Time* e *Newsweek* e o avanço arrasador de *Playboy* em sua arrancada para ser vista como uma revista com "conteúdo". Mas *Esquire* tinha um pouco de tudo que as outras tinham — e mais as capas de George Lois.

Elas conceituaram até o novo conteúdo da publicação. Bastava vê-la nas bancas para saber que era uma revista que torcia pelo Partido Democrata, tinha um chiquê pela família Kennedy, apoiava a luta dos negros e das mulheres e valorizava tanto a literatura quanto o boxe. Mas tudo isso com uma ponta de deboche, de quem finge que não se leva muito a sério. Era o ingrediente decisivo da receita — nunca captado pelas muitas revistas que tentaram copiá-la, até mesmo por aqui.

Por causa de Lois, o proprietário de *Esquire* (ainda o velho Arnold Gingrich, que a fundara nos anos 1930) achava que uma revista com aquelas capas não podia ser justamente isto — séria. Uma das maiores ousadias de Lois, por exemplo, foi a capa de dezembro de 1963. O bom senso aconselha que o número de Natal de qualquer revista tenha uma capa otimista e "natalina" — é o número mais gordo do ano em publicidade e costuma segurar a receita pelos meses seguintes, quase sempre magros. Pois a ideia de Lois para a capa daquele Natal foi fotografar o campeão mundial dos pesados Sonny Liston, em close, com um barrete de Papai Noel. Liston era o Mike Tyson de seu tempo, só que pior. Era o "negro mau" que massacrava no ringue os "negros bons", e temia-se pelo dia em que pegasse um branco de jeito — o branco morreria na lona. Pois Lois convenceu Liston a se deixar fotografar com o barrete — e Harold Hayes, o editor, conseguiu impor a capa a Gingrich. Resultado: dezenas de anunciantes caíram fora, horrorizados (pode haver país mais provinciano que os Estados Unidos?), e *Esquire* perdeu 700 mil dólares em publicidade naquele mês.

Na verdade, Lois e Hayes formaram um novo público para a revista, afinando-a com os delírios dos anos 1960, mas mantendo um olho na América conservadora, que ainda se espantava com as tremendas transformações que se operavam sob suas barbas. O próprio Lois tinha 31 anos em 1962 e sabia onde pisava. A capa com Liston de Papai Noel era uma profecia do que os negros americanos iriam aprontar em breve no *establishment* branco. Outra capa profética foi a de julho de 1965: um close do caretíssimo apresentador de tevê Ed Sullivan usando uma peruca Beatle. Ali estava exposta a futura beatleficação da América. Mas nem sempre Lois acertou: uma grande capa, a de abril de 1967, mostrava quatro Kennedys — John, Bobby, Teddy e o filho do primeiro, John-John — posando como presidentes dos Estados Unidos, de 1960 ao então distante 1988. Só que o destino melou a capa: um ano depois, Bob iria juntar-se a John no cemitério, Teddy afundaria sua carreira política naquele carro que despencou no rio, matando sua namorada, e John-John nunca serviria para nada.

Mas nada supera a série de capas de Lois sobre o Vietnã. A primeira delas, em dezembro de 1962, mostrava o rosto de um jovem com a chamada "Feliz Natal. Eu sou o 100º fuzileiro morto no Vietnã". A guerra estava apenas começando, e mal se desconfiava que esse número seria multiplicado milhares de vezes. O rosto da foto, por sinal, era o do próprio Lois. Em outubro de 1966, uma capa em fundo preto com as letras brancas vazadas, dizendo "Oh, meu Deus, baleamos uma garotinha!", numa referência a alguma bala perdida que tivesse vitimado uma civil — as baixas entre os civis do Vietnã ainda eram novidade. E, em novembro de 1970, a maior capa de todas: o tenente William Calley, responsável pelo massacre da aldeia de My Lai, confiante e sorridente (à espera de seu julgamento), cercado por quatro crianças orientais parecidas com as que ele ajudara a matar. Por essa capa, *Esquire* também perdeu, na época, muitos assinantes e anunciantes. Hoje, soa como um impressionante documento daquela guerra que ninguém de bom senso queria e não precisava ter acontecido.

O humor de Lois também era difícil de bater. Na passagem dos vinte anos da morte oficial de Adolf Hitler, em maio de 1965, ele contratou um sósia de Hitler e o estampou na capa com a chamada: "Faço 76 anos este mês. Já posso voltar para casa?". (Muitos acreditavam que Hitler estivesse vivo e escondido na Argentina.) Igualmente linda a capa de julho de 1972, mostrando Groucho Marx e sua namorada, cinquenta anos mais jovem do que ele: "Groucho aos 81: a boa vida de um velho sacana". Sem falar na capa de abril de 1970, com os velhos Johnny (Tarzan) Weissmuller, Maureen (Jane) O'Sullivan e a macaca Chita, todos ainda em grande forma. Lois lamentou que Johnny Sheffield, que fazia o papel de Boy, filho de Tarzan, tivesse se recusado a posar para a foto. Mas ninguém podia censurá-lo: o outrora atlético Sheffield, aposentado havia trinta anos, estava pesando 160 quilos.

Mesmo as capas clássicas de Lois tiveram problemas. A de Muhammad Ali flechado quase não aconteceu — porque Ali se recusava a interpretar um santo cristão. Só aceitou depois de ser liberado por seu líder religioso. A de

Norman "King Kong" Mailer, com a feminista Germaine Greer nos braços, também deu problemas — dentro da revista, a matéria de Greer o classificava de gorila. Mailer chamou Harold Hayes para a briga, mas Hayes se recusou e disse a Mailer que fosse brigar com Lois. E Lois disse que topava, mas só depois que Mailer se classificasse para as finais, enfrentando Germaine.

Por mais que Hayes estivesse do lado de GeorgeLois para vender suas capas junto à alta direção de *Esquire*, algumas ideias de Lois eram mesmo inaceitáveis para o moralismo americano. A capa com Linda Lovelace, por exemplo. Tudo bem que, depois de chocar o mundo com seus talentos orais no filme *Garganta profunda* [*Deep throat*], ela posasse como uma menina ingênua e quase infantil. Já era uma grande capa. Mas não era apenas essa a ideia original de Lois. Ele queria mostrar Lovelace escovando os dentes.

O que é, o que é? É laranja, cabe no bolso, e o símbolo é um pinguim

O último vestígio de onipresença do antigo Império Britânico

[inverno de 2006]

Desde cedo ouvimos dizer que não se deve julgar um livro pela capa. Mas, em certos casos, é irresistível fazer uma exceção. Um deles é quando o livro tem aquela lombada ou capa laranja e, em ambas, dentro de uma moldurinha oval, vê-se a simpática figura de um pinguim. É claro que se trata de um Penguin Book — o livro de bolso inglês criado em 1935 pelo editor londrino

Allen Lane e que não apenas firmou sua marca em termos gráficos, como se tornou uma espécie de garantia de qualidade do que vinha impresso nele. Durante anos fomos levados a acreditar que tudo que saía pela Penguin era bom — só depois descobrimos que às vezes não era assim, mas na maioria das vezes era.

O infalível em matéria de Penguins sempre foi sua ubiquidade. Por ter sido lançado no tempo em que o Império Britânico ainda se espalhava pelos quatro cantos, e havia ingleses viajando para lá e para cá o tempo todo, a coisa mais fácil de achar em qualquer sebo do globo sempre foi um Penguin, novo ou de segunda mão. Hoje não resta nem poeira do fabuloso império, mas os Penguins continuam onipresentes. Encontrei Penguins usados para vender em todas as cidades por onde andei, da pequenina Rio Branco, no Acre, à menor ainda Antibes, no Sul da França. Em Lima, no Peru, estava folheando um Penguin num sebo, em 1988, quando um ataque do grupo terrorista Sendero Luminoso a uma central elétrica apagou a cidade. No Rio, um de meus sonhos de adolescente, nos anos 1960, era me mudar para a Livraria Civilização Brasileira, de Ênio Silveira, na rua Sete de Setembro, 97 — a parede dos fundos, laranja de alto a baixo, era toda tomada por Penguins zerinhos, recém-lançados. Devem ser os remanescentes dessa parede que infestam ainda hoje os alfarrábios cariocas e podem ser encontrados em qualquer calçada do Rio onde se vendam livros.

Um livro publicado em Londres, *Penguin by design — A cover story, 1935-2005*, por Phil Baines (Penguin/Allen Lane, 256 páginas), ensinou-me a determinar pelo design a época de publicação de cada Penguin, quem criou esta ou aquela capa e por que, apesar das modificações (nem sempre sutis) que sofreram nesses setenta anos, as capas dos Penguins mantiveram certa unidade. E esse não é um exercício de preciosismo. É aos Penguin Books que devemos, de certa maneira, o sucesso dos livros de bolso no século XX e o acesso de milhões de pessoas à leitura de alto nível por um preço mais em conta. Não é uma pequena dívida. E o sucesso dos Penguins teve muito a ver com suas capas, com a legibilidade de seu miolo e com sua própria resistência física como objeto — porque, ao contrário de outros congêneres, os Penguins (pela capa encorpada, pelas costuras firmes e pela cola de lei) podiam ser enfiados sem muita cerimônia no bolso das calças ou do casaco, viajar de ônibus ou de metrô, e passar de mão em mão, sem se desfazerem.

Allen Lane, com seus irmãos Richard e John, era um dos diretores da já poderosa editora Bodley Head. Num dia de 1935, ao voltar de trem de uma visita a Agatha Christie na província inglesa, Allen observou na estação a quantidade de material de leitura à venda numa banca — folhetos vagabundos contendo ficção ou curiosidades, mas tão baratos que as pessoas os disputavam sofregamente. Foi quando lhe ocorreu: por que não propor à Bodley Head publicar uma linha de livros de alto nível gráfico e literário, mas acessíveis a qualquer pessoa, para leitura em trânsito? Não seriam livros originais, claro, mas reimpressões em formato econômico — dezoito centímetros de altura por onze de largura — de livros já existentes.

Primeiro, Allen submeteu a ideia a seus irmãos e eles fizeram os cálculos. Para a empreitada se tornar viável, tais livros não poderiam se limitar às bancas e livrarias, mas deveriam estar à venda em todo tipo de ponto de venda, de farmácias a postos de gasolina. Deveriam também custar cerca de metade de um maço de cigarros. As tiragens precisariam ser enormes, porque a margem de lucro seria muito pequena. E eles teriam de vender 17 mil exemplares de um livro antes que este se pagasse — mas, a partir daí, seria o infinito. Era um negócio de risco. Levada a ideia à Bodley Head, esta não se interessou.

Não se interessou, mas também não se opôs a que Allen e seus irmãos usassem o timbre da editora para soltar seus livrinhos, desde que estes tivessem uma marca própria e fossem financiados com dinheiro deles mesmos. Allen topou a parada — pouco antes, pusera dinheiro de seu bolso para publicar, pela Bodley Head, a edição inglesa do enjeitado *Ulysses*, de James Joyce, e não se arrependera. Mas sua ideia dos livros de bolso só encontrou má vontade: as editoras não viam vantagem em ceder-lhe seus títulos para que ele os publicasse por um décimo do preço que valiam. Allen custou a convencê-los de que, a médio prazo, isso ajudaria a conquistar leitores para seus outros títulos, e foi com sacrifício que rodou seu primeiro catálogo: *Adeus às armas*, de Ernest Hemingway; *Ariel*, de André Maurois; *Um caso misterioso em Styles*, de Agatha Christie; e mais sete livros por Dorothy L. Sayers, Eric Linklater, Mary Webb e outros autores hoje menos lembrados. E os donos dos pontos de venda, que deveriam ter se encantado com os livrinhos, também não se entusiasmaram de saída. Quando parecia que Allen não conseguiria desencalhar a tiragem inicial, uma compra-monstro da Woolworth (uma cadeia de lojas tipo Americanas), de mais de 60 mil exemplares dos vários títulos, permitiu à editora decolar. E, dali, ninguém mais os segurou. Em janeiro de 1936, os Lane já tinham vendido seu primeiro milhão de exemplares. Mais um pouco, e a Penguin Books se separou da Bodley Head.

O nome Penguin, sugerido por uma secretária de Allen, Joan Coles, foi um derivado meio maroto de outra incipiente empresa de livros de bolso já existente no mercado: a Albatross Books, que tinha um albatroz estilizado como símbolo. Mas, pelo visto, em Londres naquele ano, pinguins estavam mais cotados do que albatrozes, porque a nova marca não demorou a pegar e a soterrar a outra. O famoso logotipo — um pinguim olhando de banda — foi criado pelo diretor de arte Edward Young, então com 21 anos. Young foi ao zoo para observar os pinguins e desenhar *in loco*. Voltou com o desenho, mas comentou: "Caramba, como esse bicho fede!". Em pouco tempo, para eles, os pinguins exalariam perfume.

A Penguin não tinha gráfica própria e dependia de terceiros para rodar seus livros. Cada gráfica usava uma fonte diferente, daí ser difícil manter a unidade visual sonhada por Young. Custou, mas, finalmente, Young conseguiu firmar a bela fonte Times New Roman, criada para o jornal *The Times* em 1932 e considerada ideal para qualquer papel. Mas, pelo menos, desde o começo ele estabeleceu um padrão de capa: todos os Penguins tinham uma capa em "grade" — tripartida, a princípio horizontalmente. Com variações, a "grade" sobreviveria por décadas a seguir. Young deu também a cada gênero uma cor fixa — laranja para ficção, verde para os romances policiais, vermelho para peças de teatro, azul-escuro para biografias e cereja para livros de viagem e aventura. No futuro, só o verde sobreviveria como cor de um gênero específico, e todo o resto se tornaria laranja (ou cinza).

Durante muito tempo, a Penguin se debateria com um dilema que, na verdade, até hoje não chegou a resolver. Seus livros deveriam destacar a identidade da editora, podendo ser reconhecíveis a distância entre os milhares de títulos numa livraria? (Nesse caso, a Penguin estaria apostando na sua imagem de editora de primeira linha a fim de atrair o cliente para este ou aquele título.) Ou trataria cada livro individualmente, com uma solução gráfica diferente, de acordo com as perspectivas comerciais desse livro? Em seus primeiros vinte anos, a Penguin apostou decididamente na primeira hipótese — o que importava era a sua identidade institucional. A "grade" da capa podia ficar vertical em vez de horizontal, mas ninguém se atreveria a eliminá-la; a capa puramente tipográfica podia admitir o acréscimo de uma ou outra imagem, na forma de um desenho ou fotografia, mas sempre em preto e branco (a cor era reservada apenas para o fundo da capa); e, quando Young se ausentou para lutar na Segunda Guerra (foi o primeiro oficial da Marinha inglesa a comandar um ataque por submarino), houve diretores de arte que se atreveram a tomar liberdades até com o pinguim, redesenhando-o para lhe dar certo movimento (mas voltaram correndo para o discreto pinguim original).

Quando os Penguins entraram em minha vida, no começo dos anos 1960 — o primeiro a me cair às mãos foi *The great Gatsby*, de Scott Fitzgerald —, a empresa acabara de contratar como diretor de arte o italiano Germano Facetti. Ele provou ser possível conciliar a identidade histórica e o apelo comercial — façanha nada desprezível, considerando-se que, entre reedições e novidades, a Penguin estava soltando a enormidade de setenta títulos por mês. Para mim, os Penguins daquela época são os clássicos, com o laranja ou cinza para os livros de ficção e o verde para os policiais, mas com o invariável Helvetica sem serifa nos títulos e aquela "limpeza" gráfica que (já sabíamos desde então) era tão característica dos anos 1960.

Mas, enquanto a Penguin continuava fiel a seu estilo de capas classudas e taciturnas, a concorrência não estava dormindo. Outras editoras britânicas de livros de bolso, como a Pan (fundada em 1944) e a Corgi (em 1951), não tinham o menor problema em abusar de cores, desenhos, fotos e tudo que pudesse tornar suas capas mais atraentes. A própria Penguin americana, sob licença da matriz londrina, era uma festa de cores, bem ao estilo do mercado dos Estados Unidos. Pois, para não ficar para trás, a Penguin inglesa foi cedendo aos poucos e se abrindo para novos recursos gráficos. Um jovem diretor de arte, Alan Aldridge, tomou conta do pedaço e começou a inventar. A história e os números provaram, no entanto, que sempre que seus livros se afastaram muito de sua identidade gráfica original, o pinguim perdeu dinheiro.

A evolução das capas da Penguin de 1970 para cá é quase uma história das capas de livros nesse período. À medida que os diretores de arte foram se sucedendo, elas desprezaram ou se reaproximaram dessa identidade. Houve capas mostrando não só o título do livro e o nome do autor, mas também o começo do texto; outras em que o título era quase invisível; em algumas, as fotos sangraram pelas bordas da capa, ficaram psicodélicas ou passaram por um processo de solarização; em outras, a imagem era um gráfico, uma tabela ou outra loucura qualquer; e houve casos de capa com um fundo preto chapado e o nome do autor, quase invisível. O querido Helvetica deu lugar a todo tipo de fontes, e a "grade", horizontal ou vertical, saiu e voltou à cena tantas vezes que ninguém mais conseguia acompanhar. Mas, de uma maneira ou de outra, sempre soubemos que aquele era um livro Penguin — o logo do pinguim era muito forte para passar em branco.

A última capa em *Penguin by design* — dando a entender que estamos diante da última palavra no design das capas da Penguin — é uma homenagem a George Orwell, um dos autores mais tradicionais da editora. O livro é uma reedição de *Why I write*, na série Great Ideas, e — eu mesmo quase não acreditei — a capa é uma volta tal e qual às primeiras capas da Penguin, com a "grade" vertical, a fonte original, a chamada etc. Exatamente como as capas de 1935, que deram uma súbita dignidade aos livros desse formato e fizeram com que a Penguin pusesse seus concorrentes no bolso.

Hirschfeld — A eternidade de um nariz amassado

O fungo ataca de fora para dentro

[20/3/1999]

Há tempos, na noite de estreia de um certo musical da Broadway, já passara da hora de começar o espetáculo e o pano ainda não estava aberto. Motivo: um importante espectador ainda não havia chegado. Era o caricaturista Al Hirschfeld, que pegara um engarrafamento no caminho e se atrasara. Finalmente, ele apareceu, sentou-se em sua habitual poltrona e foi visto (inconfundível pela elegância e pelas barbas brancas de Papai Noel da Macy's) por alguém que espiava entre as cortinas. A pessoa deu o alerta: "Hirschfeld chegou, podemos começar". E só então o pano se abriu.

Al Hirschfeld, naturalmente, é o caricaturista do *Arts & Leisure*, o caderno dominical de artes e espetáculos do *New York Times*. No jornal deste domingo, como em milhares de domingos anteriores, haverá uma caricatura de Hirschfeld sobre algum espetáculo estreado na Broadway durante a semana. É por isso que as companhias não se atrevem a entrar em cena enquanto não o veem na plateia — sabem que seu desenho, mostrando uma cena da peça, será muito mais visto que qualquer foto no jornal. Para os leitores do *New York Times*, nada disso é novidade: tem sido assim desde 1928. E, até hoje, é rara a semana em que ele não sai.

Mas não é preciso ser um leitor do *New York Times* para conhecer o traço fino, rápido e só aparentemente casual de Hirschfeld. Mesmo fora dos Estados Unidos, milhões já viram seus desenhos e sabem que eles têm alguma coisa a ver com a Broadway. E têm mesmo: Hirschfeld é o próprio logotipo do teatro americano, como o definiu o jornalista Mel Gussow. Nas últimas oito décadas — ou seja, desde a década de 1910! —, ele compareceu a quase todas as estreias em Nova York (o que o torna talvez o maior frequentador de teatro no século XX) e seu lápis registrou tudo de importante que ocorreu nos palcos. Pense num clássico do teatro americano — *Show boat* (1926), *The front page* (1928), *Mourning becomes Electra* (1931), *Porgy and Bess* (1935), *The cradle will rock* (1938), *Our town* (1938), *Oklahoma!* (1942), *Guys and dolls* (1950), *Cat on a hot tin roof* (1955), *My fair lady* (1956) etc. etc., vindo até o ultimo Stephen Sondheim (palmas!) ou Andrew Lloyd Webber (bleargh!) — e Hirschfeld estava lá, assistindo à criação dos papéis pelos elencos originais e garatujando freneticamente à meia-luz da plateia.

Uma retrospectiva de sua obra no Whitney Museum, em 1998, e um livro recém-lançado dão uma ideia de como o homem está no apogeu. O livro é *Hirschfeld on line*, com 344 páginas de seus desenhos, contendo ainda um vasto perfil do artista por Mel Gussow e textos de gente que o admira, como a atriz Whoopie Goldberg, o romancista Kurt Vonnegut Jr. e o teatrólogo Arthur Miller. E, claro, de sua filha Nina, uma figura querida na mitologia hirschfeldiana.

Os fãs de Hirschfeld sabem muito bem: no rodapé de quase todos os desenhos, ao lado de sua assinatura, vem um numerinho. É o número de vezes em que se pode ler o nome de Nina disfarçado entre fios de cabelo ou sobrancelhas, dobras de roupa, adereços e cenários no desenho. Descobrir Ninas nos rabiscos "casuais" de Hirschfeld é uma das melhores distrações de Nova York nas tardes de sábado (quando sai o jornal de domingo). E ele não trapaceia: há tantas Ninas no desenho quanto promete o numerinho, mesmo que você tenha de suar para encontrá-las.

Mas as Ninas são apenas uma brincadeira em meio a um trabalho que contém toques de quase genialidade. Hirschfeld, como todo grande caricaturista, consegue capturar um gesto ou movimento no ar, fixar para sempre uma expressão ou descobrir, num brilho dos olhos, num nariz amassado ou num queixo proeminente, a insuspeita natureza humana de seus modelos. E olhe que estes são gente como Charles Chaplin, George Gershwin, Groucho Marx, Cole Porter, Noël Coward, Laurence Olivier, Eugene O'Neill, Leonard Bernstein, Maria Callas, Duke Ellington, Lena Horne, John Lennon ou Glenn Close, que são das pessoas mais fotografadas do planeta.

Hirschfeld não chegou a isso de graça. Nascido em 1903 e neto de ucranianos, ele foi descoberto no começo dos anos 1920 em Nova York pelo letrista Howard Dietz (coautor de "Dancing in the dark", "That's entertainment", muitas outras, e criador do leão como símbolo da MGM). Em 1924, Hirschfeld foi para Paris, onde Scott Fitzgerald, Hemingway, Cole Porter e Gertrude Stein pintavam os canecos. Morou também em Bali, quando Bali ainda não estava na moda, e passou uns tempos na Rússia, para conhecer o passado de sua família. Seus amigos — antes de ele próprio ficar famoso — eram Chaplin, Picasso, Stanislávski, Eisenstein, George e Ira Gershwin. Em 1928, de volta a Nova York, começou a desenhar teatro para o *New York Times*. E nunca mais parou. Detalhe: sempre como *freelance*. Apenas de 1990 para cá é que se tornou um contratado do jornal.

A ideia de que Hirschfeld é um grande artista custou a consolidar-se. Durante boa parte do século, os americanos resistiram a acreditar que seus artistas populares mereciam tanto respeito quanto os mestres europeus. Hoje, qualquer rabiscador de quadrinhos pornôs é levado a sério, mas homens como Hirschfeld, Saul Steinberg, Charles Addams, Peter Arno, James Thurber e principalmente Norman Rockwell custaram a ser valorizados como criadores. Mas isso finalmente aconteceu e, hoje, quem quiser comprar um autêntico Hirschfeld tem de dirigir-se às Margo Feiden Galleries em Nova York e pagar uma pequena fortuna por uma cópia assinada. Os mais abonados, evidentemente, preferirão um original, mas, para isso, terão de vender a casa onde ele será pendurado. Não era assim em 1960, quando Hirschfeld veio ao Brasil, a passeio, e visitou Rio, São Paulo e Brasília (não, ele não gostou de Brasília).

Durante sessenta anos, Hirschfeld desenhou sentado à mesma cadeira de barbeiro que um dia comprou no Bowery. Há tempos, a cadeira teve de ser substituída por outra quase igual. As cadeiras passam e quase todos os heróis que Hirschfeld admirou já morreram, mas ele continua firme. E o melhor é que ele não pensa em parar. Aos 95 anos (96 em junho), continua desenhando a grande velocidade, indo sozinho ao teatro, dirigindo seu Cadillac e sempre casado com uma mulher (no momento, a terceira) pelo menos quarenta anos mais jovem do que ele. Se a Broadway não se cuidar, e diante da epidemia de peças inglesas que tomou de assalto os palcos de Nova York, Hirschfeld acabará sobrevivendo ao teatro americano. [*Quase isso. Hirschfeld morreu em janeiro de 2003, aos 99 anos.*]

E, agora, uma história pessoal. Há anos, ao passar pela vitrine da galeria de Margo Feiden no Village, em Nova York, vi o desenho de Hirschfeld sobre a mesa-redonda do Algonquin — uma cópia de, talvez, setenta por cinquenta centímetros, já amarelada pela idade e com a famosa assinatura cheia de Ninas. Ao lado, uma etiqueta: 1500 dólares. Era demais para o meu cofre-porquinho. Na volta ao Rio, descobri que tinha aquele desenho, em ponto menor, impresso num livro. Daí, pedi a minha amiga Rosa da Matta, designer e artista gráfica, que o ampliasse nas mesmas medidas do original, num papel caprichado, e o fizesse "envelhecer", como se ele estivesse sendo atacado por fungos — o que ela conseguiu aplicando suavíssimas camadas de pó de café.

Quando Rosa foi me levar a ampliação, observei que as bordas do papel estavam manchadas, como eu pedira, mas que o centro da figura — justamente onde ficava o desenho — continuava intacto. "Não fica esquisito assim?", perguntei. E Rosa: "Não. É exatamente como acontece. O fungo ataca de fora para dentro".

Feliz da vida, emoldurei e pendurei o desenho na sala. E, até hoje, quando uma visita se admira ao ver que possuo um "autêntico" Hirschfeld, meu prazer é contar-lhe que é uma falsificação produzida por uma querida amiga, que o papel foi "envelhecido" com pó de café e que o fungo ataca de fora para dentro.

Pelos olhos de J. Carlos

Um Carnaval cada vez mais feminino, mais preto, mais alegre e mais nu

[13/2/1999]

Zum, zum, zum, zum, zum, zum, estava faltando um. Mas, a partir deste Carnaval, não falta mais. Um dos grandes artistas gráficos brasileiros, o caricaturista, ilustrador e chargista carioca J. Carlos (1884-1950), que a posteridade transformou num mito de difícil acesso, está sendo finalmente redescoberto. Há dois meses saiu, pela Lacerda Editores, *O Rio de J. Carlos*, um monumental apanhado de mais de quinhentos de seus desenhos, publicados de 1908 a 1950 em revistas e jornais como *Para Todos...* (assim mesmo, com as reticências), *Fon-Fon, Careta, O Malho, Gazeta de Notícias, Revista da Semana*, a primitiva *O Cruzeiro* e outras. Mal se recobrou a respiração e sai agora, pela mesma editora, outro livro, *Carnaval de J. Carlos*, com duzentos desenhos, cada qual mais deslumbrante. Os dois livros se devem à paixão do também artista gráfico Cassio Loredano pelo mestre.

Pense em qualquer coisa. Se aconteceu na primeira metade do século, e se aconteceu no Rio, J. Carlos — José Carlos de Brito e Cunha — a desenhou. E, se ele não desenhou, é porque não devia ter importância. A rua, a praia, o morro, o bonde, o automóvel, o futebol, a mulher (principalmente a garota dos anos 1920, a melindrosa), o malandro, os políticos — nada escapou ao traço de J. Carlos, e é desse material geral que se compunha o primeiro livro. Mas, por mais abrangente que seja o apanhado, este será sempre uma fração — porque se estima que, nos seus 42 anos de atividade profissional, de 1908 até a morte, J. Carlos tenha publicado 100 mil desenhos. Cassio Loredano já levantou até agora cerca de 30 mil, vasculhando há anos os arquivos da família Brito e Cunha e as coleções de revistas das bibliotecas. Para isso, teve o apoio da Xerox e da prefeitura do Rio. Mas só um obsessivo amor permitiria um trabalho dessas dimensões.

O Carnaval merecia um livro só para ele na obra de J. Carlos, e que bom que esse livro tenha saído. Servirá, no mínimo, para ensinar aos contemporâneos que o Carnaval não é apenas um feriado longo e meio chato, durante o qual as pessoas se dedicam a engarrafar na estrada ou a salivar diante da televisão vendo as escolas de samba. J. Carlos retratou a folia como ela era no seu tempo: uma festa de participação, entrega e desbunde (a palavra ainda não existia, mas o sentimento, sim). Um desbunde consentido e, talvez, até inconscientemente desejado pela sociedade, servindo de termômetro para as mudanças dos costumes. Os desenhos não estão em ordem cronológica, mas basta observar as datas impressas no material para constatar como o Carnaval foi ficando progressivamente mais feminino, mais preto, mais alegre e mais nu.

Não que o próprio J. Carlos fosse um adepto feroz dessas transformações. O texto do jornalista Luciano Trigo, que serve de introdução ao livro, chama a atenção para a sutil contradição do artista: o J. Carlos que critica a lascívia nas falas dos personagens é o mesmo que exalta essa lascívia no seu traço, demonstrando um evidente prazer em desenhar rapazes e moças em situações que (mais ainda naquele tempo) poderiam ser interpretadas como uma esbórnia geral. O mesmo quanto ao comportamento das famílias diante do Carnaval: com fina crítica, J. Carlos retrata-as suspendendo temporariamente os seus rígidos valores, em nome da "licença" para o liberou-geral concedida aos seus filhos naqueles três ou quatro dias.

Pode-se dizer que J. Carlos assistiu ao nascimento do Carnaval moderno. Ele já estava de pena e nanquim à mão no comecinho do século quando o Carnaval saiu da apertada rua do Ouvidor, onde os préstitos passavam para a admiração do povo, e se mudou para a recém-inaugurada avenida Central (depois, Rio Branco), onde os carros de capota arriada desfilavam cheios de jovens cantando, tomando champanhe e se digladiando com confete e serpentina. Mas carros eram artigos de luxo, e os mais pobres tinham de brincar a pé mesmo. Para isso, o samba amaxixado, vigente nos anos 1910 e primeiros anos 1920, precisou retardar um pouco o andamento, deixando-se contagiar pela marcha, permitindo que se "dançasse andando" e gerando os sambas e marchinhas como passamos a conhecê-los, as primeiras escolas de samba e os bailes dos clubes.

J. Carlos retratou essa mistura entre ricos e pobres na rua, embora as publicações para que ele trabalhava vissem com desgosto aquela "promiscuidade". A própria revista *Fon-Fon*, para a qual ele desenhava capas geniais, alertava em 1926 para a "decadência do Carnaval de rua do Rio" — até então um "Carnaval de escol" —, provocada pela presença do "povinho", que fazia com que "a nossa melhor sociedade" estivesse indo brincar nos clubes. Curiosamente, as capas de J. Carlos exaltavam a mistura que o editorial da revista condenava.

De qualquer maneira, nos anos 1930 tudo isso já seria passado: as marchinhas de João de Barro, Lamartine Babo e Ary Barroso fariam a apologia indiscriminada das louras e morenas, nem que fosse para concluir, triunfantes, que "a mulata era a tal". E, se não havia uma celebração ostensiva dos negros, estava implícito em todo o Carnaval que aquela se tornara uma festa deles, à qual os brancos se juntavam.

Do ponto de vista gráfico e pictórico, o livro é um banho. Numa época em que a fotografia no Brasil era tímida e inexpressiva, e o cinema, inexistente, J. Carlos pintou o Carnaval com um luxo de cores e detalhes que, hoje, servirá de subsídio para os sociólogos e historiadores e deixará de boca aberta os cenógrafos e figurinistas. É uma festa de pierrôs, colombinas, arlequins, morcegos, diabos, palhaços, espanholas e todas as fantasias ao alcance dos — como se dizia? — foliões. Foliões amadores, é bom lembrar. Desde 1908 já havia os concursos de fantasias nos clubes, mas muitos anos teriam de se passar até que esses concursos se tornassem uma arte de pesquisadores como Evandro Castro Lima, Zacharias do Rêgo Monteiro e Clovis Bornay.

J. Carlos era um homem reservado (as fotos mostram-no sempre sério), e não consta que ele tenha sido visto pulando ao som de "O teu cabelo não nega" com um lança-

-perfume Rodo Metálico na mão. Mas, que não perdia nada do Carnaval, não há a menor dúvida. Não apenas levava seus cinco filhos fantasiados aos bailes do Fluminense, do Botafogo e do Jockey Club, como às vezes lhes desenhava as fantasias (que eram confeccionadas por sua mulher, dona Lavínia). A vitalidade e o ritmo de seu desenho só poderiam ser conseguidos por um artista que estivesse de corpo presente na folia.

Com tudo isso, nossa dívida para com Cassio Loredano ficou difícil de pagar. Ele é dos poucos artistas brasileiros com uma paixão nada secreta pela página impressa — não pelo desenho original em si, mas pelo que resultou deste. Para ele, a página impressa é que é a verdadeira obra do artista e, numa visão radical da coisa, a considera ainda mais bela se vier marcada por acidentes de percurso, como falhas na impressão, registro pouco preciso, manchas de tinta ou dobras no papel — embora o material de J. Carlos esteja tinindo nesse livro. Não o incomodam nem as cicatrizes do manuseio, da umidade ou do próprio tempo. Se isso não alterar a essência da obra, Cassio o interpreta como a experiência de vida da página impressa — a qual foi impressa para isso mesmo: para ser usada, admirada, consumida. Pena que alguns, como Jaguar, sejam ainda mais radicais do que ele e não se preocupem em guardar seus originais — mandam-nos para a gráfica e nunca mais se lembram deles.

Mas a prova de que nada se perde para sempre está no próprio *Carnaval de J. Carlos*. Sempre haverá um pesquisador maníaco como Loredano, capaz de localizar preciosidades perdidas e devolvê-las ao nosso tempo, garantindo-lhes uma imortalidade de que nem elas se julgavam merecedoras.

A grande arte de borracharia

A Gioconda, com uma nesga de seios ou coxas, poderia ter sido a primeira pin-up

[19/4/1997]

Os críticos de arte a chamariam de "arte de borracharia" — se soubessem da sua existência. E, claro, se lhe fizessem a suprema concessão de chamá-la de "arte". Mas como chamar de arte algo que é feito para ser impresso e pendurado na parede do borracheiro? O mundo das artes plásticas é esnobe e exigente, como se sabe. O século XX já está acabando e os críticos não perderam um minuto de seu tempo com essa especialidade que, de 1900 a meados dos anos 1960, principalmente nos Estados Unidos, foi tão moderna e ousada: a dos artistas que se dedicaram a pintar mulheres em trajes sumários e provocantes, num estilo hiper-realista, quase fotográfico.

Quero crer que, fora exceções, o preconceito dos críticos não seja contra as mulheres. Mas, seja por que for, eles nunca sequer piscaram para os grandes praticantes dessa especialidade. Nomes como os de George Petty, Earl Moran, Zoë Mozert, Gil Elvgren e Peter Driben não constam das enciclopédias e suas obras não estão penduradas em museu nenhum. O único de quem os críticos tomaram um ligeiro conhecimento e, mesmo assim, para reduzi-lo a um mero "ilustrador" de revistas, foi o falecido Alberto Vargas, famoso por seus desenhos em *Esquire* e *Playboy*.

Um livro recém-lançado em Nova York faz justiça a esses artistas e a essa forma de arte: *The great American pin-up*, por Charles G. Martignette e Louis K. Meisel. Em suas 380 páginas, contém novecentas espetaculares reproduções em cores de exemplares do gênero. *Pin-up* é como os americanos se referem ao que seria essa "arte de borracharia". No começo, significava apenas um desenho de mulher a ser espetado na parede da oficina e, com o tempo, tornou-se também sinônimo da própria mulher que servia de modelo. A arte da *pin-up* vem de longe, mas é uma forma de expressão típica deste século e tão americana quanto o jazz, a calça jeans e o chiclete de bola. Bem, o jazz já foi incorporado à música séria, o jeans passou a ser aceito em alguns jantares formais e até já há teses de doutorado sobre o chiclete de bola. Apenas a arte da *pin-up* continua a ser discriminada. Por quê?

Porque é "comercial" e, pior ainda, porque é realista, responde Louis K. Meisel, um dos autores do livro. A acusação de comercialismo é ridícula — como se Cézanne ou Renoir pintassem de graça, e como se a maioria dos artistas plásticos vivesse de brisa. Já a acusação de "realismo", esta sim, tem o peso de um insulto. Desde que Picasso começou a pintar mulheres zarolhas, ninguém mais pôde pintar direito sem ser chamado de careta.

Há décadas, os marchands decretaram que uma figura ou paisagem que não tivesse um mínimo de deformação estava banida *a priori* de suas galerias. Só era "moderno" (e com valor no mercado) o que fosse abstrato — mesmo que fosse uma cópia de alguma modernidade de 1905 ou, de uns anos para cá, não passasse de uma horrenda "instalação" que, ao fim da exposição, vai direto para o lixo. Em nome do novo, instituiu-se a ditadura do grotesco. E, com a galopante desvalorização da arte de saber desenhar, era inevitável que a arte da *pin-up* — que, no seu apogeu, chegou a extremos de perfeição fotográfica — fosse condenada ao gueto.

Meisel acusa essa ditadura abstracionista de ter aberto o mercado a uma multidão de enganadores e de estar fazendo com que o público, hoje, mal consiga reconhecer a qualidade numa obra de arte. O curioso, diz ele, é que essa qualidade continua a ser exigida dos médicos, engenheiros, cientistas e outros profissionais que, se não trabalharem pelo manual, podem causar estragos fatais. Mas, nas artes plásticas, qualquer amador travestido de *avant-garde* pode fazer o que quiser e, quanto mais excêntrico, mais será chamado de gênio. Não se sabe como os marchands toleram o fato de que o grande pintor americano do século, Edward Hopper (1882-1967), era um realista.

Ironicamente, se o *establishment* plástico passou o século desprezando os ilustradores de *pin-ups*, o mercado sempre lhes abriu as portas. O mercado editorial, bem entendido. Nas primeiras cinco ou seis décadas, não havia suporte gráfico que não os usasse: calendários, cartões-postais, baralhos, revistas, cartazes de cinema ou de teatro, espelhos, anúncios publicitários, capas de livros e de discos — tudo que pudesse ser impresso continha uma *pin-up*. Nos anos 1940, os grandes nomes do gênero, como Petty ou Vargas, podiam faturar, fácil, até 100 mil dólares por ano, equivalentes hoje a alguns milhões.

Você poderá então perguntar: se ganhavam tanto, que diferença fazia se eram chamados de ilustradores e não eram reconhecidos como "artistas"? A resposta é simples: porque eram artistas. O fato de terem seus trabalhos publicados em veículos pouco nobres, como os então recém-inventados livros de bolso, não devia servir para desmerecê-los. Escritores como Hemingway, Faulkner ou John O'Hara saíam em livros de bolso, daqueles bem vagabundos, e nem por isso se tornavam "menores". Então, por que as capas desses livros, que mostravam louras extravagantes ameaçadas por sujeitos rústicos, não mereciam consideração? Por preconceito. Se prestassem atenção nesses artistas "comerciais", os críticos mais azedos descobririam uma linha direta partindo de Da Vinci, atravessando os pintores flamengos e desaguando na *pin-up*. A própria Gioconda, em outros tempos, e com um discreto decote ou palmo de pernas à vista, poderia ter sido a primeira *pin-up*.

A *pin-up* era sensual, glamourosa e sapeca, mas não era ofensiva. Saía na capa de revistas que frequentavam os lares americanos mais conservadores, como *Saturday Evening Post*, *Liberty*, *Look* ou *Life*, e em anúncios de Coca-Cola. Ela representava o tipo de mulher que muitas garotas americanas gostariam de ser e, sem dúvida, que os homens gostariam que elas fossem. E era tão "limpa" quanto as estrelas de cinema, em cujo rosto os desenhistas muitas vezes se inspiravam. Na Segunda Guerra e na Guerra da Coreia, o próprio governo americano despachava milhões de reproduções de *pin-ups* para suas tropas no exterior, a fim de levantar-lhes inclusive o moral — os soldados atribuíam ao inimigo o fato de estarem sendo privados daquelas belezas ao vivo e, provavelmente, lutavam com mais ferocidade. Betty Grable foi, talvez, a mais famosa *pin-up* da história — sabe-se lá a quantidade de homenagens que recebeu vindas dos soldados nas trincheiras.

Muita coisa, além do desprestígio crítico, contribuiu para o ocaso da *pin-up* a partir dos anos 1960. Um fator foi a campanha das feministas contra o que — mais uma vez — consideravam uma "exploração machista" do corpo da mulher. Talvez mudassem o disco se soubessem que alguns dos grandes artistas do gênero eram, ora vejam só, mulheres. Uma delas, a delicada Mabel Rollins Harris, pintava adolescentes como *pin-ups* nos anos 1920. E Pearl Frush, Joyce Ballantyne e Zoë Mozert tiveram um sucesso no gênero que, com certeza, não teriam na pintura de galeria — não por não terem talento, mas por ser, esta sim, tradicionalmente vedada às mulheres. Mas o que liquidou a *pin-up* foram a emergência da fotografia na publicidade e o surgimento de revistas como *Playboy* (e centenas de outras), que passaram a oferecer em fotos explícitas a fantasia que as *pin-ups* só sugeriam em desenho. Alguns artistas tentaram atualizar suas *pin-ups* (o próprio Vargas, em *Playboy*, passou a despir as suas), mas não tinham como competir com a mulher de verdade que posava para uma câmera.

Em fins dos anos 1960, os ingratos borracheiros já tinham deixado de pendurar as *pin-ups* em suas oficinas, preferindo a página central de *Playboy*. Talvez fosse a senha, só percebida agora, com trinta anos de atraso, para que a arte da *pin-up* ascendesse da borracharia para as paredes dos museus — que é onde ela merece estar.

Duelo de titãs

Neste canto, o livro. No outro, a internet. Se um dia a internet acabar, você lerá sobre isso num livro

[outono de 2005]

Volta e meia nos ameaçam com o fim do livro. Basta surgir um novo veículo para que se desenhe um apocalipse. Foi assim quando o mercado de revistas foi criado, no século XIX, e se expandiu violentamente no século XX — quem continuaria a ler livros com tantas publicações baratas e atraentes? Bem, o livro não morreu. Então vieram o cinema, o rádio, a televisão, uns em cores, outros em estéreo e dolby, e, agora, a internet, que é a prova definitiva da existência do Demônio. Tudo foi pretexto para que os apressados se perguntassem, pesarosos, sobre o que seria do livro como produto. Pois a resposta sempre esteve — e está, mais do que nunca — na cara: basta entrar hoje numa livraria, qualquer uma, e observar a quantidade de novos títulos despejados no mercado a cada semana. Alguém deve estar comprando esses livros, porque as editoras não param de fabricá-los.

Pelo visto, o ser humano não abre mão desse objeto composto de folhas de papel impressas dos dois lados, que se dobram em quatro, oito, dezesseis ou 32 páginas, e que uma ou mais máquinas corta, grampeia, encaderna, cola e eles finalmente ganham uma capa de Helio de Almeida, Vitor Burton ou João Baptista de Aguiar. Objeto esse que pode ser levado debaixo do braço, às vezes dentro do bolso, para a mesa, para o sofá, para a cama ou para lugares menos nobres. E que, depois de usado, costuma ser colocado de pé numa prateleira ao lado de objetos semelhantes, para esperar a oportunidade de ser usado de novo, ou pela mesma pessoa ou por uma pessoa diferente. Simples, não? Simples e indestrutível.

Em termos de design, não há muito que discutir quando se trata do livro. Ele já nasceu definitivo. Muito antes de Gutenberg — ponha aí alguns séculos e mais uns anos —, o livro já existia (apenas não era ainda impresso) e mais ou menos do jeito que é hoje. No começo, podia ser enorme, escrito à mão, em folhas de papel-pergaminho, com letras bordadas a ouro e iluminuras coloridas, protegido por uma encadernação em couro que ainda conservava o calor do animal de que esse couro fora extraído. Não importa, já era o mesmo livro. Seus leitores não podiam levá-los para o catre, mas nem havia esse hábito, e eles tinham mesas especiais para acomodar o objeto. Tive em mãos alguns desses incunábulos, como são chamados, no setor mais exclusivo da Biblioteca de Salamanca, na Espanha. Têm quinhentos ou seiscentos anos de idade e são maravilhosos. A mancha de texto em cada página corresponde em milímetros à do verso da página; a escrita parece respirar; a tinta, feita para a eternidade. Se tivesse em mãos uma pena que tivesse sido usada por Camões ou um tinteiro de Cervantes, não ficaria mais emocionado.

Com os tipos móveis de Gutenberg, o processo de produção foi facilitado, e as transformações seguintes foram consequência simples da evolução da tipografia. Nada de mais: os livros ficaram menores, mais leves, mais portáteis, mas o princípio fundamental nunca se alterou. Continuaram a ser objetos feitos para a leitura, de preferência de cima para baixo, da esquerda para a direita e sem necessidade de mover os lábios em silêncio enquanto se lê (há quem faça isso, mas deve-se tentar não reparar, porque pode parecer uma crítica).

Se alterações houve, nos últimos duzentos anos, foram de detalhe. As encadernações em couro foram substituídas por capas de papelão, sobre as quais se podiam imprimir o título, o nome do autor e a marca da editora. Das capas sóbrias e sem figuras, ao estilo francês, passamos para as capas "artísticas", ao estilo inglês. Os ingleses inventaram também a *dust-jacket*, que aqui chamamos de sobrecapa — uma capa colorida em papel fino sobre uma encadernação austera e pesada, reservada às primeiras edições ou a tiragens pequenas. Mas a regra, estabelecida pelos americanos, passou a ser a capa comum, só um pouco mais encorpada que o papel usado no miolo. E os americanos aproveitaram para tornar as capas bem apelativas, principalmente em seus livros de bolso, chegando à perfeição de ilustrar capas de livros de Freud com mulheres peladas (para simbolizar as pulsões sexuais) ou com polvos em luta (para representar o Ego e o Superego). Um filme que tratou muito bem disso foi, acredite ou não, *O pecado mora ao lado* [*The seven-year itch*], de Billy Wilder — sim, aquele com Marilyn Monroe tomando nos baixos o ventinho do metrô. Nele,

Tom Ewell interpreta um editor que transforma sérios tratados de psicanálise em best-sellers, botando mulheres seminuas na capa.

Enquanto o livro convencional continua representando noventa por cento do mercado, a tradição do livro de luxo, felizmente, nunca se perdeu. Alguns são *tão* de luxo que só podem ser publicados por sociedades de bibliófilos, com tiragens nunca acima de cem exemplares, e são obras de arte por si, não importando muito o chamado conteúdo. Outros, também caprichados, destinam-se a um público maior, mas ainda assim restrito — são os chamados livros *coffee-table,* quase sempre patrocinados por uma empresa para ser dados como brinde a seus clientes — donde serão livros não lidos. Alguns desses exemplares chegam às livrarias, mas seu destino continua a ser permanecer não lidos — você vê um deles na livraria, encanta-se por ele, compra-o, leva-o para casa, deposita-o em cima da mesa da sala (de uma *coffee table,* daí o nome) e decide que um dia vai abri-lo e curti-lo. Dia que raramente chega, porque ninguém tem muita paciência para ler um livro em cima da mesinha de café e, se você cogitar levá-lo para ler na cama, corre o risco de cochilar e o livro cair de suas mãos e fraturar-lhe duas ou três costelas.

Por favor, não me entenda mal. Os *coffee-tables* precisam continuar a ser feitos e, pensando bem, quem disse que todos os livros foram feitos para ser lidos? Muitas vezes eles valem pelo seu acúmulo de material iconográfico, pela arte do designer que os criou ou mesmo pelo simples prazer sensorial de possuí-los e olhar para eles de vez em quando. Eu próprio tenho dezenas assim, e haja mesa de café para todos. Além disso, os livros de luxo não são os únicos a despertar esse prazer sensorial. Há milhares de livros de formato convencional e que também se prestam a isso — só depende da relação que se tenha com eles. Qualquer um que já tenha entrado num sebo e encontrado um livro que possuiu na infância ou na adolescência sabe o que estou dizendo — um humilde objeto sem interesse para o resto da humanidade passa a ter um valor inestimável para aquela pessoa.

O cinema, o rádio e a televisão, cada qual em seu tempo, podem ter separado muitas pessoas dos livros. Mas, no lugar destas, milhares, milhões de outras saíram das sombras e se agarraram ao primeiro exemplar que lhes passou pela frente. Nunca as tiragens foram tão grandes quanto no século XX, que foi justamente o século daquelas novidades. No meio do processo, o cinema, o rádio e a televisão até ajudaram a vender livros, popularizando muitos títulos e transformando autores em celebridades internacionais. E o que seria do cinema, do rádio e da televisão sem os "conteúdos" disseminados pelos livros? Com a internet, é e será a mesma coisa. Quando se tratar de ler um romance, por exemplo, ninguém trocará o formato perfeito de um livro (que pode ser acariciado, abraçado, beijado) por uma fria e reles tela de computador. O livro não acabará nunca e, se um dia a internet for vista como coisa do passado, você lerá sobre isso num deles.

Pois, precisamente nesses anos 00 do século XXI, em que as pessoas passam mais tempo diante da tela do que fazendo qualquer outra coisa, nunca se publicou tanto e nunca se leu tanto. Essa é uma realidade mundial, inclusive aqui. No Brasil, aliás, há mais editoras de livros do que pontos de venda desses mesmos livros. É um contrassenso. Mas é também a realidade, e ela deve querer dizer alguma coisa.

Identificação dos nomes citados na dedicatória

Se os nomes a quem este livro é dedicado lhe soaram vagamente familiares, mas você não conseguiu identificá-los, aqui vão as chaves:

Ezequiel de Souza Escobar é o amigo de infância de Bentinho em *Dom Casmurro* [1899], de Machado de Assis — aquele de quem Bentinho suspeita que seja o verdadeiro pai de seu filho com Capitu.

L. Horace Holly é o dedicado explorador que acompanha seu pupilo Leo nas expedições à África e ao Tibet em busca de Ela – Ayesha, para os iniciados — nos dois romances de H. Rider Haggard, de 1887 e 1905, sobre a deusa mais apaixonante da literatura.

André-Louis Moreau ficou mais conhecido como Scaramouche, o espadachim criado por Rafael Sabatini em seu romance de 1921.

Lawrence Talbot nasceu no cinema, criado por Curt Siodmak em 1940, mas sua tragédia pessoal — a de tornar-

-se o protótipo do *Lobisomem*, interpretado por Lon Chaney Jr. — foi depois adaptada para inúmeros romances populares.

O dr. Odorico Quintella é, naturalmente, o juiz de direito que atravessa toda a saga de *Asfalto selvagem* [1959] apaixonado por Engraçadinha. Poucas vezes um personagem retratou tão bem a fragilidade do homem diante da mulher inatingível.

E Sheldon Scott — trinta anos, um metro e noventa, pele bronzeada, cabelo branco espetado à altura de uma polegada e sobrancelhas em forma de V de cabeça para baixo — é o detetive particular Shell Scott, de Los Angeles, criado nos anos 1950 por Richard Prather. Herói de, entre muitos livros de bolso, *A mulher das quatro pintas* e *Ela tinha aquilo*.

Índice remissivo

1ª EDIÇÃO [2009] 2 reimpressões

ESTA OBRA FOI COMPOSTA PELO 2 ESTÚDIO GRÁFICO E IMPRESSA PELA UMLIVRO EM PROCESSO DE IMPRESSÃO SOB DEMANDA SOBRE PAPEL PÓLEN SOFT DA SUZANO S.A. PARA A EDITORA SCHWARCZ A PARTIR DE FEVEREIRO DE 2020

FSC
www.fsc.org
MISTO
Papel produzido a partir de fontes responsáveis
FSC® C128038

A marca FSC® é a garantia de que a madeira utilizada na fabricação do papel deste livro provém de florestas de origem controlada e que foram gerenciadas de maneira ambientalmente correta, socialmente justa e economicamente viável.